YUHIKAKU

会社法 ［第2版］

CORPORATE LAW

著・**中東正文**
　白井正和
　北川　徹
　福島洋尚

有斐閣ストゥディア

第2版はしがき

　幸いにして，本書の初版は好評を得て，多くの方々に利用していただけた。

　本書の狙いは，会社法を初めて学ぼうとする読者の熱意に応えて，じっくりと思考を深めるための手掛かりとしてもらうことにある。

　今回の改訂は，令和元年会社法改正の内容を織り込むものであり，加筆にあたっても，そのことを意識することに努めた。また，本書初版の刊行後に示された重要判例の内容を紹介するとともに，種類株式制度については本書初版の利用者の声を踏まえて大幅に加筆することとした。

　初版のはしがきでも，「すぐにはわからないからこそ，学ぶことには楽しみがある」と述べたが，読者の皆さんに対する著者陣のメッセージには変わりがない。第2版でも，会社法を学ぶことの楽しさを皆さんと共有できればと願っている。

　わからないことを学ぶときには，ちょっとした遊び心も必要であろう。初版でも，実は，随所に著者らの「遊び心」が埋め込まれている。例えば，最初に登場する「青葉さん」も，名付けの由来がある。勉学に疲れそうなときに，探し出してもらうのもよいかもしれない。

　それでは，第2版においても，皆さんとともに，「なぜ？」を大切にしつつ，会社法の基礎を理解していくことにしよう。

　本書の改訂に際しては，初版に続いて有斐閣法律編集局書籍編集部の栁澤雅俊氏にお世話になった。栁澤氏の熱意あるご声援と緻密かつ迅速な編集のご功労がなければ，改訂版が新年度に間に合うように刊行されることはなかったであろう。心からお礼を申し上げたい。

　　令和3年1月

著 者 一 同

初版はしがき

　本書は，会社法を初めて学ぼうとする読者の熱意に応えて，じっくりと思考を深めるための手掛かりとしてもらうことを企図している。

　会社という言葉は，証券会社，会社員，会社説明会といった具合に日常的に用いられている。ところが，会社に法がどのように関わっているかを想像することは簡単ではない。

　会社や会社法との関わりを感じることができるように，本書では，具体的な場面（SCENE）を設定している。さらに，制度の目的や趣旨を理解しやすいように，「なぜ？」を大切にして叙述している。

　会社法も，全体として一つの体系をなしている。学んでいく際には，後ろの部分で詳しく学ぶことであっても，その前の部分で触れることが避けられない。分からなくても，自分なりの疑問を持ちつつ，想像力を駆使して読み進めれば，徐々に疑問が解消されていくだろう。

　学問に向き合っているとき，自分なりの答えが見つからないと不安に感じられる。著者である私たちも，会社法を容易に理解したわけではなく，今でも日々わからないことに苦戦している。すぐにはわからないからこそ，学ぶことには楽しみがある。

　法の世界では，絶対的な正解はない。法的な思考に基づいて，どれだけ説得的に結論を得るかが重要である。どれほど深く「なぜ？」という疑問を追究したかが問われる。説得の学問といわれる所以である。

　皆さんとともに，「なぜ？」を大切にしつつ，会社法の基礎を理解していくことにしよう。

　本書が刊行に至るまでには，有斐閣書籍編集第一部の奥山裕美氏（現在は，六法編集部），栁澤雅俊氏，吉田小百合氏から忍耐強く真摯なご支援を得た。心からお礼を申し上げたい。

　　平成 27 年 2 月

著 者 一 同

資 金 調 達　　　　　　　　　　　　　165

計　　算　　　　　　　　　　　　　　199

Column●コラム一覧

著 者 紹 介

中 東 正 文（なかひがしまさふみ） ［序章，第 **1** 章，第 **6** 章執筆］

1965（昭和 40）年生まれ／名古屋大学大学院法学研究科教授

主要著作

『会社法の選択』（共編著，商事法務，2010 年）

『企業結合法制の理論』（信山社，2008 年）

『企業結合・企業統治・企業金融』（信山社，1999 年）

白 井 正 和（しらいまさかず） ［第 **2** 章 ①〜③ 執筆］

1978（昭和 53）年生まれ／京都大学大学院法学研究科教授

主要著作

『論究会社法』（共編著，有斐閣，2020 年）

『会社法判例の読み方』（共著，有斐閣，2017 年）

『友好的買収の場面における取締役に対する規律』（商事法務，2013 年）

北 川 徹（きたがわとおる） ［第 **2** 章 ④〜⑦，第 **5** 章執筆］

1971（昭和 46）年生まれ／成蹊大学法学部教授

主要著作

ENTERPRISE LAW−Contracts, Markets, and Laws in the US and Japan（共著，Edward Elgar，2014 年）

『会社法制見直しの視点』（共著，商事法務，2012 年）

福 島 洋 尚（ふくしまひろなお） ［第 **3** 章，第 **4** 章，第 **7** 章執筆］

1965（昭和 40）年生まれ／早稲田大学大学院法務研究科教授

主要著作

『商法演習 I 会社法』（共編著，成文堂，2020 年）

『Law Practice 商法〔第 4 版〕』（共著，商事法務，2020 年）

● **法　令**

会社則	会社法施行規則	民	民　法
会社計算	会社計算規則	民　訴	民事訴訟法
金　商	金融商品取引法	民訴費	民事訴訟費用等に関する
社債株式振替	社債，株式等の振替に関		法律
	する法律	民　保	民事保全法

※会社法の条文は法令名を略しているほか，それ以外の条文も，前後から指す法令が明らかである場合には法令名を略した箇所がある。

● **判例集・雑誌**

民　集	最高裁判所民事判例集	判　時	判例時報
裁判集民	最高裁判所裁判集民事	判　タ	判例タイムズ
下　民	下級裁判所民事判例集	金　判	金融・商事判例
労　民	労働関係民事裁判例集	金　法	金融法務事情

百　選	神作裕之ほか編『会社法判例百選〔第4版〕』（有斐閣，2021年）

● **判例・裁判例**

最大判（決）	最高裁判所大法廷判決	高判（決）	高等裁判所判決（決定）
	（決定）	地判（決）	地方裁判所判決（決定）
最判（決）	最高裁判所判決（決定）	支	支　部

例：「神戸地尼崎支判平成12・3・28」は，「神戸地方裁判所尼崎支部平成12年3月28日判決」を表す。

会社法への誘（いざな）い

　読者の多くは，今も，そして将来も，会社に関わっていくことになる。会社の組織や運営などの決まりを定めた会社法を，青葉さんたちと一緒に学んでいこう。

1 会社法への道しるべ

1 人々と会社・会社法 ●

身近な存在

会社は，皆さんが想像するよりもずっと身近な存在である。

学生時代も，無意識のうちに会社と多くの関わりがある。たとえば，電車に乗るだけでも，運送契約が鉄道会社との間で結ばれている。

就職活動をするようになると，遠い存在のように感じられていた会社が，一気に現実的に感じられるようになるだろう。

さらに大学を卒業して会社で働き始めると，会社は生活の糧を得る場として，多くの時間を過ごす場所になる。「会社」との関わりは，自らの「社会」での生活に不可欠となる。

企業の形態

企業活動の大部分は，会社という形態で行われている。

もちろんすべての企業が会社の形態をとっているわけではなく，個人企業（個人事業主が，会社形態をとらずに事業を行っている）もある。もっとも，個人が事業を営む場合でも，法人の形になって行った方が（法人成り），権利義務関係を明確にしやすいといった事情もあり，会社という法人が用いられることが多い。

つまり，法人は法が作った人として法人格を有し，事業主とは独立した権利義務の帰属主体となる。法人の権利と義務は法人のもの，事業主個人の権利と義務は個人のものと区分することができ，対外的な権利義務関係が明確になる。また，課税の面で個人事業主よりも有利になることなどから，日本では企業活動は会社の形態で行われることが多い。

2 会社法を理解するために必要なこと ───────────●

▎**会社との関わりを意識する**▎

　会社法はイメージしにくいという声を学生から聞くことが多い。

　たとえば洋服を買えば，販売店との間で売買契約が締結され，契約の中身，すなわち契約の当事者がどのような権利義務を有するかを想像することは，容易であろう。皆さんは，代金を支払う義務を負い，売主である販売会社に対して洋服を引き渡してもらう権利を有することになる。

　他方で，皆さんの契約の相手方である会社の内部の法律関係は，イメージしにくい。とはいえ，会社法は，会社を運営するための決まりを定めており，実際に会社を動かすときの基礎として，日常的に使われている。また，会社法は，会社と取引をする相手方が知っておくべき決まりをも定めているから，会社の外にいても，会社法と無意識のうちに関わって生活している。

　会社法を理解するためには，まず，皆さんが社会生活の中で，会社と密接に関わっていると意識することが大切である。そのために，新聞やインターネットで企業に関するニュースを気にかけるなど，自分なりの工夫をするとよいだろう。企業が身近に感じられるようになると，会社法も理解が容易になる。

▎**制度目的や現実の機能を理解する**▎

⑴　**会社法の特徴**

　会社法は，会社を運営するための仕組み，会社が資金を調達するための方法，株主や会社に対して債権を有する者（会社債権者）の権利の内容などについて決まりを定めている。

　これらの決まりが会社によってまちまちだと，株主や会社債権者は，その決まりを知らなかったために思わぬ不利益を被るかもしれない。また，思わぬ不利益を被らないようにするために，個別の会社の決まりを調査しようとすると，情報の入手や分析に多くの費用が必要になってしまう。

　このような事態を避けるために，会社法は，基本的には強行規定 ^{用語} の集まりとなっている。すなわち，会社法は，会社が社会に役立つ道具として利用されるように，重要な制度を確立しており，個々の会社が自由に会社法の規定

から抜け出すことを，原則として許していない。

(2) 会社法の制度の趣旨を考える

　会社法の制度や規定について，単に内容を覚えるのではなく，「なぜそのような制度が設けられているのか？」という疑問を抱きつつ，会社法を学んでほしい。一つひとつの制度には目的や趣旨があるから，これらの「なぜ？」を掘り下げることを通して，会社法の理解を深めていくことが効果的である。

　また，「制度がどのように機能しているのか？」という問題意識をもつことも，理解の上で大切である。たとえば，会社法には，株主や会社債権者の権利を定めた規定がある。単に権利の内容を記憶するだけではなく，「この制度や規定がなかったら，株主や会社債権者の利益が十分に守られるだろうか？」を想像してみると，「この制度や規定がなぜ必要なのか？」を理解することができる。できる限り，具体的に考えてみることが効果的である。

▌本書が対象とする会社 ▌

　皆さんにとって，会社の名前（商号）を耳にしたとき身近に感じられるのは，トヨタ自動車，JR東日本，住友商事といった会社であろう。これらは，上場会社である。上場会社とは，発行している株式を証券取引所で売買することができる会社のことである。上場会社の株式を安く買って高く売れば，投資家は差額を儲けることができる。本書では，主に上場会社を想定して解説を進めることとする。

　他方で，大規模な会社であっても，旅行会社のJTB，竹中工務店など，上場していない著名な会社もある。上場会社でなければ劣った会社というわけでもないし，上場会社であれば優れた会社というわけでもない。

　上場会社は，株式会社の組織（機関設計。すなわち，どのような機関を置くか）について，証券取引所の規則によって，「監査役会設置会社」，「指名委員会等設置会社」または「監査等委員会設置会社」のいずれかの形をとることが求め

notes ───●

　用語 **強行規定・強行法規**　　法令で規定された内容と異なる取り決めを私人が行うことが許されない場合に，その規定を，強行規定または強行法規という。強行規定に違反しない範囲で，当事者は自由に取り決めをすることができる（私的自治）。

図表序-1 株式会社に関する会社法の規定

	会社法における主な規定の所在			本書の該当箇所
会社の運営機構（ガバナンス）	第2編第4章		訴訟：第7編第2章	第2章
会社の資金調達・剰余金分配（ファイナンス）	資金調達	株式：第2編第2章第3章		第3章
		社債：第4編		第4章
	剰余金配当	第2編第5章		第5章
M&A	組織再編行為：第5編			第6章
	事業譲渡等：第2編第7章			

※本書では図表中の会社法の規定を主に扱う。

られている（監査等委員会設置会社は，平成26年会社法改正によって新たに導入された。後二者につき，第**2**章⑤・⑥を参照）。令和元年現在，約3700社の上場会社のうち，約70%が監査役会設置会社である（→ **Column 2-22**）。そこで本書では，上場会社の中でも監査役会設置会社を対象に解説を進め，指名委員会等設置会社と監査等委員会設置会社については，必要に応じて触れることにする。

② 会社法の構造

1　会社法が規整する三つの分野

　株式会社に関する会社法の規定は，大きく三つの分野に区分することができる（→図表序-1参照）。

　第一は，会社の運営に関する分野であり，コーポレート・ガバナンス（企業統治）といわれる部分である。規定の多くは運営機構の構造や各機関の権限の内容に関わるものである。

　第二は，会社の資金に関する分野であり，コーポレート・ファイナンス（企業金融）といわれる部分である。会社が事業を行うにあたって資金を必要とする場面では，資金の調達が問題となり，その際の規律について規定を設けている。他方で，資金に余裕があって，事業に使う予定のない資金を株主に返却する場面では，剰余金の分配（返却）が問題となり，その際の規律についても規

定を設けている。

第三は，M&A（→第**6**章）に関する分野である。合併などの組織再編と事業譲渡などに関する規定を設けている。

2 株式会社に関する規定の並び方 ──────────●

株式会社に関する会社法の構造を，上記の3分野を意識しながら，条文の位置を確認してみよう。

会社法の目次を眺めると，大雑把ではあるが会社法の構造がわかる。まず，株式会社のみに関する規定は第2編（25条〜574条）である。同編の規定は会社の成立（設立）から始まり（第2編第1章：25条〜103条），会社法の柱はコーポレート・ガバナンス（第2編第4章：295条〜430条）である。コーポレート・ファイナンスのうち，株式を用いた資金調達についてはコーポレート・ガバナンスの前に置かれ（第2編第2章第8節：199条〜213条の3），その後に置かれているのが余剰資金の返却に関する規定である（第2編第5章第4節〜第6節：453条〜465条）。社債を用いた資金調達は株式会社以外の会社（合名会社・合資会社・合同会社〔2条1号〕）も可能であるので，ひとまとめにして後ろに置かれている（第4編：676条〜742条）。M&Aに関する規定も同様であり，社債に関する規定の後に置かれている（第5編第2章〜第5章：748条〜816条の10。事業譲渡・譲受けは，第2編第7章：467条〜470条）。再び株式会社に関する第2編に戻ると，その最後には，会社の消滅（解散と清算）に関する規定が置かれている（第2編第8章・第9章：471条〜574条）。

正直なところ，会社法の条文の構造は難解で，一度に理解するのは簡単ではない。条文を参照する際には，会社法の目次を確認する習慣をつけて，全体像を把握していくと理解が深まりやすい。

さて，皆さんと会社との関わりや会社法の勉強の仕方について，おおよそ見通しを立てることができるようになっただろうか。準備が整ったら，次の章から，本格的に会社法の世界に飛び出すことにしよう。

第 **1** 章

総 論

　事業を行う上で，会社がどのような役割を果たしているのか，なぜ会社という仕組みが活用されているのかなど，日常生活からはわからないことも多い。こういった疑問について，会社を法律的な視点から考えてみよう。

　また，会社が好き勝手に運営されてしまうと，株主や取引先などに迷惑をかけてしまうこともある。そこで，会社法は，会社の構造や運営について一定の決まりを設けている。そのような会社法の役割についても，大まかに理解していこう。

1 株式会社の事業活動

> 青葉「あっという間に大学3年生になったね。就職のことも考え始めないと。」
>
> 武蔵「青葉さんの実家は自営業で，お父さんが社長さんだから，会社のことは詳しいんじゃない？」
>
> 青葉「社長といっても，小さな町工場で，家の隣の工場で頑張っている姿は見てきたけど，会社ってどんなものなのか，イメージがわかないな。」
>
> 武蔵「僕たちが新聞やニュースで見聞きする会社は，従業員が何千人もいる会社が多いよね。株価が話題になる会社もあるけど，どういうことだろう。」
>
> 青葉「私も気になっていたんだ。」
>
> 武蔵「就職サイトで，どんな会社があって，どんな事業をしているのか，一緒に調べてみようよ。」

1 事業活動と資金調達

　事業とは，工場や店舗などの資産を用いて，商品やサービスを生み出し，それを提供して利益を得る活動である。事業活動を行う場合，わが国では，株式会社の形でなされることが多い。

　事業活動を行うために，会社は資金を調達する必要がある。資金がなければ，工場を建てることも，必要な機械を購入することも，従業員を雇うこともできないからである。会社が資金を調達するには，大別して二つの方法がある。

　第一は，会社が資金を借り受けることであり，資金提供者からみれば，会社に対して貸付けを行い，会社の債権者となることを意味する。会社債権者は，元本の返済に加え，契約によって事前に約定された利息を受け取ることで，利益を得ることができる。

　第二は，出資を募ることであり，資金提供者からみれば，会社に対して出資をして，「社員」になることを意味する。ここでいう「社員」は，日常用語として使う会社で働いている人（従業員）のことではない。株式会社では，資金提供者は，株式を引き受けて（購入して），「社員」である株主になる。法律用語で「社員」とは会社の出資者を意味し，株式会社では「社員」を「株主」と

呼ぶ。出資とは，事業のための資金を提供して，事業活動によって生じる利益と損失を受ける立場になることである。事業が成功すれば，出資者である株主は，会社から配当を受けたり，保有している株式の価値が上がったりすることを通して，会社に生じた利益に応じて利益を受ける。他方で，事業が失敗すれば，会社に生じた損失に応じて損失を負担する。

2　資金調達方法の違いと企業価値の取り分 ─────────●

会社の資産と負債

　会社の事業活動の基盤は，会社が有する資産である。たとえば，土地，工場，本社ビルといった不動産もあれば，原材料，製造中の製品，販売前の製品などの動産もあるし，運転資金としての現金もある。会社が有している積極財産を資産といい，資産を活用して会社は利益を得るために活動する。

　他方で，事業活動にあたっては，銀行から資金の借入れをすることもあるし，原材料を仕入れる際に代金を後から支払うこともある。借入金，買掛金（かいかけきん）といった債務（消極財産）を，会社の負債という。

　会社の経営が順調であれば，資産の総額が負債の総額を上回っているはずである。逆に，会社の経営が悪化すると，資産の総額を負債の総額が上回ってしまうこともある。

企業価値の増減とペイオフ

　企業価値（資産の総額）の増減に応じて，株主と会社債権者の取り分（ペイオフ）は変化する。この様子を，図表1-1をみながら考えてみよう。（10頁）

　横軸が企業価値を表しており，企業価値が増大するほど，株主と債権者の取り分の合計額（分け合う前のパイ）も比例して大きくなる（aからf）。

　企業価値には，二つの状態がある。一つは，資産の総額よりも負債の総額が上回っている場合であり，図表1-1の横軸（企業価値）では，「aからb」の状態である（債務超過）。もう一つは，資産の総額よりも負債の総額が下回っている場合であり，図表1-1の横軸の「bから右」の状態である。

　取り分を考える際には，その時点で会社が解散したと想定してみよう。債権

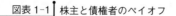

図表 1-1 株主と債権者のペイオフ

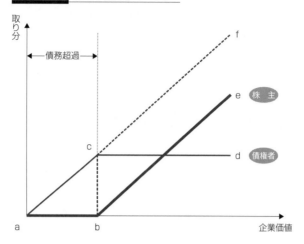

者の取り分は実線で示されており，完全に満足を受ける（債権額〔元本＋約定利息〕をすべて回収）状態になければ，債権者は企業価値のすべてを受け取る（aからc）。他方で，会社の業績が好調で，会社価値がどれだけ大きくなっていっても，債権額を超えて取り分を増やすことはできず，債権者の取り分は一定のままとなる（cからd）。

　株主の取り分は，企業価値から債権者の取り分を差し引いた額であり，太線で示される。すなわち，資産をまず会社債権者に弁済して，株主は残余財産の分配を受けることができる（502条参照）。残余の部分のすべてを自分のものにできることから，残余請求権者（residual claimant）という。債務超過の状態では株主には取り分はないが（aからb），負債の総額を企業価値が上回る状態になれば，企業価値が増大すればするほど取り分は増えて，しかも会社債権者に分け与える必要はなく独占することができる（bからe）。

　このように，会社に資金を提供している者の間に取り分の違いがあることから，①誰にどのような権限を与えるかという「権限の分配」と，②異なる利害を有する会社関係者の間での「利害の調整」が重要となる。これらの点について，会社法が規律している。

3 会社法の役割 ━━━━━━━━━━━━━━━━━━━●

権限の分配

(1) 権限とは

会社法は，会社の運営に関する権限を分配することを目的としている。権限とは，やや大雑把ではあるが，現時点では，会社の意思を決定することができる力と考えることにしよう。

この権限は誰に対して与えられるべきだろうか。これまでみてきたように，会社に大きな利害関係を有しているのは，会社債権者と株主である。では，そのどちらに権限を与えるべきであろうか。図表 1-1 に関する説明を使って，検討してみよう。

(2) 債権者に権限を与えたら

会社債権者に権限を与えた場合を考えてみよう。会社債権者にとっては，どれだけ企業価値が大きくなろうが，取り分は一定以上大きくならない。したがって，会社債権者は，企業価値を最大化するインセンティブ 用語 を有しない。むしろ，債権を確実に回収することができるように，リスクをとらない経営を望み，新規事業の着手や研究開発を躊躇するなど，会社の発展のために必要なリスクですら避けようとする可能性がある。このような経営で利益を取り逃すと，企業価値は向上しない。

(3) 株主に権限を与えたら

次に，株主に権限を与えた場合を考えてみよう。株主は，企業価値が高まれば高まるほど取り分が大きくなるので，企業価値を積極的に高めようとするインセンティブを有している。だから，企業価値を大きくするために合理的な判断をし，積極的な経営をしていくだろう。

このように考えると，会社債権者よりも株主に権限を与えることが適切である。会社法も，このような理解を前提として，株主に対して株主総会における

━━━━━━━━━━━━━━━━━━━━━━━ **notes**

用語 **インセンティブ**　インセンティブ（incentive）とは，少し解釈を広げて定義すると，「アメの期待とムチの恐れとを与えて，人を行動へ誘うもの」である。伊藤秀史『ひたすら読むエコノミクス』（有斐閣，2012 年）17～18 頁。

議決権を与えるなど，会社の意思決定に参加する権限を与えている。

(4) 所有と経営の分離

もっとも，株主が実際に経営を担う必要があるかといえば，必ずしもそうではない。とりわけ僅かな株式しか有しない株主は，自ら経営に参画するインセンティブもなければ，経営の能力もない場合が多い。

そこで，株主にとっては，自ら経営に参画するのではなく，経営の専門家である取締役を選任し，取締役に会社の経営を委ねることが合理的な行動である。会社法も，このことを前提としており（326条1項），出資者である株主と経営者である取締役とを制度として別建てにしている（所有と経営の制度的分離）。

┃ 利害の調整 ┃

権限を分配すると，①株主と取締役との間の利害調整，②債権者と株主との間の利害調整，③株主間の利害調整が必要となる。順に概観していこう。

(1) 株主と取締役との間の利害調整

(a) **利害調整の必要性**　株主と取締役の間の利害調整が重要なのは，権限が分配されると，権限を授けた者（委任者）と権限を与えられた者（受任者）との関係を規律する必要が生じるからである。

取締役は，会社の企業価値を最大化するために活動することが期待されている。しかし，企業価値が増加しても，それが直接的に自分の利益になるわけではないから，常に会社の利益になるように活動するとは限らない。たとえば，自分の家族が経営する店を自分が取締役を務める会社の取引先にして儲けさせ，自己の利益を追求する危険もある。

(b) **会社法による規律付け**　このような事態を避けるために，会社法は取締役に対して規律付け 用語 を与える仕組みを用意している。取締役と会社との関係は，民法の委任に関する規定が準用され（330条），取締役は会社に対して，善良な管理者の注意をもって，委任事務を処理する義務を負う（民644条。善管注意義務）。また，取締役は，法令および定款ならびに株主総会の決議を遵守し，株式会社のため忠実にその職務を行わなければならない（355条。忠実義

notes ─────────────────────────────

用語 **規律付け**　取締役が職務を行うにあたって，規律正しく行動させることをいう。

務）。取締役が任務を怠ったときには，取締役は会社に対して責任を負う（423
条。→第**2**章**7 2**）。
121頁

(c) **会社法以外の規律付け**　会社法による取締役の規律付けのほかにも，
会社の業績が悪ければ，株価が下落して，株主から取締役に再任されないとい
う形で，資本市場による規律付けも存在する。さらに株価が下落すれば，経営
を改善して企業価値を高める自信のある者が，会社を現経営陣の意に反して買
収し，取締役を入れ替えてしまうことも考えられる。

また，日本企業のように，従業員の中から経営のトップが選ばれる慣行があ
る会社では，経営成績の良くない取締役は，会社の内部からも，退任の圧力を
受けることがありうる。

このように，会社法で定められた規定のほかにも，取締役に職責を果たさせ
るために，様々な仕組みが働いている。

(2) **債権者と株主との間の利害調整**

(a) **利害調整の出発点**　債権者と株主の間の利害調整が重要なのは，株主
が権限を利用して，自分の利益を最大化するために，債権者を害する危険があ
るからである。実際に経営にあたる取締役は，株主総会で選任されるから，株
主の意向を尊重しようとする。

前述のように（**→2 企業価値の増減とペイオフ**），基本的に，株主は会社債権者の
9頁
利益を確保した上でなければ，自分たちが利益を受けることができない仕組み
にはなっている。この仕組みが働く限りは，企業価値を高めるインセンティブ
を有する株主に会社の基本的な意思を決定させることが，会社債権者にとって
も望ましいペイオフの構造になっている。

(b) **配当額の規制**　とはいえ，後述するように株主は会社の債務に対して
出資額を上限とする責任しか負わないから（104条。→②），できる限り多くの
15頁
利益を得るため，株主は残余財産すべてを配当に回そうとするかもしれない。
しかし，会社の資産や負債は常に変動する可能性があるから，配当に回せる利
益の額を規制する仕組みを作り，会社債権者のために一定の資産の余裕をもた
せる必要がある（**→2 企業価値の増減とペイオフ**）。
9頁

(c) **株主の無謀な選択？**　さらに，会社が債務超過かそれに近い状況にあ
る場合，株主には，一発逆転のハイリスクの事業を選択するインセンティブが

ある。株主は有限責任しか負わないので，このような資産状況においては，一か八かの賭けに失敗しても，株主の取り分はゼロのままで変わりがないからである。

　会社債権者としては，このように無謀な選択をされては困るが，取締役は株主総会に選任・解任権を握られているので，株主の意思を尊重して行動してしまうかもしれない。そこで，取締役が，株主の利益を過度に重視して無謀な経営を選択した場合には，会社債権者に対して責任を負うこととされている。これを取締役の第三者に対する責任といい，取締役は，その職務を行うについて悪意または重大な過失があったときは，第三者（ここには会社債権者が含まれる）に生じた損害を賠償する責任を負う（429条1項。→第**2**章**7**ⁱ³⁴頁**3**）。

(3) 株主間の利害調整

(a) 利益相反の可能性　　株主間の利害調整も，会社法の重要な役割である。株主といっても，多様な株主がいるからである。とりわけ，大株主が存在する会社においては，多数派の株主（支配株主）と少数派の株主（少数株主）との間で，利益が相反する場合がある。

(b) 親会社と子会社　　利益相反の典型は，親会社と子会社との間の取引である。子会社の大株主である親会社は，たとえ子会社に損をさせても，親会社に有利な条件を得ようとするかもしれない。このような親子会社間の取引が公正に行われることを，いかに法制度で確保するかが課題となる。親会社とは，他の会社の議決権の過半数を保有するなどして，実質的に他の会社を支配している会社をいい，実質的に支配されている会社を，子会社という（2条3号・4号，会社則3条）。

(c) 会社法の対応　　株主間の利害調整について，会社法は，十分な対応をしていないが，以下のような一定の対策を用意している。

　会社は，株主を，その有する株式の内容および数に応じて，平等に取り扱わなければならない（109条1項）。たとえば，同じ数の株式を有しているのに一部の株主には配当を多くして，残りの株主には少なくすることは認められない。

　また，株主総会において，支配株主や親会社によって多数決が濫用された場合に，少数株主は，決議の取消しを裁判所に求めることができる（831条1項3号。→第**2**章**2**⁵¹頁**6**）。

株主有限責任制度

1 有限責任制度とは ●

　株主の有限責任制度とは，株主は出資した額を上限とする責任を負うのみで，それ以上の責任を負わないとするものである（104条）。株式会社において有限責任制度が採用されているのは，どうしてだろうか。

債権者にとっての有限責任制度

　機能的な面に着目すると，有限責任制度は，法律関係を明確化する。すなわち，会社債権者の有する債権について，引当てとなる財産（責任財産）は，会社が有する財産に限られる。会社債権者は，会社の財産で満足を得ることができなくても，出資者である株主に対して債務の履行を求めることができない。

株主にとっての有限責任制度

(1) リスクの上限

　株主の側からみると，会社に投資をするときには，その会社が発行した株式を取得することになる。もちろん，会社が順調に儲かって，株価が高くなることを期待しているから，会社の事業内容や業績の見通しなどを分析して，特定の株式を取得するであろう。

　もし予想に反して，会社の業績が悪化して倒産に至った場合にも，株主は株式を取得した際に支払った金額を諦めさえすればよく，会社債権者に対して責任を負う必要はない。リスクの上限が投資額に固定されているから，投資しやすい。

(2) 譲渡性と投下資本の回収

　もし有限責任制度がなければ，株主は株式を売却するまで無限責任を負うことになる。株式を買おうとする者も，経営・財務の状況や現在の経営陣に対する信頼を慎重に判断せざるを得ず，なかなか購入に踏み切れないだろう。

　しかし，株主が有限責任しか負わないのであれば，このような問題は小さく

なる。株式の取得が容易になれば，株式の譲渡も容易になり，譲渡性が高まる。譲渡性が高まれば，株式を売却して，投下資本を回収することも容易になる。

会社にとっての有限責任制度

資金を調達する会社の側からみると，投資家が株式に投資しやすい仕組みになっていることは，必要な資金の調達が容易になることを意味する。

株式の発行による資金調達を制度的に整備したのが，株式市場（または証券市場）であり，市場の規律は金融商品取引法によって担保されている（金商1条参照）。たとえば，会社の財務状況については，相当程度に正確性が確保された上で適時に開示され，投資家が利用可能な状態になる。投資家は，このような情報や市場価格の動向をみながら，売買の判断をすることができる。

上場会社の株式は市場があるため流通性が高いから，投資家は株式を売買しやすくなるし，その結果，上場会社も適時に必要な資金を調達することが容易になる。

2　有限責任制度の問題点

会社債権者の不測の損害

前述のように，有限責任制度があるので，投資家は安心して株式を売買できるし，会社も簡単に資金調達ができる。

しかし，有限責任制度は良い面ばかりかといえば，そうではない。というのも，会社の外の利害関係者に迷惑をかける場合があることを前提として成り立っているからである。会社が倒産したときにも出資者である株主は出資額を超える責任を負わないから，会社債権者は，自分の債権が回収できない可能性（貸倒れのリスク）が高くなる。貸倒れのリスクが高いと，債権者は会社への資金提供をためらい，会社は必要な借入れなどをすることができなくなってしまう。

会社債権者としては，自己の債権管理をしっかりとしておけばよく，貸倒れのリスクは債務者が個人であれ会社であれ変わらないと考えることもできる。とはいえ，株式会社は，大きな資金を集めるために出資者の責任を限定する制

度を採用しているのであるから，会社債権者に迷惑がかからないようにするための制度的な裏付けが不可欠である。

会社法の対応

そのため，会社法では，会社が配当などによって株主に金銭などの分配を行う際に，その財源に制限を課している。株主に過大な分配がなされると，会社債権者を害する可能性がある。そこで，会社財産に相当の余裕がある場合にのみ（分配可能額の範囲内でのみ），株主に対する分配を認めている（財源規制[用語]。461条。→第**5**章 ⑤ 214頁）。

また，会社債権者が債権管理などで自衛するためには，会社の財務状態が公示または開示されていることが必要である。そこで，会社法は，会社が計算書類を公告することを義務付けている（440条ほか）。また，会社は債権者から計算書類などの閲覧または謄写を請求された場合には，原則として請求に応じなければならない（442条3項）。さらに，上場会社では，金融商品取引法の規定に従って，有価証券報告書などが作成され，広く一般に閲覧できるようにすることになっている（金商24条1項）。

計算書類や財務諸表の記載が適正であることを確保するために，一定の会社には，公認会計士または監査法人が監査を行うことが義務付けられている（328条，金商193条の2第1項。→第**2**章 ❶**2 会計参与，会計監査人** 25頁）。

3　法人格否認の法理 ──────────────────────────●

法人格否認の法理とは

法人格否認の法理とは，会社の法人格の独立性（会社と株主とが法的に別人格であること）を形式的に貫くと，場合によっては正義または衡平に反すること

──────────────────────────────── **notes**

[用語]**財源規制**　資産の総額が負債の総額を上回っている額（純資産額）のすべてを分配することは認められておらず，バッファー（緩衝器）として一定額を会社に残すことが求められており，剰余金（446条）の一部が分配可能額となる。分配（株主に対する出資の払戻しであり，剰余金の配当と自己株式取得とを含めた概念である）についての規制なので，「分配規制」ともいう（→第**5**章 ⑤〔214頁〕）。「財源規制」という用語は，会社内部で必要となる手続に関する「手続規制」と対比して用いられる。

になるため，そのような事案に限って，会社の法人格を否認して，会社とその背後の株主とを同一視することを通して，個別の事案について衡平な解決を図る考え方である。

　たとえば，会社の経営者でもある大株主が「自分の物は自分の物，会社の物も自分の物」といった具合に，株主の財産と会社の財産を混同している場合を考えてみよう。この会社が倒産したとき，経営者が「私の財産はすべて私のものだ」と主張して，会社債権者への弁済を拒むことを許すのは，あまりに不合理だろう。このような場合に，法人格否認の法理を用いて会社債権者が株主に対して債務の履行を請求することができるようにするのである。つまり，この会社の法人格が否認されることによって，会社と株主とが同一視され，株主は「自分には有限責任制度があるから，会社債権者に対して責任を負わない」と主張できなくなる。

　法人格否認の法理は，法律に明文の規定は存在しないが，判例法上確立されている（最判昭和44・2・27民集23巻2号511頁〔百選3〕）。法人格否認の法理には，大別して二つの類型があると整理されている。これらについて，みていくことにしよう。

法人格の形骸化

　第一に，法人格が全くの形だけのものになっている場合である（形骸化事例）。
　典型的な例は，前述のように，会社の財産と株主個人の財産とが分離されておらず，取締役でもある株主が会社の財産を個人のために利用するのが常態化している場合である。株主は個人財産から会社債権者に対して会社の債務を履行しなければならない。

法人格の濫用

　第二に，法人格が濫用される場合である（濫用事例）。
　たとえば，親会社が子会社を解散して子会社の従業員を不当に解雇した場合には，子会社の法人格を否認して，子会社の従業員と親会社との間に雇用関係を認めることがある（徳島地判昭和50・7・23労民26巻4号580頁）。

3 会社法の性質

1 会社法の強行法規性

会社法は，会社を設立する根拠となるものであり，法人格の付与，株主の有限責任など，会社に特別な扱いを認めている。他方で，有限責任制度に関して考察したように，会社制度から生じうる弊害について，制度的な対応をしている。

このような趣旨からも，個々の会社は会社法の規定から自由に抜け出すことができない。会社法は，基本的に強行法規である（→序章 **1 2 制度目的や現実の機能を理解する**(1)）。

2 定款自治の許容

もっとも，会社への出資は，株主の自発的な意思によるものである。会社債権者などに迷惑をかけない限り，会社が会社法のすべての規定に従うことを強制する意義は乏しい。画一的に強制することは，むしろ，会社の機動的な運営の妨げになってしまう可能性もある。

そこで会社法は，一定の範囲では，会社の自主的な規律を尊重する姿勢をとっている。たとえば，会社法 27 条 1 号は，会社の内部の最高規範である定款には，会社の目的，すなわち会社がどのような事業を行うかを記載しなければならないとしている。どのような事業を行う会社かがわからなければ，株主は出資をするか否かを判断できないからである。ただし，株主に会社の目的がわかればよいので，事業の内容を会社法が制限する必要はない。たとえば，「自動車の製造および販売」に限定してもよいし，「適法なあらゆる事業を行う」という広範な目的を定めてもよい。会社が目的を定款で定めればそれでよく，その自治的な定めを会社法も許容している。これを定款自治という。

第 **2** 章

株式会社の機関

　会社の意思を決定し，会社として行為する権限を有する一定の者を会社の機関と呼ぶ。本章の目的は，株式会社の機関に関する会社法の基本的なルールを理解することである。会社法は，一言でいえば，会社をめぐる利害関係者の権限分配と利害調整の仕組みを定めた法ということができるが（→第 1 章 **13**），本章では，会社法がどの機関にどのような権限を与え（権限分配の仕組みとしての会社法），また，与えられた権限が適切に行使されているかどうかをどのように監視・監督させているか（利害調整の仕組みとしての会社法）について学んでいく。

1 株式会社の機関設計

青葉「武蔵君，聞いてよ。昨日，就職活動の面接で，四菱商事を訪問したんだ。そこでお会いした人事部長さんから名刺をもらったんだけど……。」

武蔵「え，人事部長から名刺をもらったの。さすが青葉さんだね。」

青葉「その名刺には，『取締役人事部長』とあったの。取締役って言葉，昨年受講した会社法の授業で出てきたよね。武蔵君，何だったか覚えてる？」

武蔵「えっと，たしか会社の機関ってやつで，ええと，うーん，とにかく会社の偉い人のことでしょ。」

青葉「そうだよね。私も同じくらいのことしか記憶にないよ。だから名刺を見てちょっと焦っちゃった。会社の機関って何だろうね。それに会社にはどんな機関があるんだろう。ひょっとしたら会社ごとに違うのかもしれないね。就職活動が本格化する前に，ちゃんと会社法の復習をしておかなきゃね。」

1 機関とは何か

会社は法人として権利義務の帰属主体となるが，その地位は法によって与えられたフィクションにすぎない（あくまで立法政策に基づいて会社という団体に法人格が与えられているにすぎない）のであり，会社は，自然人のように自ら当然に意思決定を行い，また行為することはできない。

そこで，会社が社会の中で活動していく上で，一定の自然人の意思決定や行為を会社の意思決定や行為とみることが必要となる。このような会社の活動の担い手となるべき者（1人のこともあれば複数人からなる会議体のこともある）を，会社の機関と呼ぶ。機関を構成する者がその権限の範囲内でした行為の効果は，当然に会社に帰属する。そして株式会社においては，株主総会，取締役，取締役会，代表取締役，監査役など様々な機関を置くことが可能であり，会社法はどの機関がどのような権限を有するかについて具体的に規定している。

2 会社法に登場する代表的な株式会社の機関

それでは会社法は，株式会社に関するどの機関が，どのような権限を有する

ものと定めているのだろうか。以下では，会社法に登場する株式会社の代表的な機関について，その内容をみていこう。

株主総会

　まず，株主の集合体としての株主総会という機関がある。株主総会とは，株主の総意によって会社の意思を決定する機関である。

　出資者である株主の総意に基づく以上，株主総会は，会社経営に関するあらゆる事項について決定できて当然と思われるかもしれない。しかし会社法は，取締役会を設置していない会社では，株主総会を会社経営に関する「万能」の機関とする一方で（295条1項），取締役会設置会社では，取締役の選任・解任や合併などの会社経営に関する基本的な事項だけを決定する機関と位置付ける（同条2項）。その趣旨は，所有と経営の制度的分離を進め，機動的・合理的な会社経営を確保するという点にある。多数の株主が場合によっては頻繁に入れ替わることも想定される取締役会設置会社では，日常的な業務についてまで，いちいち株主総会を開いて意思決定をしていたのでは，機動的・合理的な会社経営を確保できない可能性があるからである。

取締役，取締役会，代表取締役

　次に，日常的な業務についての意思決定と業務執行のための機関として，会社法は自然人からなる取締役という機関を設けている（取締役の資格→**3 1 取締役の選任・終任**(2)）。そして，取締役に日常的な業務についての意思決定と業務執行を委ねることで，株式会社では機動的・合理的な経営が可能となる。もっとも，出資者である株主とは異なり，取締役には，会社の価値を最大化する十分なインセンティブがあるとは限らない。そのため，手を抜いたり自らの利益を会社の利益に優先させたりするなど，取締役が会社ひいては株主の利益に合致する行動をとらないおそれも否定できないところである。そこで会社法は，権限を委ねられた取締役を監視・監督する目的で，株主の集合体である株主総会に取締役の選任権と解任権を与えている（329条1項・339条1項）。

　取締役は1人だけのこともあるが，複数の取締役が選任され，これらの取締役によって取締役会という会議体が置かれる場合もある。取締役会を置くこと

で，重要な業務については複数の取締役による合議が行われ，その結果，より慎重な検討を経た決定が行われやすくなる。もっとも，取締役会を設定している会社であっても，すべての業務について取締役会の合議を要求してしまうと，機動的な会社経営を確保できないおそれが生じる。そこで会社法は，取締役の中から代表取締役を選定し，重要な業務については取締役会で決定するが，その他の業務については，代表取締役に決定と執行の権限を委ねることを認めている（362条3項・4項，363条1項1号）。この場合，代表取締役以外の取締役は，代表取締役の業務執行を監視・監督する役割が期待される。

監査役，監査役会

　以上のように，取締役会設置会社では，株主自身は株主総会において会社経営に関する基本的な事項について決定する権限を有するにとどまり，それ以外の会社経営に関する事項の決定と執行は，取締役，取締役会または代表取締役に委ねるという仕組みが採用されている。もっとも，取締役や代表取締役は会社の出資者であるとは限らないため，彼らに会社の価値を最大化する十分なインセンティブがあるとは限らない。たとえば不当に豪華な社長室を用意するなど，与えられた権限を濫用して自らの利益を追求してしまうかもしれない。

　そこで，取締役や代表取締役の職務の執行を監視・監督する仕組みが必要となる。その仕組みの一つとして，株主総会には取締役の選任・解任の権限が与えられており，こうした権限の行使を通じて，取締役の不当な行為をある程度は抑止することができる。このほか，一定の要件を満たした株主には，取締役の職務の執行に対する監督是正権（847条1項の株主代表訴訟提起権や360条1項の違法行為等差止請求権など）が与えられる。また，代表取締役の業務執行に関しては，代表取締役以外の取締役に監督権限が与えられる。したがって，少人数・小規模な会社であれば，株主や代表取締役以外の取締役による以上の権限の行使を通じて，取締役や代表取締役の職務の執行を監視・監督することで十分と考える余地もあるだろう。

　しかし，株主の数が多くなったり，会社の規模が大きくなったりすると，株主が直接に監視・監督することには限界がある。また，代表取締役以外の取締役による監視・監督は，取締役間の同僚意識に基づく馴れ合いなどによって，

十分には機能しないおそれがある。そこで会社法は，取締役や代表取締役の職務の執行を監査するための専門の機関として，監査役という機関を設けている（381条1項）。

　監査役は，株主に代わって，取締役や代表取締役の職務の執行を監査することが任務である以上，取締役や代表取締役からは一定程度独立している必要がある。そのため，監査役の選任・解任は株主総会が行い（329条1項・339条1項），また，監査役は株式会社の業務執行に従事する者を兼ねることはできない（335条2項）。さらに，大会社 用語 でかつ公開会社 用語 でもある会社では，監査機能の向上を目的として，3人以上の監査役（同条3項）からなる監査役会の設置が義務付けられる（328条1項）。

┃ 会計参与，会計監査人 ┃

　取締役の職務の執行を監視・監督するにあたっては，貸借対照表・損益計算書などの会社の計算書類の内容を参照することが多い。会社の計算書類には，取締役の職務の執行の結果が，まさに客観的な数字として表れているからである。もっとも，計算書類の作成には会計に関する専門的知識が必要となる。また，作成にあたっては，他の機関からの監視・監督を避けたいと考える取締役による粉飾の危険もないとはいえない。

　そこで会社法は，計算書類の内容の適正を確保するために，取締役と共同して計算書類の作成を専門に行う機関として，会計参与という機関を設けている。会計参与は，公認会計士もしくは監査法人（→⁴3 資格・選任・終任(1)）または税理士もしくは税理士法人でなければならない（333条1項）。会計に関する専門家を計算書類の作成に関与させることで，計算書類の内容面における適正を確保することが，会計参与制度の狙いだからである。特に，会社の内部に財務部などの専門の財務担当部署を設置していないことが多い中小の会社において，

_{108頁}

---

notes

用語 **大会社**　　資本金の額が5億円以上，または負債の額が200億円以上の会社を大会社という（2条6号）。おおよその理解としては，事業規模の大きい会社を想定してもらえればよい。

用語 **公開会社**　　公開会社とは，全株式譲渡制限会社（発行しているすべての種類の株式について譲渡制限の定めのある会社）以外の会社を指す（2条5号）。すなわち，会社が発行する株式のうち，1種類でも譲渡制限の定めのない種類の株式を発行していれば，当該会社は公開会社に該当する。なお，譲渡制限の定めとは，譲渡による株式の取得について会社の承認を要する旨の定款の定めをいう。

会計参与を置くことで，計算書類の内容の適正を確保することを主たる目的とする。ただし，会計参与を設置するか否かはあくまで会社の任意であり，会社法は会計参与の設置を強制していない。

また，会社の規模が大きくなると，計算書類の内容も複雑になるので，作成された計算書類の内容のチェックについても，専門家の知見を利用することが望ましい。そこで会社法は，大会社において計算書類の監査を専門に行う者として，公認会計士または監査法人からなる会計監査人制度を設けている（337条1項）。会計監査人は，会計参与とは異なり，計算書類の作成ではなく監査を行うことを任務とする。また，任意の機関である会計参与とは異なり，大会社においては会計監査人の設置は義務である（328条）。

複雑な機関設計を要求する趣旨

以上が，株式会社の機関に関する概要の説明である。株式会社では複雑な機関設計を採用することが可能であることがわかるだろう。最後に，以上の説明のまとめという観点から，会社法が株式会社について複雑な機関設計を採用することを可能にしている趣旨として，次の2点を指摘しておこう。

第一に，機動的・合理的な会社経営の確保の要請である。この要請に基づいて，会社経営上の様々な事項について機関相互間で決定権限の分配が行われている。特に，取締役会設置会社については，株主総会は基本的な事項の決定権限しか有しておらず，業務に関する決定と執行の権限の多くは，取締役ひいては代表取締役に委ねられる。

第二に，取締役に広範な業務執行権限が与えられることに対応して，取締役に対する監視・監督を実現するための機関が必要になる。すなわち，監視・監督の実効性確保の要請である。この要請に基づいて，会社法は，株主総会に取締役の選任・解任の権限を与えるとともに，取締役会や監査役に代表取締役の業務執行に対する監督機能を担わせている。

　以上の説明の中には，会社経営を担う者としておそらくは皆さんが最も聞きなれた言葉であろう「社長」「副社長」といった言葉は出てこない。社長，副社長などの肩書は，会社が定める職制に基づく名称にすぎず，会社法上の地位ではないからである。ただし現実には，代表取締役に社長，副社長といった肩書を与える会社が多い。

　また，近年では執行役員という言葉を耳にすることも多いが，執行役員も会社法上の地位ではない。あくまで取締役または従業員に執行役員という名称を付しただけものである。執行役員が業務執行を担うことも多いが，その場合には，当該業務執行権限について，代表取締役から執行役員（という名前の取締役または従業員）に内部的に委譲されているにすぎない。

② 株 主 総 会

1　株主総会の権限

取締役会設置会社における株主総会の権限

　最初に株主総会の権限をみていこう。株主総会の権限については会社法295条に定めがあり，取締役会の設置の有無によって大きく異なる。

　取締役会設置会社では，株主総会が決定できる事項は会社法または会社の定款 [用語] で定められた事項に限定される（295条2項）。そして，公開会社では取締役会の設置は義務であるため（327条1項1号），公開会社における株主総会の権限は，会社法または定款で定められた事項に限定されることになる。その趣旨は，株式が様々な人の間で流通し，多数の株主が場合によっては頻繁に入

────────────────────────── notes

[用語] **定款**　　会社の組織・運営上の基本的なルールを定めたものを定款と呼ぶ。株式会社はその設立時に定款の作成が義務付けられる（26条1項）。法律で一定のルールが定められていても，定款に定めを設けることで法律とは異なる内容のルールを選択することが許される場合もあり，このことを定款自治という。

れ替わることも想定される公開会社では，日常的な事項についてまで株主総会を開催して会社の意思決定をすることには少なからぬ費用の発生が予想されることや，そのような会社の株主は経営の意思や能力に乏しいことが通常であることを踏まえて，機動的・合理的な会社経営を確保するという観点に基づいて株主総会の権限を限定する点にある。

法律上の株主総会の決定事項

それでは，法律により株主総会で決定すべきとされている事項にはどのようなものがあるのだろうか。基本的には，次の四つが株主総会に決定権限がある事項として会社法に定められている。

まず，①取締役などの選任・解任に関する事項が挙げられる（329条1項・339条1項）。会社の価値を最大化する最適なインセンティブを有する主体は出資者である株主であるため，会社法は株主総会に取締役の選任・解任の権限を与え，株主の考えが会社経営に反映されるようにしている。また，監査役などの取締役の職務の執行を監査する地位にある機関の選任・解任の権限も，取締役会ではなく株主総会に与えられている。このことは，監査の実効性を確保するという観点からも説明できる。

次に，②会社の基礎的変更に関する事項が挙げられる。代表的なものとしては，定款変更（466条），事業譲渡（467条1項），会社の解散（471条3号），合併（783条・804条）などが挙げられる。会社の基礎的変更に関する事項については，それにより会社経営の根本的な方向性が変更される可能性があり，株主に対する影響が大きいことから，株主総会に決定権限が与えられている。

さらに，③株主の経済的利益にとって重要な事項についても，株主総会の決定事項とされている。代表的なものとして，剰余金の配当（454条1項）が挙げられる。

最後に，④取締役の報酬の決定など，取締役に自由に決定させると株主の利益が害されるおそれがある事項についても，会社法は株主総会の決定事項としている（361条1項）。

以上の①〜④の事項が，法律上の株主総会の決定事項である。もっとも，①〜④には該当しない事項であっても，株主が自ら決定したいと考えるものについては，会社の定款でその旨を規定することにより，株主総会の決定事項とすることは可能である。会社法295条2項は，定款で定めた事項についても株主総会の決定事項に含めているからである。少しくらい経営の効率性を犠牲にしても，株主が自ら決定したいと考えるのであれば，それを禁止までする必要はないということであろう。

他方，①〜④の事項については，たとえ定款で規定したとしても，決定権限を株主総会から取締役会に移すことはできない（295条3項）。これらの事項は，取締役会ではなく，（出資者である株主の集合体である）株主総会で決定することが特に必要であると考えられて，会社法により株主総会の決定事項とされたものだからである。

Column 2-2　日本の株主総会の決定事項を世界的にみたら……

　世界的にみれば，日本の株主総会の決定事項はかなり広い方であるといえる。①取締役などの選任・解任に関する事項や②会社の基礎的変更に関する事項について株主総会の決定事項とすることは，どの国でもほぼ共通の現象といえるが，③株主の経済的利益にとって重要な事項や④取締役に自由に決定させると株主の利益が害されるおそれがある事項については，国ごとに判断が分かれている。たとえば米国デラウェア州 用語 の会社法では，剰余金の配当や取締役の報酬の決定は原則として株主総会の決定事項とはされていない。したがって，立法論としては，③や④の事項の決定について別の考え方もありうる。

　実際，近年では日本においても，原則としては剰余金の配当や取締役の報酬の決定権限を株主総会に与える一方で，株主総会に与えられた権限の実質的な

— notes

用語 **デラウェア州**　米国では州単位で会社法が制定されており，日本のように国レベルで統一された会社法が存在するわけではない。そして米国の会社法について言及する場合には，デラウェア州の制定法・判例法が取り上げられることが多い。米国の上場会社（publicly traded company）の約6割がデラウェア州を設立州とするなど，多くの米国企業が実際にデラウェア会社法を準拠法としている現状が存在するからである。

内容に関しては徐々に縮小される傾向にあるとも評価できる。たとえば剰余金の配当について，会社法は，一定の要件を満たす場合には，取締役会のみの判断で配当をすることができる制度を導入した（459条1項。→第**5**章§**5**）。また，取締役の報酬に関しても，解釈によって，取締役全員に支払われる報酬総額の上限のみを株主総会で決定し，個々の取締役に対する具体的な報酬の額については取締役会で決定することが認められている（→§**5 報酬等の種類と規制**(1)）。

2　株主総会の招集

SCENE 2-2

　青葉さんは，今年4月に四菱商事に入社したばかりの新入社員である。彼女が配属された法務部は，6月末に開催予定の定時株主総会の準備のため部員の誰もが多忙な状態にある。ある日彼女は，上司の馬場部長に呼ばれ，先輩社員を手伝って一緒に定時株主総会の招集の手続を進めてほしいと頼まれた。そう，彼女の四菱商事での最初の仕事は，定時株主総会の招集の準備ということになったのだ。
　さあ，六法を片手に，初めての仕事に期待と不安でいっぱいの彼女と一緒に，会社法の規定する株主総会の招集手続について確認していこう。

総　説

　株主総会が会社の機関として物事を適切に判断するためには，株主に株主総会に出席する機会を与え，判断に必要な情報や時間を提供する仕組みを作ることが必要となる。そこで会社法は，以下で紹介する厳格な招集手続を定めることで，株主の出席の機会と判断に必要な情報や時間を確保しようとしている。

株主総会の種類

　株主総会には，定時株主総会と臨時株主総会の2種類がある。定時株主総会とは，毎事業年度の終了後一定の時期に開催されるものをいう（296条1項）。なお，日本の多くの会社では，事業年度が3月末で終わり，毎年6月に定時株主総会を開催する。

年に1回開催される定時株主総会以外にも，臨時に株主総会を開催する必要があるときには臨時株主総会が開催される（296条2項）。たとえば，急に合併の提案をもちかけられて，その是非を判断するために定時株主総会の開催まで待ってはいられない場合には，臨時株主総会を開催することになる。

株主総会の招集権者

取締役会設置会社では，取締役会が株主総会の日時・開催場所・議題^{用語}などを決定した後で，代表取締役が株主総会を招集するのが原則である（296条3項，298条1項・4項，349条4項）。

招集にあたり決定しなければならない事項

取締役会設置会社では，株主総会を招集するにあたり，取締役会が以下の事項を決定しなければならない（298条1項・4項）。

まず，株主総会の日時と場所を決定しなければならない（298条1項1号）。株主総会の開催場所については，各会社が自由に選択でき，さらに必要があれば，株主総会の都度，開催場所を変更することも可能である。ただし，従来の開催場所から大きく変更する場合には，その理由を招集通知に記載しなければならない（299条4項・298条1項5号，会社則63条2号）。また，株主にとって著しく不便な場所で開催したような場合には，株主総会の招集手続が著しく不公正であることを理由に，株主総会決議が後から取り消されることがありうる（831条1項1号）。

次に，株主総会の議題がある場合には，議題を決定しなければならない（298条1項2号）。取締役会設置会社では，あらかじめ株主総会の議題として決定された事項以外の事項は株主総会で決議することができない（309条5項）。何について議論するかを事前に知らせることで，株主に株主総会への出欠について判断する機会を与えたり，株主総会での議論に関する準備を可能にしたり

---- notes

用語 **議題と議案**　会社法には「議題」という言葉と「議案」という言葉が出てくる。議題とは，端的にいえば，株主総会における議論のテーマを指す。たとえば「取締役選任の件」「定款変更の件」などが議題にあたる。これに対し，議案とは，議題に関する具体的な提案の内容を指す。たとえば「Aを取締役に選任する」「○○という定款の定めを設ける」などの提案が議案にあたる。

するためである。また，取締役の選任などの一定の重要事項を株主総会の議題とする場合には，当該議題に係る議案の概要についても決定しなければならない（298条1項5号，会社則63条7号）。

さらに，株主総会に出席しない株主に対して書面もしくは電磁的方法による議決権行使を認める場合には，その旨を決定しなければならない（298条1項3号・4号）。こうした書面もしくは電磁的方法による議決権行使の制度は，株主による議決権行使を容易にする点でメリットがある。そのため，株主の数が多い会社（1000人以上）については，書面投票制度の実施は義務とされている（同条2項）。

その他の決定しなければならない事項については，会社法298条1項5号の「法務省令で定める事項」用語として，会社法施行規則63条に規定されている。

┃ 招集通知 ┃

株主総会の招集通知は，株主に出席の機会と準備の期間を与えるため，株主に対して株主総会の日の2週間前までに発しなければならない（299条1項）。非公開会社の場合には1週間前でよい。条文上は「発しなければならない」と規定されているので，発送さえすれば足りる。したがって，仮に郵便事故などで招集通知が届かない株主がいても，会社法299条1項の手続に違反したことにはならない。

招集通知には，前項で説明した会社法298条1項各号に掲げる事項を記載しなければならない（299条4項）。したがって，株主総会の日時および場所，議題，一定の重要事項が株主総会の議題である場合には議案の概要（298条1項5号，会社則63条7号）などが記載され，株主に通知される。

招集通知とセットで送らなければならない添付書類として，書面投票を実施する場合には，議決権行使のための参考書類用語と，議決権を行使するため

---

notes

用語 法務省令で定める事項 会社法で「法務省令で定める」と書かれている事項については，会社法施行規則・会社計算規則・電子公告規則といった規則にその内容が書かれている。規則に委ねられた事項には，細かな技術的な事項が多い。会社法に関しては，規則に委ねられた事項は基本的には会社法施行規則に規定されているが，その中でも特に技術的な性格の強い会計処理と電子公告に関する事項については，会社計算規則や電子公告規則に規定されている。

の書面がある（301条1項）。議決権を行使するための書面とは，イメージとしては投票用紙のようなものを考えてもらえばよい。また，電磁的方法による議決権行使を認める場合においても，議決権行使のための参考書類を送付しなければならない（302条1項）。さらに，取締役会設置会社における定時株主総会に関しては，計算書類や事業報告も招集通知に添付しなければならない（437条）。定時株主総会では，計算書類や事業報告に関する承認または報告が行われるからである（→第**5**章**2 5**）。
^{210頁}

　以上が，招集通知と同時に発送する必要のある添付書類の内容である。添付書類に関する問題として，これらの書類はかなりの分量になる場合があるので，その印刷および発送にはそれなりの費用がかかる可能性があることが挙げられる。そこで，定款に定めを置く場合には，一部の添付書類の内容については，インターネット上で閲覧可能にし，株主にそのウェブサイトのアドレスを通知することによって，当該内容に関する添付書類を株主に提供したものとみなすことが可能となった（会社則94条・133条3項・4項，会社計算133条4項・5項，134条5項・6項）。ウェブ開示制度と呼ばれる制度である。

Column 2-3　株主総会資料の電子提供制度

　令和元年会社法改正により，インターネットの利用を通じた株主総会資料の提供を法的に後押しするため，以下の本文で述べた制度に加えて，株主総会資料の電子提供制度が新たに導入された。なお，振替株式（→第**3**章**3 3 振替株式制度の概要**）を発行する会社については，同制度の利用を義務付けるものとされている。現在では上場株式はすべて振替株式であるため，上場会社は電子提供制度の利用を義務付けられることになる。
^{154頁}

　電子提供制度が導入されたことにより，会社は，株主総会参考書類等の内容である情報について，電子提供措置（自社のウェブサイトに情報を掲載するな

---

notes

[用語] **参考書類**　会社法301条1項は「法務省令で定めるところにより」と規定しているため，参考書類の内容を知るためには，会社法施行規則を参照しなければならない。具体的には，会社法施行規則の65条・73条～93条において，議案ごとに内容が詳細に記載されている。参考書類の内容についてポイントだけ簡単に指摘すれば，書面または電磁的方法による議決権行使をする株主は，株主総会には出席せず，招集通知および参考書類をみて議案についての賛否の判断を下すことになるため，参考書類には株主が判断を下すのに必要なだけの議案に関する情報の記載が求められている。

ど，電磁的方法により株主が情報の提供を受けることができる状態に置く措置）をとる旨を定款で定めることができる（325条の2）。そして，以上の定款の定めがある会社では，株主総会を開催するにあたって一定期間継続して電子提供措置をとり（325条の3），株主に対して電子提供措置をとっている旨などを通知した場合には，個々の株主の承諾を得ていないときであっても，会社が株主に対して株主総会参考書類等を適法に提供したものとされる（325条の4）。

　ただし，電子提供措置をとる旨の定款の定めがある会社であっても，株主（招集通知の電磁的方法による提供に承諾をした株主を除く）は，当該会社に対して，電子提供措置の対象である事項を記載した書面の交付を請求することが認められている（325条の5）。この書面交付請求の規定は，インターネットを利用することが困難な株主を保護する観点から設けられたものである。

3　株主提案権

SCENE 2-3

　4月のある日，青葉さんがいつものように四菱商事に出社すると，馬場部長・千種課長など，法務部の主要メンバーが難しい顔をして朝から会議を開いていた。後で千種課長から話を聞いてみると，6月末に開催される予定の今年の株主総会で，株主提案権が行使されたらしい。
　株主提案権とは何か？　青葉さんは，学生時代に受講した会社法の講義内容を必死で思い出しながら，今回株主から行使された株主提案権の内容に関する千種課長の説明を聞くのだった。

制度の概要

　取締役会設置会社では，株主総会の議題は取締役会が決定する（298条1項2号・4項）。そのため，取締役にとって都合の悪い議題（取締役解任の件など）は，そもそも株主総会の議題に含まれないおそれがある。もっともそれでは，株主総会を通じた取締役の職務の執行に対する監督は，十分には機能しないことにもなりかねない。そこで会社法は，一定の場合には，株主が自ら議題を提案することを認めている（303条）。このことを議題の提案権という。

図表2-1 株主提案権の行使要件のまとめ

		議題の提案権		議案の提出権	
		事　前	総会日	要領の記載	議案の提出
取締役会設置会社	公開会社	議決権保有要件 ＋継続保有要件 （303②）	×	議決権保有要件 ＋継続保有要件 （305①但書）	単独株主権 （304）
	非公開会社	議決権保有要件 （303③）		議決権保有要件 （305②）	
取締役会を設置 していない会社		単独株主権 （303①）		単独株主権 （305①本文）	

　また，株主は，一定の場合には，取締役会が決定した議案とは異なる内容の議案を株主総会に提出することもできる。たとえば，取締役会が「Aを取締役とする」取締役選任議案を株主総会に提出することを決定した場合に，これに反対する株主が，「Bを取締役とする」取締役選任議案を株主総会に提出することは可能である。このことを議案の提出権という。株主は，株主総会において自らの議案を提出することが認められており（304条），また，株主総会の開催に先立って，当該株主が提出する議案の要領を招集通知に記載してもらうことも認められている（305条）。

　議題を提案または議案を提出できる株主の範囲は，取締役会の設置の有無によって大きな違いがある（→図表2-1参照）。

　取締役会設置会社では，原則として1％以上の議決権か300個以上の議決権を6か月前から保有している株主に限り，議題の提案権が認められ，また，議案の要領を招集通知に記載することを請求できる（303条2項・305条1項但書）。したがって，取締役会設置会社ではこれらの権利は単独株主権 用語 ではなく，ある一定の要件を満たす株主のみが行使可能な権利，すなわち少数株主権となる。また，取締役会設置会社では，議題の提案も議案の要領の招集通知への記載の請求も，株主総会の日の8週間（これを下回る期間を定款で定めた場合

─────────────────────────────── notes

用語 **単独株主権**　　1株しか保有しない株主であっても行使可能な権利のことを単独株主権と呼ぶ。取締役会を設置していない会社では，1株しか保有しない株主であっても，議題の提案権および議案の提出権が認められている（303条1項・304条・305条1項本文）。単独株主権・少数株主権の詳細については，**第3章 1 2 株主の権利(2)**（142頁）を参照。

にあっては，その期間）前までにしなければならない（303条2項第2文・305条1項本文）。

　これに対して，1株しか保有しない株主であっても，株主総会において議案を提出することは可能である（304条）。会議体の構成員が，審議事項について自らの議案を提出できることは当然だからである。

　なお，取締役会設置会社では，事前に決定した議題以外を株主総会の議題とすることはできないので（309条5項），株主総会当日における議題の提案権は認められていない。

▌株主提案権の行使上の制約▐

　株主提案の対象は，「株主が議決権を行使することができる事項に限」られる（303条1項・304条本文）が，当該事項には定款で定められた事項も含まれる（295条2項）ため，定款変更の議案とセットで提案することによって，会社の具体的な業務内容に関する株主提案を行うことも可能となる。たとえば，電力会社の株主が，原子力発電所の建設を中止することを内容とする株主提案を行いたいと考えたとする。原発建設の是非は，法律上は株主総会の決定事項ではない（**→1 法律上の株主総会の決定事項** 28頁）ため，株主提案権を行使することは認められないようにも思われる。しかし，「原発建設の是非に関しては株主総会の権限事項とする」旨の定款変更の議案を，「原発建設を中止する」という議案とセットで株主提案することで，原発建設を中止する旨の株主提案も可能となる。

　このように，少なくとも潜在的には，株主提案権は，その対象が会社の業務一般に広く及びうる点で強力な権限であるといえるだろう。そして株主提案権が強力な権限であるということは，株主提案権が提案した株主以外の誰の利益にもならない（会社ひいては株主共同の利益とならない）内容の提案に利用される危険を生じさせることになる。たとえば，ベジタリアンの株主がハンバーグレストランを展開する会社の株主となり，株主総会において肉料理の提供を禁止する旨の株主提案を行うことも考えられないではない。このような一部の株主の独自の価値判断に基づく提案は，その他の株主からしてみれば，不合理なものとして株主総会で否決されることが当然に予想されるが，否決されても毎年

同じ内容の株主提案がされるのでは，会社および株主に不必要な費用を負担させかねない。

　そこで会社法は，強力な権限である株主提案権の行使を無制限に認めるのではなく，一定の場合にはその行使を制約する必要があるという観点に立ち，いくつかの規定を設けている。まず，法令または定款に違反する内容の議案を株主提案することはできない（304条但書・305条6項）。また，株主総会において総株主の議決権の10％の賛成票も得られなかった提案については，以後3年間は実質的に同一の議案を株主提案することはできない（304条但書・305条6項）。さらに，令和元年会社法改正により，取締役会設置会社において，1人の株主が会社法305条1項に基づく議案要領通知請求権を行使して同一の株主総会に提出することができる議案の数について，10までに制限する規定が設けられた（305条4項）。したがって，株主が提案する議案の数が10を超えた場合に，会社は，超えた数の議案については議案要領通知請求権の行使を拒絶することができる。

Column 2-4　株主提案権の利用状況をめぐる変化

　株主提案権が実際に行使された例として，かつては原発建設に反対する株主や環境保護を求める株主によって，電力会社に対して株主提案がなされる例が多かった。そして，（少なくとも当時は）これらの株主提案に対する賛成票は極めて少なく，これらの提案が通るような事態はほとんど想定されていなかった。そのため，株主提案権制度が果たしている機能としては，会社経営に不満をもつ株主による意見表明の場を提供する点が指摘されることもあった。

　これに対して，近年では，機関投資家や投資ファンドによって株主提案権が行使される例が増えつつあり，たとえば株主総会において，株主から取締役報酬の個別開示や配当の増額要求について提案されることも，それほど珍しいことではなくなっている。こうした状況を受けて，会社としても株主提案の内容を容易には無視できなくなり始めており，株主提案の内容を踏まえて，自主的に提出議案を修正する会社も現れ始めている。そのため，かつての理解とは異なり，今日では，株主提案権は，株主が取締役の業務執行を監督するための有力な手段と評価することも可能かもしれない。

4 株主の議決権

　６月末の株主総会の準備に向けて大忙しのある日，四菱商事の法務部に株主を名乗る人物から電話で質問があった。質問の内容は，今年の四菱商事の株主総会に出席するつもりだったが，あいにく自分は用事ができて出席できなくなったので，息子を自分の代理人として出席させることは可能かというものである。
　さて，電話に出てしまった青葉さんは，この株主からの質問にどのように答えればよいのだろうか。電話の横で，馬場部長の細い目が鋭く光っている。間違った返答は許されない！

議決権の数

(1) 一株一議決権の原則

　会社法308条1項は，「株主は，株主総会において，その有する株式一株につき一個の議決権を有する」と定める。これを一株一議決権の原則という。一株一議決権の原則が採用されていることにより，株式会社では，原則として，株主の出資額に応じて会社の意思決定に対する影響力の大きさが決まる。

(2) 一株一議決権の例外

　会社法は一株一議決権の原則を採用する一方で，同原則に対する例外となる規定もいくつか設けている。代表的な例外として，議決権制限株式に関する規定（108条1項3号。→第**3**章**1 3**種類株式（株主平等原則の例外））や単元未満株式に関する規定（189条1項。→第**3**章**§6**）が挙げられる。これらの株式は，誰がいつ株式を保有したかといった事情に関係なく，常に議決権が否定される株式である。

　これに対して，誰がいつ株式を保有したかといった事情に応じて，株式の議決権が否定される場合もある。以下では，こうした株式保有に関する事情に応じて議決権が否定される株式について，その内容を確認する。

(a) 自己株式
　会社が保有する自らの発行した株式を自己株式という（113条4項括弧書）。ソニーが保有するソニー株式やトヨタが保有するトヨタ株式は，法的には自己株式に該当する。自己株式を取得する場合には，会社は株主に対して取得の対価を支払わなければならないため，会社財産の流出という側面を

伴う自己株式の取得について会社法は様々な規制を設けているが，その内容は
157頁
第**3**章**4**1で説明する。

　ここでの問題は，（会社が既に自己株式を取得した場合における）自己株式の議
決権の有無についてである。一般に，会社が他の会社の株式を保有している場
合に，どのように議決権を行使するかは，経営判断事項として，株式を保有す
る会社の取締役の裁量に委ねられる。しかし，自己株式の場合には，株主から
監督を受けるべき取締役が，会社のお金で購入した自己株式の議決権を行使す
る点で，会社支配の公正を害する危険がある。すなわち，自己株式について議
決権行使が可能であるとすれば，自分を取締役に選任する議案に自ら賛成票を
投じるなど，取締役が自己の影響力を維持・強化するために自己株式の議決権
を行使する可能性が高くなる結果，取締役に対する株主総会の監督の実効性が
損なわれることが想定される。そこで会社法は，自己株式については議決権を
否定している（308条2項）。

　(b)　相互保有株式　　会社法308条1項は，相互保有株式について議決権を
否定する。すなわち，ある会社（A社）が他の会社（B社）の株式を4分の1
以上保有している場合，4分の1以上の株式を保有されている方の会社（B社）
は，保有している方の会社（A社）の株式を保有していても，その議決権を行
使できない（→図表2-2参照）。ただし，A社が保有するB社株式の議決権ま
で当然に否定されるわけではないので，注意してほしい。

　相互保有株式について議決権を否定する理由は，自己株式の場合と同様に，
会社支配の公正を確保する必要があるからである。仮に相互保有株式について
議決権行使が認められるとすると，A社の取締役が，A社のB社に対する支
配力を利用し，B社が保有するA社株式の議決権行使の判断を左右することで，
A社における自己の影響力を維持・強化する可能性がある。そこで，A社に
おける会社支配の公正を確保するために，B社が保有するA社株式の議決権
が否定されている。

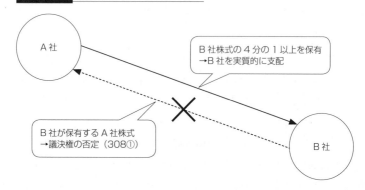

図表 2-2 相互保有株式の議決権の扱い

A社

B社株式の4分の1以上を保有
→B社を実質的に支配

B社が保有するA社株式
→議決権の否定（308①）

B社

(c) **基準日制度と基準日後に取得された株式**　　株式が広く流通し，頻繁に株式譲渡が行われている会社では，株主も日々入れ替わっている。そのため，株主総会において議決権を行使できる株主はどの時点の株主かを決めるルールが必要となる。この点について，会社は株主名簿という名簿で株主を管理していることを踏まえ（株主名簿。→第**3**章③**2**）^{153頁}，会社法は，一定の日（この日を「基準日」という）に株主名簿に記載・記録されている株主を権利行使者とすることができる旨を定めている（124条1項）。この基準日制度に基づいて，会社は，基準日における株主名簿上の株主に株主総会における議決権行使を認めればよい。なお，基準日と権利行使日（議決権に関する権利行使日は株主総会の開催日）との間の期間は，最長で3か月間とされている（同条2項）。

　それでは，基準日後に株式を取得した株主には，取得の直後に開催される株主総会において議決権を行使することは一切認められないのだろうか。基準日後に取得された株式の議決権行使を認めると，会社の事務処理が煩雑になり，株主管理のための費用がかさむので，取得の直後に開催される株主総会については議決権を行使できないのが原則である。ただし，以上のように基準日制度は会社の事務処理の便宜のための制度であるので，会社の側から特に議決権行使を認めることは，基準日株主の権利を害さない限りは差し支えないとされている（124条4項）。

議決権の行使方法

(1) 株主総会への出席

議決権行使の方法としては，株主自身が株主総会に出席して，全議決権を統一的に行使するのが原則である。ただし，それが困難な場合に備えて，会社法は以上の原則とは異なる選択肢を認めている。

(2) 議決権の代理行使

まず，会社法は，複数の会社の株主総会が同一時刻に行われるなど，株主が株主総会に出席することが困難な場合に備えて，株主の代理人を株主総会に出席させ，その代理人に議決権を行使させる方法を認めている（310条1項）。

議決権の代理行使に関連して，日本ではかつて，大勢の手下を株主の代理人として株主総会に送り込み，株主総会において繰り返し同じ質問をしたり暴言を吐いたりして嫌がらせをする特殊な株主がいた。いわゆる総会屋と呼ばれる集団であり，総会屋にも様々なものが存在するが，共通しているのは，株主総会が荒れる可能性を示唆することで，会社から金員を獲得しようとする点である。このようなゆすり行為は，株主総会を可能な限り平穏に終わらせたいという会社経営者・株主総会担当者の心理を巧みにつくものであった。

話を会社法310条の議決権の代理行使に戻そう。以上の総会屋の問題を受けて，会社の側としては，定款に定めを設けることで，議決権行使の代理人の資格を株主に限定し，かつ，代理人の人数を限定することによって，総会屋による妨害行為に対抗した。このうち，代理人の人数の限定については，会社法上明文で認められている（310条5項）。

これに対して，定款で代理人資格を株主に限定することは，会社法上は明文で認められていないため，このような代理人資格の制限が会社法310条1項に抵触し，無効ではないかが問題となる。この問題について最高裁は，代理人資格を株主に限定する定款の定めは有効であると判示した 判例 。もっとも，代

─────────── notes

判例 最判昭和43・11・1民集22巻12号2402頁〔百選29〕では，代理人は株主に限る旨の定款の規定は，株主総会が，株主以外の第三者によってかく乱されることを防止し，会社の利益を保護する趣旨に出たものと認められ，合理的な理由による相当程度の制限ということができるから，会社法310条1項に反することなく，有効であると判示された。

理人資格を厳密に株主のみに限定してしまうと，株主相互の人的関係が希薄な上場会社では，代理人となる他の株主を探すのが困難な場合もある。また，非上場会社の場合であっても，内紛により一人だけ孤立した株主のように，他の株主に代理人となることを頼むことができない場合も考えられる。

そこで裁判所は，議決権行使の代理人資格を株主に限定する定款の定めを有効と解しつつも，株主総会がかく乱されて会社の利益が害されるおそれがないと認められる場合には，個別・例外的に，株主以外の者が議決権を代理行使することを認めている。訴訟においては，法人が株主である場合の当該法人の従業員，株主の親族，弁護士による議決権の代理行使が許されるかという形で，問題となることが多い。これらのうち，法人が株主である場合の当該法人の従業員や株主の親族に関しては，代理行使を認める必要性が高く，また，認めることによる弊害も小さいと考えられるため，代理人資格を株主に限定する定款の定めが存在する場合であっても，議決権を代理行使させることができるとする裁判例が多い（最判昭和51・12・24民集30巻11号1076頁〔百選34〕など）。これに対して，弁護士に議決権の代理行使が認められるかについては，下級審裁判例でも判断が分かれている（代理行使を認めた例：神戸地尼崎支判平成12・3・28判タ1028号288頁など，認めなかった例：東京地判昭和57・1・26判時1052号123頁，宮崎地判平成14・4・25金判1159号43頁など）。

Column 2-5　委任状勧誘規制

　議決権の代理行使の制度を利用して，主に上場会社において，取締役会または株主提案権を行使しようとしている株主が，他の株主に対して，自らに議決権行使の代理権を授与するよう勧誘することがある。こうした勧誘を委任状勧誘といい，現実に広く利用されている。

　委任状勧誘を行う場合には，株主が委任の是非を判断できるようにするために，参考書類を株主に送付し，提案に対する賛否の判断を株主に求めた上で勧誘しなければならない。ただし，こうした委任状勧誘に関する規制は，会社法ではなく金融商品取引法に規定が置かれている（金商法194条および上場株式の議決権の代理行使の勧誘に関する内閣府令）ため，その適用対象は上場会社に限られている。

従来，日本の上場会社では，株主総会の定足数要件を充足するため，取締役会による委任状勧誘が実施されてきた。それに加えて，最近では，現在の取締役会と敵対する株主が，自らの提案した株主提案について，委任状による議決権の代理行使の勧誘をする場面も増えている。取締役会と取締役会の経営方針に反対する株主とが，同一の株主総会においてそれぞれ委任状勧誘を行うことを，委任状合戦または委任状争奪戦と呼ぶ。

(3) 書面投票と電子投票

　株主総会に出席することなく議決権を行使できるもう一つの方法として，書面投票制度（311条）と電子投票制度（312条）がある。

　書面投票は，株主が1000人以上の会社では実施が義務付けられている（298条2項）。株主数が多い会社においては，たとえば株主が遠隔地に住んでいることもあるなど，株主が直接株主総会に出席することを期待できない場合が多くなるからである。ただし，株主が1000人以上の会社であっても，当該会社が上場会社であり，かつ，全株主に対して委任状勧誘を行っている場合には，書面投票の実施は義務ではない（298条2項但書，会社則64条）。したがって，株主が1000人以上の上場会社では，書面投票と委任状勧誘のいずれを採用するかを選択することが認められている。

　これに対し，電子投票制度については，その採用は会社の任意である。電子投票を実現するにはシステム構築などで一定の費用がかかるため，一律の強制は望ましくないことがその理由である。なお，電子投票の実施を会社が選択した場合であっても，書面投票の実施が義務付けられている会社では，電子投票の実施をもって書面投票に代えることはできず，書面投票（または全株主に対する委任状勧誘）も実施しなければならない。電子投票をするのが不便な株主も存在するからである。

Column 2-6　委任状勧誘と書面投票

　かつては書面投票制度は存在せず，委任状勧誘のみが行われていた。しかし，会社（取締役会）が行う委任状勧誘は，法的には株主と取締役（または総務部

長などの会社の従業員）との間の議決権行使に関する委任である以上，取締役などが株主の指図に反する議決権行使を行ったとしても，そのことは，会社との関係では，既になされた議決権行使の効力に影響を与えないと考える余地がある点で，問題がないとはいえないものであった。そこで昭和56年の商法改正において，会社法は新たな制度として書面投票制度を導入した。そこでは，委任状勧誘の問題点を踏まえて，株主が議決権を行使するための書面を通じ，会社に対して直接に議決権を行使する制度が採用された。

　もっとも，会社法は，書面投票制度の導入後も委任状勧誘を制度として存続させ，会社に，書面投票と委任状勧誘のいずれを選択するかを判断させることにした。そのような政策判断の背後には，書面投票制度にも，実際の利用にあたっては問題が存在したことが挙げられる。すなわち書面投票を実施する場合には，株主総会の当日に当初の議案に対する修正案が提出されたとしても，書面投票をした株主は当該修正案に対する賛否の判断はできない。通知の段階で株主に示された議案に対する判断しか，議決権を行使するための書面には記載されていないからである。これに対して，委任状勧誘を実施する場合には，あらかじめ株主から「修正案に関しては取締役に白紙委任する」という内容の委任状を取り付けておくことで，修正案に対しても会社の判断で対応することができる点でメリットがある。そのため実務上は，書面投票を実施する場合であっても，一部の大株主に対して修正案に関する白紙委任状の勧誘をすることが多いといわれている。

Column 2-7　議決権の不統一行使

　1人の株主が複数の議決権を有している場合，通常はこれを統一的に行使することが期待されている。たとえば，株式を10株保有する株主であれば，議案に対して，10株分の議決権を統一的に行使して賛否の判断をすることが原則である。

　ところが今日では，信託の受託者（信託会社など）のように，他人のために株式を保有するケースが広くみられるようになった。この場合，株主名簿上は信託会社が株主であるが，その背後には株式の実質的な保有者である投資家が複数存在し，信託の仕組み次第では，この背後にいる投資家が議決権行使の判断をすると定められている場合がある。そのため，信託会社が議決権行使について背後にいる複数の投資家から異なる指図を受けた場合のように，統一的な

議決権行使が望ましくない場合も考えられる。そこで会社法は，株主が議決権を統一しないで行使することを認めている（313条1項）。

　もっとも，議決権の不統一行使は，以上のような合理的な理由に基づいて行われることが想定されている。そのため，会社は，他人のために株式を保有するのではない株主に対しては，議決権の不統一行使を拒むことができる（313条3項）。そして，多数の株主が場合によっては頻繁に入れ替わることも想定される取締役会設置会社では，会社に確認の機会を与えるために，議決権の不統一行使をしようとする株主は，株主総会の3日前までに，不統一行使をする旨およびその理由を会社に通知しなければならない（同条2項）。

5　株主総会の議事と決議

　ようやく迎えた株主総会当日。株主総会の会場となるホテル有斐閣は，神保町駅から徒歩3分のところにある。法務部員の青葉さんは，株主が道に迷わないように，早朝から駅の改札前でプラカードを持って立っている。ふと横を見ると，会場の準備を終えて様子を見に来た千種課長が立っていた。
　「お疲れさん。わが社の業績は今のところ好調だし，今年の株主総会は波乱がないことを願っているよ。昨年の株主総会では，株主から想定外の厳しい質問が飛び出して，大変だったんだ。」と千種課長。
　株主総会では会社から株主に説明をするだけで，株主から質問があるなんて想像もしていなかった青葉さんは，そのことを千種課長に悟られないよう，あいそ笑いをしながら改札に目を戻すのだった。

株主総会の議事運営

　株主総会の議事運営は議長が行う（315条）。誰が議長になるかについて，通常は会社の定款に定めがあるが，定款に定めがない場合には株主総会の都度，議長を選任する。実務上は，定款の定めに基づき，社長である代表取締役が株主総会の議長になることが多い。

　株主総会の議事運営の望ましいあり方は，会社によって異なりうる。そこで会社法は，次の項目で説明する取締役等の説明義務を除き，議事運営のあり方に関する具体的な規定を設けていない。したがって，定款の規定や慣習などに

従って議事運営が行われる。また，議事運営に関しては会社に広範な裁量が認められる。たとえば株主総会の議事運営を担う議長には，株主総会の秩序を維持し議事を整理する権限や，その命令に従わない者その他株主総会の秩序を乱す者を退場させる権限が与えられている。ただし最高裁は，議事運営に関する会社の広範な裁量を認めつつも，同じ株主総会に出席する株主に対しては，合理的な理由のない限り同一の取扱いをすべきであるとも指摘する 判例 。

　株主総会を延期したり続行したりすることは可能である。延期とは，議事に入らないで後日改めて株主総会を開催することをいい，続行とは，議事には入ったが審議が終わらないため，後日開催される株主総会に審議を継続することをいう。株主総会が延期や続行される場合，改めて招集通知を発送する必要はない（317条）。なお，株主総会で議論した内容については，議事録を作成し保存することが要求される（318条）。

▍取締役等の説明義務 ▍

(1) 制度の趣旨

　株主総会の議事運営に関して近年重要性を増しつつあるのが，株主からの質問と，それに対する取締役等の説明義務である（314条）。会議体において，その参加者が審議事項について質問をなしうるのは当然のことであり，これを法的に保障し，明文化したのが取締役等の説明義務の規定である。

　以上の趣旨や条文の構造から，取締役等の説明義務は，株主総会の場において株主から説明を求められて初めて発生すると解されている。たとえば株主から会社に対して事前に質問状が送られていても，株主総会の場で株主から実際に質問されない限りは，取締役等に説明義務は生じない（東京地判平成23・4・14資料版商事法務328号64頁など）。

---

notes

判例 最判平成8・11・12判時1598号152頁〔百選A11〕では，電力会社の株主総会において，原発反対を主張する株主に対抗するために，従業員株主を一般の株主よりも先に株主総会の会場に入場させ，前列に座らせた会社の措置が不法行為に該当するかが問題となった。最高裁は，同じ株主総会に出席する株主に対しては，合理的な理由のない限り同一の取扱いをすべきであるとした上で，本件の電力会社の措置は適切なものではなかったと指摘した。ただし結論としては，原告である株主に対する法的利益の侵害はなかったとして，不法行為に基づく損害賠償請求の主張を退けている。

(2) 求められる説明の程度

説明義務について理解する上で押さえておく必要があるのが，株主からの質問によって取締役等に説明義務が発生する場合に，取締役等がどの程度の説明をすれば，説明義務を尽くしたことになるのかという問題である。

この問題について，裁判所は，取締役等が果たすべき説明義務の内容は，原則として，平均的な株主が会議の目的である事項の合理的な理解および判断をするために，客観的に必要と認められる事項に限定されるとする（東京地判平成 16・5・13 金判 1198 号 18 頁）。したがって，取締役等は，質問者が満足するまで説明を続けなければならないというわけではなく，平均的な株主であれば，会議の目的である事項について合理的な理解および判断を行いうる程度の説明をすれば，説明義務違反とはならない。

(3) 説明義務が生じない場合

このように取締役等は，株主総会の場で株主からなされた質問に対して，原則として，平均的な株主の理解および判断を基準とした説明を行わなければならない。もっとも，取締役等が株主からのあらゆる質問に対して株主総会の場で説明しなければならないとすることは，必ずしも適切であるとは限らないため，会社法は説明義務が生じない場合についても規定している（314 条但書）。

まず，株主総会の目的である事項（決議事項だけでなく報告事項も含まれる）に関係しない質問については説明義務が生じない。ただし，定時株主総会における報告事項には会社の事業報告が含まれるので（438 条 3 項），会社の事業内容に関する質問は，一般には，定時株主総会の目的である事項に関係する質問に該当する。たとえば不祥事が発生している会社の定時株主総会において，当該不祥事に関する質問は説明義務の対象となりうる。これに対して，商品の味が好みでないなどの個別の取引に関する苦情は，説明義務の対象とはならないと解されている。

また，質問に答えると株主共同の利益が著しく害される場合にも説明義務は生じない。たとえば食品会社が企業秘密であるレシピをもっている場合に，そのレシピの内容に関する質問などは，株主総会の場で答えてしまうと，企業秘密が流出し株主共同の利益が著しく害されることが想定されるため，取締役等は説明義務を負わないと考えられるだろう。

さらに，「その他正当な理由がある場合」として法務省令で定める場合にも説明義務は生じない。具体的には，説明に調査を要する場合やプライバシーなどの他人の権利を害する場合，既に説明したことを繰り返し質問する場合などが，説明義務が生じない場合として挙げられている（会社則71条）。なお，説明に調査を要する場合には原則として説明義務は生じないが，その例外として，当該事項について事前に質問状が提出されていたような場合や，調査が著しく容易であるような場合（たとえば電話で担当部署に確認をすればすぐにわかるような場合）には，説明義務の対象となる（同条1号イロ）。そのため，前述のように，事前の質問状の送付には説明義務を生じさせる効果はないものの，調査の必要性を理由とした説明の拒絶を認めない点で，一定の意義が認められる。

Column 2-8　一括回答の適法性

　実務上は，多くの株主から事前に質問状が寄せられた場合，会社が質問状の内容を整理分類した上で，類似する質問については，株主総会の冒頭で一括して回答するという慣行が形成されている。もっとも，このような一括回答の慣行は，株主総会における質疑応答を形骸化させる可能性もないではないため，説明義務について規定する会社法314条との関係で許されるかが問題となる。

　この問題については，一括回答の慣行には株主総会の円滑な運営という合理性があり，また，仮に取締役等の説明が不十分な場合には，株主が株主総会の場において改めて説明を求めれば足りるのであるから，一括回答がそれ自体として違法というわけではないと解されている（東京高判昭和61・2・19判時1207号120頁〔百選32〕）。

株主総会の決議

(1) 総　説

　株主総会の決議は原則として多数決によって成立するが，決議が成立するための具体的な要件は，決議の対象となる事項の重要さによって異なる。具体的には，決議の対象となる事項ごとに，普通決議・特別決議などの決議要件が定められており，それに応じて決議が成立するための定足数や賛成票の数が異な

る（309条）。なお，会社法は，個々の条文では株主総会決議を要する旨だけを定め，その決議要件については原則として309条でまとめて記載する形式を採用している（361条1項など）。そのため，皆さんが会社法の学習を進める中で，株主総会決議が必要となる条文に接したら，309条もあわせて確認し，その決議要件を確認する癖を付けるとよいだろう。

(2) 決議要件

まず，特別の要件が法律または定款で定められていない場合には，普通決議により決する。たとえば役員の選任・解任の決議や取締役の報酬等についての事項を定める決議，利益処分に関する決議などが原則として普通決議の対象となる。普通決議が要求される場合には，定足数として，議決権を有する株主のうち，その過半数の議決権を有する株主が株主総会に出席することが必要である（309条1項）。この定足数要件は，定款で軽減・排除することができるが，その例外として，役員の選任・解任の決議については，議決権の3分の1までしか引き下げることはできない（341条）。その上で，出席した株主の議決権の過半数をもって決議が成立する（309条1項）。

次に，会社法309条2項各号に列挙された重要な決議事項については，特別決議が要求される。たとえば会社の定款変更や合併などの組織再編の承認が株主総会における議題である場合には，決議の成立には特別決議が要求される。特別決議が要求される場合には，普通決議の場合と比べて，定足数要件と多数決要件が加重される。まず，定足数要件に関しては，議決権を有する株主のうち，その過半数の議決権を有する株主が株主総会に出席することが求められるが，普通決議の場合とは異なり，定款による定足数の引下げは議決権の3分の1までしか認められない。次に，多数決要件としては，普通決議のような単純多数決ではなく，特別多数決によるものとされ，出席した株主の議決権の3分の2以上が賛成する場合に決議が成立する。

Column 2-9　特殊の決議

普通決議・特別決議のほか，会社法は，株主の利益に極めて重大な影響を与えうる一定の事項については，特殊の決議として，特別決議よりもさらに厳重

な要件を株主総会決議の成立に要求する。たとえば，株式会社が発行する株式の全部につき譲渡制限を設ける旨の定款変更をする場合には，議決権を行使できる株主（頭数）の半数以上，かつ，当該株主の議決権の3分の2以上が賛成した場合に決議が成立する（309条3項1号）。また，非公開会社において，剰余金の配当，残余財産分配または議決権について株主ごとに異なる取扱いをする旨の定款の定めについての定款変更をする場合（109条2項）には，総株主（頭数）の半数以上，かつ，総株主の議決権の4分の3以上が賛成した場合に決議が成立する（309条4項）。

(3) 上場会社と定足数の確保

　株主総会をめぐる実務においては，決議の成立に必要な賛成票を確保することの重要性はもちろんだが，それと同時に，定足数要件を満たすこともまた重要である。とりわけ上場会社の株主は，株主総会に興味がないことが少なくないため，株主総会に出席する者や書面投票を行う者は必ずしも多くはないが，その結果として，定足数要件を満たすことが困難になるおそれが生じる。

　もっとも，定足数要件を満たすことができないために，株主総会で決議できないといった事態が生じてしまうと，経営の効率性が害されることにもなりかねない。そこで会社法は，普通決議事項については定款で定足数要件を排除することを認めている。しかし，普通決議事項であっても役員の選任・解任が議題である場合や，特別決議事項については，定足数は定款の定めをもってしても3分の1までしか引き下げられない。そのため，これらの事項が決議される場合には，会社としては，株主に書面投票をするように頼んだり，委任状を集めたりするなど，定足数を確保するための努力が必要となる。

Column 2-10　多数決の限界と修正

　株主総会の決議は，原則として一株一議決権に基づく資本多数決により行われる。もっとも，多数決に基づきさえすれば何でも自由に決定できるわけではない。たとえば強行法規違反の決議は，決議内容の法令違反として株主総会決議の無効事由になる（830条2項。→**6 株主総会決議無効確認の訴え**）。
62頁

また，強行法規違反とまではいえない場合であっても，多数派を形成する株主が，自ら保有する株式に基づいて株主総会決議を強行し，不当に少数派株主の利益を害することも考えられる。こうした事態に備え，会社法は，株主総会決議における多数派株主の権限濫用をできる限り防止するために，①著しく不当な決議であることを理由とした株主総会決議取消しの訴え（831条1項3号。→**6株主総会決議取消しの訴え**）[53頁]，②反対株主の株式買取請求制度（785条など。→**第6章⑤2反対株主の株式買取請求**）[239頁]，③少数派株主であっても自らの代表者を取締役として選任する余地を与える累積投票制度（342条。→**Column 2-16**）[63頁]，④少数派株主による訴えを通じた役員の解任制度（854条。→**③1取締役の選任・終任(4)**）[65頁] などを用意している。

6 株主総会決議の瑕疵（かし）

「無事終わりましたね。」株主総会が終了し，四菱商事に戻る途中の道で千種課長に話しかける青葉さん。それを聞いた馬場部長が，「たしかに株主総会は終わったけど，株主総会関係の法務部の仕事はまだ終わっちゃいないよ。何をしなきゃいけないかわかるかい？」と質問をする。部長からの突然の質問に若干慌てながらも，「はい部長，株主総会の議事録を作成する必要があります。それから，取締役の交替がありましたから登記の変更も必要です。」と答える青葉さん。

そんな青葉さんの成長をたくましく感じながら，千種課長が「そのとおりだね。あとは，8年前のように株主から株主総会決議の瑕疵を争う訴えが起こされたら，法務部としては大変なことになるねえ。」とつぶやき，それを聞いた馬場部長は，頼むからそんなこと起こらないでくれと，祈るような顔で天を仰ぐのだった。

┃総 説┃

(1) 制度の必要性

株主総会決議に至るまでの手続または決議の内容そのものに瑕疵（何らかの欠点や欠陥）があると評価できる場合には，会社ひいては株主の利益を保護する観点からは，その決議の効力は否定されることが望ましい。もっとも，瑕疵があるとはいえ，決議が成立したという外観が存在する場合には，これを前提として，会社の利害関係者の間で法律関係が積み重ねられていく。それにもか

図表 2-3 株主総会決議の瑕疵を争う訴え

		提訴権者・提訴期間	効力	争われる瑕疵の内容
8 3 0 条	決議不存在確認 の訴え	制限なし（訴えの利益は必要）	対世効 あり	株主総会決議の物理的な不存在 手続的な瑕疵が著しく，株主総会決議が 存在すると法的には評価できない場合
	決議無効確認の 訴え	制限なし（訴えの利益は必要）	対世効 あり	内容の法令違反（830 条 2 項）
8 3 1 条	決議取消しの 訴え	制限あり（831 条 1 項） →提訴権者：株主等 　提訴期間：決議から 3 か月間	対世効 あり	手続の法令違反・定款違反・著しい不公 正（831 条 1 項 1 号） 内容の定款違反・著しい不当（同項 2 号 3 号）

かわらず，事後に株主総会決議の効力を一般原則に従って争わせるとすると，訴えの利益がある限りは誰でもいつでも決議の無効を主張できることになり，また，訴訟の結果は訴訟当事者しか拘束しないなど，法的安定性を害する可能性が高い。

　そこで会社法は，株主総会決議の瑕疵を争う場合について，その法的安定性を確保する観点から，株主総会決議取消しの訴え（831 条）と，株主総会決議不存在または無効確認の訴え（830 条）を用意している。そしてそのいずれの訴えについても，会社法は請求を認容する確定判決に対世効を認めており（838 条），確定判決の効力を第三者にも及ぼすことで法律関係の画一的な確定を実現している。また，以上の訴えのうち，株主総会決議取消しの訴えについては，会社法は提訴権者（訴えを提起できる者）および提訴期間（訴えの提起が認められる期間）を制限し（831 条 1 項），瑕疵の主張を制限している。

(2)　どの場合にどの訴えを提起すればよいか

　それでは，どのような瑕疵を争う場合には株主総会決議取消しの訴えを提起することになり，また，どのような瑕疵を争う場合には株主総会決議不存在または無効確認の訴えを提起することになるのだろうか。

　株主総会決議の瑕疵には，大きくは，招集の手続または決議の方法における瑕疵（すなわち決議に至るまでの手続に関する瑕疵）と，決議された内容そのものに関する瑕疵とが存在する。たとえば一部の株主に対する招集通知漏れが生じている場合には，決議に至るまでの手続に関して瑕疵があるといえ，また，違法な取引の実施に関する計画を株主総会で決議する場合には，決議内容そのも

のに瑕疵があるといえる。そしてこれらの株主総会決議の瑕疵のうち，決議内容の法令違反の場合のみが株主総会決議無効確認の訴えの対象となり，それ以外の瑕疵（決議内容の定款違反・著しい不当，決議に至るまでの手続の法令違反・定款違反・著しい不公正）は，基本的にはすべて株主総会決議取消しの訴えによることになる。さらに，株主総会決議が物理的に存在しない場合や，著しい手続的な瑕疵が存在するために株主総会決議が存在すると法的には評価できない場合（たとえば，大多数の株主に対して招集通知が送られなかった場合のように招集通知漏れが著しい場合など）には，株主総会決議不存在確認の訴えによることも可能である。

株主総会決議取消しの訴え

(1) 取消事由

　株主総会決議取消しの訴えの対象となる瑕疵として，①決議に至るまでの手続の法令・定款違反または著しい不公正，②決議内容の定款違反，③特別利害関係人が議決権を行使した結果，著しく不当な決議がされたとき（決議内容の著しい不当）の三つの場合が挙げられている（831条1項）。

　①決議に至るまでの手続の法令・定款違反または著しい不公正としては，たとえば招集通知漏れ，招集通知の記載の不備や招集期間の不足，取締役等の説明義務違反などの瑕疵が典型例である。

　②は決議内容の定款違反である。たとえば定款で取締役の数に上限を設けているにもかかわらず，上限を超える数の取締役の選任を決議する場合には，決議内容の定款違反に該当する。

　③特別利害関係人が議決権を行使した結果，著しく不当な決議がされたときの例としては，親子会社間の合併（合併。→第6章 1 2 権利義務（資産）移転型(2)
230頁
に際して，合併の是非を判断するための子会社の株主総会において，子会社の株主である親会社が議決権を行使した結果，子会社の価値に比して著しく低い対価の支払いを内容とする合併が承認された場合が挙げられる。株主総会決議における特別利害関係人とは，当該決議の成立によって他の株主は得ることができない特殊な利益を獲得し，または他の株主は避けることができない不利益を免れる株主をいう。上記の親子会社の合併の事例では，親会社は，自社と子

会社との合併において，子会社の株主に支払われる対価をできるだけ安く済ませれば，その分だけ合併による自社の利益を大きくすることが可能であるため，子会社における自社と子会社との間の合併の承認議案について特別利害関係人に該当する。そのため，当該合併において支払われる対価が子会社の価値に比して著しく不当であると評価されれば，決議取消事由が認められる。

(2) 提訴権者

株主総会決議取消しの訴えの提訴権者は「株主等」である（831条1項柱書）。具体的には，株主，取締役，監査役などが提訴権者として挙げられる（828条2項1号参照）。

それでは，株主は一般に株主総会決議取消しの訴えの提訴権者に含まれるとしても，原告である株主自身に対する手続に瑕疵がない場合であっても，当該株主は決議取消しの訴えを提起することができるのだろうか。たとえば一部の株主に対して株主総会の招集通知が送付されなかった場合に，送付されなかった株主が決議取消しの訴えを提起できることは当然としても，招集通知が適切に送付された株主は，他の株主に対する招集通知漏れを理由として，決議取消しの訴えを提起することはできるのだろうか。

この問題について，判例は，株主は自らに対する招集手続に瑕疵がない場合であっても，他の株主に対する招集手続に瑕疵がある場合には，株主総会決議取消しの訴えを提起することができるとする（最判昭和42・9・28民集21巻7号1970頁〔百選33〕）。学説上も，決議取消しの訴えには，個人としての株主の利益確保のみならず，株主総会の適切な運営を確保するための監督機能も期待されているなどと指摘して，判例の立場を支持する見解がほとんどである。

Column 2-11 決議取消しの訴えと株主たる地位の喪失

株主総会決議取消しの訴えを提起した株主は，提起時から事実審の口頭弁論終結時まで，継続して株主資格を有していなければならないと解されている（さらにこの株主資格は，被告である会社に対抗しうるものでなければならない）。そのため，決議取消しの訴えの係属中に原告が株主たる地位を失った場合には，原則として訴訟は却下されることになる（東京地判昭和37・3・6判タ128号126頁など）。

株主による訴訟提起・訴訟追行が認められることの背景には，出資者である株主は原則として会社と利害状況が一致するため，株主による訴訟は会社の利益に適うものであると合理的に期待できる点が挙げられる（→第1章 1 3 権限の分配）。そのことからすれば，訴訟の途中で株主でなくなった者については，その者による訴訟追行が会社の利益に適うものであるとは必ずしも期待できないと考えられるため，以上の解釈は合理的なものと評価できる。

(3) 被 告

株主総会決議取消しの訴えの被告は会社である（834条17号）。会社法は，会社こそが株主総会決議の有効性を正当に主張すべき利害関係者であると位置付けている。

(4) 提訴期間

提訴期間は，株主総会決議の日から3か月間に制限されている（831条1項）。決議の効力を早期に確定して法的安定性を確保するためである。

提訴期間に関しては，提訴期間経過後の取消事由の追加主張が認められるかどうかが問題となる。この問題について，最判昭和51・12・24民集30巻11号1076頁〔百選34〕では，株主総会決議の日から3か月以内に株主総会決議取消しの訴えが提起されたものの，決議の日から3か月を経過した後で，新たに取消事由を追加主張することが認められるかどうかが争われた。最高裁は，株主総会決議の効力の早期確定という会社法831条1項の趣旨を重視し，提訴期間経過後の取消事由の追加主張は認めないという立場を採用した。

(5) 決議取消しの主張方法

株主総会決議の取消しは訴えをもってのみ主張できる（831条1項）。株主総会決議の法的安定性を確保する観点から，訴え以外の方法で決議の取消しを争うことはできない。そして株主総会決議取消しの訴えが認容され，判決が確定して初めて，決議は効力を失うことになる。判決が確定するまでは，決議が一応は有効であることを前提に法律関係が積み重なる。

(6) 訴えの利益

訴えの利益とは，端的には訴えを提起するだけの必要性と実効性を意味する。訴えの利益を欠く訴えについては，裁判所による却下が認められる。そして株

主総会決議取消しの訴えについても，訴え提起後の事情の変化により判決をしても実益がないと評価できる場合には，訴えの利益が失われたと判断され，訴えは却下されることになる。

Column 2-12　決議取消しの訴えと訴えの利益

これまでの判例をみる限り，たとえば次のような場合に，株主総会決議取消しの訴えについて訴えの利益が失われると理解されている。

まず，最判昭和 45・4・2 民集 24 巻 4 号 223 頁〔百選 36〕では，役員選任決議取消しの訴えの係属中に，その決議に基づき選任された役員がすべて任期満了により退任し，新たに適法な役員選任が行われた場合に，当初の役員選任決議取消しの訴えは，訴えの利益を失うかどうかが争われた。最高裁は，この場合には，特別の事情がない限り，役員選任決議の取消しを求める訴えは実益を失うことになり，訴えの利益は失われると判示した。

また，同様に訴えの利益が失われたと判断された事例として，最判平成 4・10・29 民集 46 巻 7 号 2580 頁がある。この事件では，取締役および監査役に対する退職慰労金の贈呈に関する株主総会決議の取消しが争われていたところ，訴えの係属中に，会社が新たな株主総会を開催し，最初の株主総会決議の取消しを停止条件として，同一の内容の議案を再度決議した。最高裁は，このような事情の下では，仮に訴訟の対象となっている決議の取消しが認容され，確定した場合であっても，新たな株主総会において再度決議された内容が効力を生じることになり，それに基づいて退職慰労金を贈呈することは可能であるため，訴えの利益は失われると判示した。

以上とは異なり，最判昭和 58・6・7 民集 37 巻 5 号 517 頁〔百選 37〕では，計算書類等承認決議の取消しの訴えの係属中に，その後の決算期における計算書類等承認決議が可決されたという事案で，最高裁は，この場合には訴えの利益は失われないと判示した。最高裁は，計算書類等承認決議の取消しの訴えについては，取消判決の遡及効により，遡及的に計算書類等が未確定になり，かつ，計算書類等の未確定がその後の決算期の計算書類等にも（計算書類等の記載内容の不確定という形で）連鎖すると解している。計算書類等は，それ以前の期の計算書類等の内容を前提に作成されるからである。この点が，役員選任決議や退職慰労金の贈呈決議とは異なる計算書類等承認決議の特殊性といえるだろう。

(7) 判決の効果

株主総会決議取消しの訴えが認容された場合，決議は遡って無効となる。会社法は，会社の組織に関する訴えの一部については明文で遡及効を否定しているが（839条によって834条1号〜12号の2・18号・19号の訴えについては遡及効を否定），株主総会決議取消しの訴え（834条17号）は遡及効が否定される訴えには含まれていない。そのため，民法の一般原則に従い，取消判決は遡及効を有することになる（民121条）。

それでは，株主総会決議が取り消されることにより，当該決議が遡及的に無効となることについては，取引の安全の観点からは問題が生じないのだろうか。たとえば取締役選任決議が取り消された場合，当該取締役は遡って取締役ではなかったことになるから，決議が取り消されるまでの間に当該取締役が行った取引の効果が会社に帰属しなくなり，取引の安全を害することが懸念されるかもしれない。もっとも，この問題については，会社と取引関係に立つ第三者は，不実登記の規定（908条2項，なお取締役の氏名は911条3項13号により登記事項）や，その他の外観保護規定（354条など）により保護することが可能であることからすれば，遡及効を否定する強い必要性があるとまではいえないだろう。

取消判決の効果に関してもう一つ触れておくべき重要な点が，対世効である。株主総会決議の取消しの訴えが認容され，判決が確定すると，その判決は訴訟当事者のみならず第三者に対しても効力を有する（838条）。法律関係の画一的な確定を図るためである。

(8) 裁量棄却

株主総会決議の取消事由には，決議に至るまでの手続の法令・定款違反も含まれる。もっとも，手続の法令・定款違反は，あくまで手続上の瑕疵にすぎないため，決議をやり直してみても同じ結果が予想され，費用や労力の点で無駄が生じるだけの場合もある。そこで会社法は，形式的には手続の法令・定款違反が認められる場合であっても，①その違反する事実が重大でなく，かつ，②決議に影響を及ぼさないものであると認められる場合には，裁判所の判断により決議取消請求を棄却することを認めている（831条2項）。裁量棄却と呼ばれる制度である。

ただし，実際には裁判所は裁量棄却を認めることに積極的ではなく，とりわ

け①の瑕疵が重大ではないという要件の解釈は厳格に行われることが多いため，裁量棄却が認められることは比較的少ない。たとえば，株主総会を招集した取締役会が定足数（369条1項）を満たしておらず，招集通知の送付が法定の招集期間に2日足りなかったという事案（最判昭和46・3・18民集25巻2号183頁〔百選38〕），違法な招集地で株主総会が開催されていたという事案（最判平成5・9・9判時1477号140頁），事業譲渡に関する議案の要領が招集通知に記載されていなかったという事案（最判平成7・3・9判時1529号153頁）について，瑕疵は重大であり，裁量棄却は認められないと判断されている。

Column 2-13　議案を否決した株主総会決議の取消しの訴えの可否

　株主総会決議取消しの訴えの対象となるのは，ある議案を可決した決議のみであって，ある議案を否決した決議については対象とはならない。

　この問題について判例は，取締役を解任する議案が株主総会で否決された事案において，議案を否決した株主総会決議を取り消す訴えは，不適法なものとして却下されるとする（最判平成28・3・4民集70巻3号827頁〔百選35〕）。その理由として，株主総会決議取消しの訴えに関する会社法の規定は，株主総会決議によって新たな法律関係が生じることを前提とするものであるとした上で，ある議案を否決した決議によって新たな法律関係が生じることはないし，当該決議を取り消すことによって（たとえばそれが可決されたことになるわけではないため）新たな法律関係が生じるものでもないことを挙げる。

株主総会決議不存在確認の訴え

(1)　総　説

　株主総会決議が物理的に存在しない場合や，著しい手続的な瑕疵が存在するために株主総会決議が存在すると法的には評価できない場合には，会社を被告として，株主総会決議の不存在を確認する訴えを提起することができる（830条1項・834条16号）。

　株主総会を開催するための手続の遵守には一定の費用がかかることから，と

りわけ中小企業では，株主総会をそもそも開催していない，または開催しても手続を適切に遵守していない事例が多く存在するようである。そして，会社経営に関して株主間に利害対立が存在しない場面では，このような手続無視は誰も問題にしないことが通常であるが，株主間に利害対立が生じた会社の内紛の場面では，多数決により多数派株主の意思を強制される少数派株主が，多数派株主の決定の効力を争うための手段として，株主総会決議不存在確認の訴えがもち出されることが多い。

(2) 決議不存在確認の訴えの特徴

株主総会決議不存在確認の訴えの特徴として，次の2点を指摘することができる。

第一に，株主総会決議の不存在は，訴訟中の抗弁の形で主張するなど，訴えによらなくても主張することは可能である。訴えによらなくても主張できるとすれば，わざわざ決議不存在確認の訴えを提起する意義はどこにあるのかという疑問が生じそうであるが，訴えを提起し，決議の不存在を確認する判決が確定すると，その効力には対世効を伴う（訴訟において決議の不存在を主張する者以外の者との関係でも決議は不存在であると扱われる）点で，決議不存在確認の訴えには意義が認められる（838条）。

第二に，株主総会決議不存在確認の訴えについては，株主総会決議取消しの訴えとは異なり，提訴権者や提訴期間を制限する会社法の規定は設けられていない。したがって，一般原則に従い，決議の不存在を確認する利益が存在する限りは，誰でもいつでも決議不存在確認の訴えを提起することができる。

(3) 裁判例の紹介

これまで株主総会決議の不存在が問題となった代表的な裁判例としては，次のものがある。

まず，最判昭和38・8・8民集17巻6号823頁では，そもそも株主総会決議が物理的に存在しないのに，決議が存在したかのような議事録が作成され，登記がされたという事案につき，決議の不存在が確認された。

次に，株主総会決議の著しい手続上の瑕疵を理由とした決議不存在確認の例としては，一部の株主が勝手に会合して決議した場合（東京地判昭和30・7・8下民6巻7号1353頁），代表権のない取締役が取締役会の決議に基づかないで株

主総会を招集した場合（最判昭和 45・8・20 判時 607 号 79 頁），株主に対する招集通知漏れが著しい場合（最判昭和 33・10・3 民集 12 巻 14 号 3053 頁），株主総会の開催を禁止する仮処分に違反して株主総会が開催された場合（浦和地判平成 11・8・6 判タ 1032 号 238 頁）などが挙げられる。

(4) 決議取消事由との関係

　以上みてきたように，株主総会決議の不存在事由には，決議が物理的に存在しない場合のみならず，決議自体は存在するがその手続上の瑕疵が著しい場合も含まれると解されている。

　そして，著しい手続上の瑕疵を理由とした株主総会決議の不存在事由は，同じく手続上の瑕疵を理由とした株主総会決議の取消事由と連続性が強いということができる。実際には，著しい手続上の瑕疵として決議不存在事由に該当するか，それとも単なる手続上の瑕疵として決議取消事由に該当するかは，明確には判断できないことも少なくない。たとえば前掲最判昭和 45・8・20 では，代表権のない取締役が取締役会決議に基づかないで株主総会を招集した場合に株主総会決議の不存在が確認されたが，このような瑕疵を不存在事由と解すべきか，それとも取消事由と解すべきかは，評価の問題としては紙一重であるといえるだろう。

Column 2-14　手続上の瑕疵に関する決議不存在確認の訴えの必要性

　本文で述べた株主総会決議の不存在事由と取消事由との間の連続性は，株主総会決議不存在確認の訴えに，株主総会決議取消しの訴えにおける提訴期間の制限規定を機械的に適用することによりもたらされる問題を克服する機能が期待されてきたことが，原因の一つであると考えられる。
　株主総会決議取消しの訴えでは，提訴期間は決議後 3 か月以内と厳格に定められているが，著しい手続上の瑕疵が存在する場合には，決議取消しの訴えにおける提訴期間の制限を適用し，3 か月が経過した後は決議の効力を争わせないとすることは妥当ではない場合もある。そこでそのような場合には，提訴期間の制限がかからない株主総会決議不存在確認の訴えの提起を認める必要が生じることになる。すなわち，手続上の瑕疵と一言でいっても瑕疵の程度は現実には様々であるため，瑕疵が著しい場合には，提訴期間の制限がかからない決

議不存在確認の訴えを認める必要があるという価値判断に基づいて，（決議が物理的に存在しない場合のみならず）手続上の瑕疵が著しい場合にも，決議不存在確認の訴えを認めるルートが判例上確立したといえそうである。

(5) 確認の利益

最後に，株主総会決議不存在確認の訴えにおける訴えの利益に相当する確認の利益について説明する。決議不存在確認の訴えの確認の利益は，取締役選任決議のように，当該決議を基礎として様々な行為が進展するものにつき，個々の行為から生じた法律関係を確定するだけでは紛争の種が尽きないことから，その基礎をなす決議の存否を画一的に確定することが，問題の抜本的解決のため必要である場合に認められる。確認の利益を欠く決議不存在確認の訴えについては，裁判所により却下される。

Column 2-15　裁量棄却と訴権の濫用

　株主総会決議不存在確認の訴えが認められる場面では，手続上の瑕疵が著しいと評価されることになるので，株主総会決議取消しの訴えの場面のような裁量棄却の制度は存在せず，また同制度の類推適用も難しい。しかし，瑕疵の重大性を踏まえれば裁量棄却を認めることはできないものの，それでも訴えを認めるべきではない場面というのも場合によっては存在する。

　小規模で閉鎖的な会社である有限会社では，その持分譲渡は社員総会（株式会社の株主総会に相当）で承認を受けることが必要とされていた（旧有限会社法19条）。そして最判昭和53・7・10民集32巻5号888頁では，有限会社を事実上支配していた取締役が，自らの持分（株式会社の株式に相当）を第三者に譲渡した際に，そのための社員総会が開催されていなかったことを理由として，譲渡から3年後に，社員総会決議の不存在確認の訴えを提起したという事案である。最高裁は，このような場合には訴えの提起は訴権の濫用であると構成して，訴えを却下した。

　たしかに，社員総会の不開催は裁量棄却が認められるような軽微な手続上の瑕疵とはいえないが，最高裁は，訴えを提起したのが当時会社を支配していた取締役であり，持分の譲渡人でもあったという事情（その意味では，自ら社員

総会の承認を怠っておきながら，後に支配の回復を図るために社員総会決議の不存在確認の訴えを提起したともいえる）を考慮し，訴権の濫用という構成により訴えを却下したのである。学説上は，訴権の濫用という理論構成には異論を唱えるものがないではないが，その結論には賛成する見解がほとんどである。

株主総会決議無効確認の訴え

株主総会決議の内容が法令に違反する場合，その決議は無効となる（830条2項）。欠格事由のある取締役（331条1項）を選任する決議を行った場合や，違法な内容の計算書類等を承認した場合などが，決議内容の法令違反に該当する場合の典型例である。

株主総会決議の無効は，会社を被告として決議の無効確認を求める訴えを提起してもよいし（830条2項・834条16号），訴訟中の抗弁その他，訴え以外の方法で無効を主張してもよい。ただし対世効が生じるのは，決議無効確認の訴えを提起し，請求を認容する確定判決が出されたときだけである（838条）。

株主総会決議無効確認の訴えは，確認の利益が存在する限りは，誰でもいつでも提起することができる。確認の利益に関しては，新株が発行された後は，新株発行無効の訴え（828条1項2号）によらなければ当該新株発行を無効とすることはできないから，新株発行を決定した株主総会決議の無効確認の訴えは確認の利益を欠くとする判例がある（最判昭和40・6・29民集19巻4号1045頁）。

3 取締役・取締役会・代表取締役

1 取締役の選任・終任とその職務

SCENE 2-7

今年の四菱商事の株主総会では，史上最年少の取締役が誕生したこともあって，株主総会の翌日以降も社内では取締役人事の話でもちきりだ。

「48歳で取締役なんて，すごいですね。」と千種課長に話しかける青葉さん。「それ

にしても取締役になるには，株主総会で承認を受けなければいけないんですね。会社経営に株主の意図を反映させるっていう会社法の理念はわかるけど，実際に会社で働いている立場からすると，今まで意識していなかった株主という存在が急に出てきたような気がして，何だか変な感じもします。」と話したあと，近くを通りかかった馬場部長に対しても，取締役人事の話をしようとする青葉さんに対して，「しっ，この話は止め！」と慌てて合図を送る千種課長。実は，話題の取締役は馬場部長の同期で，2人は犬猿の仲だということを青葉さんが知るのは，この会話の翌日のことだった。

取締役の選任・終任

(1) 取締役の選任手続

取締役は，株主総会の決議で選任する（329条1項）。選任にあたっては，病気や任期途中で解任された場合など，取締役が欠けたときに備えて，補欠の取締役をあらかじめ選任することも認められる（329条3項，会社則96条）。

取締役を選任する株主総会の決議は，普通決議である（309条1項）。ただし，通常の普通決議とは異なり，取締役選任の決議に関しては定款で定足数要件を排除することはできない（341条により定款の定めをもってしても3分の1以上の議決権を有する株主の出席は必要）。なお，株主総会において取締役選任の決議がなされた後，会社と（当該株主総会において取締役に選任された）取締役候補者との間で委任契約が締結されて初めて，当該取締役候補者は法的に取締役の地位に就くことになる。そして取締役の氏名は登記事項であるため，新たに取締役が就任した場合にはその旨の登記がなされる（911条3項13号）。

Column 2-16　取締役選任に関する議題・議案と累積投票制度

　本文で説明したように，取締役の選任は株主総会の普通決議で行う。そして2名以上の取締役を選任する場合，通常は1人ずつ選任の決議が行われる。たとえば取締役を5名選任する場合，「取締役5名選任の件」という一つの議題について，取締役候補者ごとに異なる議案が候補者の数だけ存在すると考え，それぞれの議案について普通決議の要件で決議を行う。そのため，会社内部に過半数の議決権を有する多数派株主が存在する場合には，この多数派株主の意向によりすべての取締役が決定されることになる。

これに対して，少数派株主にも取締役を選任する可能性を与える制度が，累積投票制度 用語 と呼ばれる制度である（342 条）。この制度を使えば，株主は持株割合に応じた数の取締役を選任することが可能となる。たとえば 2 割の株式を有する株主は，最大で全体の 2 割（上の例では 5 人中 1 人）の取締役を選任できる。もっとも，少数派株主の利益を代表する者を取締役として送り込むということは，多数派株主と少数派株主との間で経営方針などをめぐって対立が生じてしまうと，株主間の対立構造が取締役会にもち込まれてしまうなど，取締役会における会社経営の一体性が害されてしまう可能性を高めることにもなるので，多くの会社では，定款で累積投票制度を排除している（342 条 1 項の「定款に別段の定め」による排除）。

(2) 取締役の資格

会社法 331 条 1 項各号が規定する欠格事由に該当する者は取締役になることはできない。たとえば法人は取締役になることはできない（同項 1 号）。そして同項の資格を欠く者を取締役に選任しても，当該選任をした株主総会決議には，決議内容の法令違反として決議無効事由が認められる（830 条 2 項）。

なお，令和元年会社法改正により，公開会社かつ大会社である監査役会設置会社であって，有価証券報告書（→ 用語 ^{211頁}）の提出を義務付けられている会社（おおよそ上場会社と一致する）では，必ず 1 名以上の社外取締役（→ Column 2-21 ^{115頁}）を置かなければならないこととなった（327 条の 2）。社外取締役による監督機能を重要視する方向性を分かりやすいメッセージとして発信することを主たる目的とした改正であると位置付けられる。

(3) 取締役の数・任期

取締役の数に関しては，取締役会設置会社では 3 人以上の取締役を選任することが必要である（331 条 5 項）。これに対して，取締役会非設置会社では，取締役の数は 1 人以上であれば何人でもよい。

---

notes ──●

用語 **累積投票制度**　　累積投票制度とは，すべての取締役の選任を一括して行い，各株主に 1 株につき選任すべき取締役の数と同数の議決権を与え，各株主にはその議決権を 1 人に集中して投票するか数人に分散して投票するかの自由を認め，投票の結果，最多得票数を得た者から順次，選任すべき取締役の数に至るまでを取締役とする投票方法をいう。

取締役の任期は原則として2年であり，定款または株主総会決議でさらに任期を短縮することも可能である（332条1項）。なお，所有と経営が一致している場合が多く，そのため頻繁には株主の信任を問う必要性が低い非公開会社（指名委員会等設置会社および監査等委員会設置会社を除く）では，定款で任期を最大で10年まで延長することができる（同条2項）。

(4) 終 任

取締役がその地位を失うことを終任といい，終任事由には，任期の満了・辞任・解任の場合などがある。なお，取締役が終任した場合には登記の変更が必要である（915条1項・911条3項13号）。

まず，取締役の任期が満了した場合には終任となる。ただし，任期の満了後，取締役に再任されることはできる。次に，取締役の辞任については，取締役と会社との関係は民法の委任に関する規定に従うため（330条），取締役はいつでも自らの意思で辞任することができる（民651条1項）。

最後に，取締役の解任だが，取締役はいつでも株主総会の決議によって解任することができる（339条1項）。ただし，正当な理由なく取締役を解任した場合には，取締役は会社に対して解任によって生じた損害の賠償を請求することができる（同条2項）ため，339条2項の「正当な理由」が認められる場合とはどのような場合かが問題となる。この問題については，一般に，取締役に職務を担わせるにあたって，障害となるべき状況が客観的に生じた場合には，正当な理由が認められると考えられている。たとえば病気が悪化し療養に専念している取締役の解任には，正当な理由が認められるとした判例がある（最判昭和57・1・21判時1037号129頁〔百選42〕）。また，取締役が法令違反行為をして会社に損害を与えたような場合や，取締役の著しい能力不足が発覚したような場合にも，正当な理由が認められる可能性が高い。

このように，取締役の解任は株主総会の決議により行うのが原則である。もっとも，取締役の職務の執行に関し不正の行為または法令・定款に違反する重大な事実があったにもかかわらず，当該取締役が多数派株主の支持を得ていることなどを理由として，解任の決議が否決された場合には，公開会社では，6か月前から3%以上の議決権または株式数を有する株主は，決議不成立から30日以内に取締役解任の訴えを提起することが認められている（854条）。

┃ 取締役・取締役会・代表取締役の職務 ┃

(1) 総 説

　取締役・取締役会・代表取締役の職務内容や機関相互の権限分配は，会社がどのような機関設計を採用しているのか（取締役会の設置の有無など）によって大きく異なるが，以下では，取締役会設置会社（指名委員会等設置会社または監査等委員会設置会社を除く）を念頭に置きながら，取締役・取締役会・代表取締役の職務内容や権限分配をみていく。

　取締役・取締役会・代表取締役の職務内容や権限分配を理解するにあたっては，その権限を，①会社の意思決定を行う権限，②会社の業務執行権限（意思決定されたことを実際に執行する権限），③会社の代表権限，④他の取締役の職務の執行を監督する権限に大きく分けて整理すると理解しやすい[用語]。たとえば，ある製品の製造を決めることは①意思決定に，その意思決定に基づいて実際に当該製品を製造することは②業務執行に，できた製品を販売するために第三者と契約を締結することは③対外的な代表行為に，そして以上の過程が適切に行われたかどうかをチェックすることは④監督に該当する。

(2) 取締役会設置会社における基本的な権限分配

　取締役会設置会社では，取締役は取締役会の構成員という立場になる。会社の意思決定は，原則として取締役全員で構成される取締役会によって行われる（362条2項1号）。取締役会は，法令・定款で株主総会の権限とされている事項を除き，①会社の意思決定に関する広範な権限を有する。また，④取締役の職務の執行を監督する権限も取締役会に委ねられる（同項2号）。

　次に，②業務執行に関しては，取締役会設置会社では，取締役の中から代表取締役を選定しなければならず（362条3項），代表取締役が取締役会設置会社の業務を執行する（363条1項1号）。また，代表取締役以外の取締役であって，取締役会の決議により取締役会設置会社の業務を執行する取締役として選定さ

---

notes ━━━━━━━━━━━━━━━━━━━━━━━━━━━━━━━━━━━━━━━●

[用語] **業務と職務**　　会社法は業務と職務とを使い分けており，業務執行は会社の目的である具体的事業活動に関与することであるのに対して，職務の執行はより広く，たとえば監督是正権の行使や意思決定への関与（取締役会の招集や議決権の行使など）も含まれると考えられている。

れた者に対しても，業務執行権限を付与することができる（同項2号）。

最後に，取締役会設置会社においては，③対外的に会社を代表する権限を有するのは代表取締役である（349条4項）。

(3) 取締役会設置会社における意思決定権限の分配

(a) **取締役会による意思決定の委任とその限界**　以上みてきたように，取締役会設置会社における基本的な権限分配としては，業務執行および対外的な代表権限は代表取締役に，意思決定および取締役の職務の執行に対する監督権限は取締役会に委ねられている。もっとも，日常的な意思決定についてまで，常に取締役会で決定しなければならないとすると，経営を機動的に行うことの妨げになりかねない。

こうした事情を踏まえて，会社法は，362条4項が定める事項以外の事項については，原則として業務執行の意思決定を取締役に委任することを認めている。実際，日常的な業務執行に関しては，その意思決定も含めて代表取締役に委任されることが多い。このことは，見方を変えれば，同項が定める重要な業務執行の意思決定については，必ず取締役会で決定しなければならず，たとえ定款の定めがあっても，取締役に委ねることはできないという委任の限界を意味する。そのため，同項が定める内容は実務において重要な意義を有する。

(b) **会社法362条4項の取締役会の専決事項**　そこで，以下では，会社法362条4項が定める内容について確認していこう。同項で挙げられている事項（取締役会で意思決定しなければならない事項）としては，重要な財産の処分および譲受け，多額の借財，支配人などの選任・解任，支店などの設置・変更・廃止，社債引受けの募集，内部統制システムの整備，取締役等の責任の免除，その他重要な業務執行の決定がある。

まず，重要な財産の処分および譲受けについては，会社に重大な影響を与えうる重要な取引であるため，慎重に決定する必要がある。そこで，取締役会によるチェックが必要であるという趣旨に基づいて，取締役会の決定事項とされている。問題は，何が「重要」な財産の処分および譲受けに該当するか，また，どのように「重要」性を判断すべきかであるが，判例は，当該財産の価額，その会社の総資産に占める割合，当該財産の保有目的，処分行為の態様および会社における従来の取扱いなどの事情を総合的に考慮して判断すべきものとする

（最判平成6・1・20民集48巻1号1頁〔百選60〕）。

　次に，多額の借財や社債引受けの募集であるが，これらについても，会社（とりわけ会社の財務内容）に重大な影響を与えうる重要な取引であるため，慎重に決定する必要があることから，取締役会の決定事項とされている。

　また，支配人などの選任・解任，支店などの設置・変更・廃止，内部統制システムの整備については，会社内部の体制整備という観点から，取締役会の決定事項とされている。

　最後に，取締役等の責任（損害賠償責任）の免除については，取締役が自分で自分の責任を免除する決定ができてしまうことは適切ではない。そこで，他の取締役の監視の下で免除の可否を判断するために，取締役会の決定事項とされている。

⑷　取締役会の監督機能を高めるための規定

　取締役会には取締役の職務の執行に対する監督権限がある（362条2項2号）。この取締役会による監督機能は，職務の執行の適法性のみならず，妥当性についても及ぶと理解されている（この点で監査役の監査権限とは異なる。→**4 1 監査役の職務と権限**）。そして取締役会による監督機能の実効性を高めることを目的として，代表取締役等は，3か月に1回以上，取締役会を開催して自らの職務の執行の状況を報告しなければならない（363条2項）。

104頁

　また，取締役会には，代表取締役を選定・解職する権限が与えられているが（362条2項3号），こうした権限も，代表取締役の職務の執行に対する取締役会の監督機能を高めるために与えられたものである。

　さらに，大会社の場合には，取締役会は内部統制システムの整備について決定しなければならない（362条5項）。会社の規模が大きくなれば，取締役会が職務の執行のすべてをチェックすることは著しく困難になる。そこで，職務の執行そのものをチェックの対象とするのではなく，法令・定款の遵守や効率的な業務運営が適切に行われるような体制（内部統制システム 用語）を構築し，そ

---

notes

　用語 **内部統制システム**　　内部統制システムの例としては，取締役が職務の執行の手順を合理的に設定するとともに，不祥事の兆候を早期に発見し，是正できるように，会社の人的組織を組み立てること（たとえば個別の取引について営業部門のみで完結させるのではなく，社内の経理部などの管理部門のチェックを要求すること）などが挙げられる。

の体制が適切に機能しているかどうかをチェックするという形で監督が行われる。内部統制システムとして具体的に何を決定しなければならないのかについては，会社法施行規則が定めている（会社則100条）。

2　取締役会の運営手続

　四菱商事の法務部の仕事は，年に1回の定時株主総会の準備だけではない。日々の業務に関する法律相談にも応じるし，役員秘書室と合同で行う毎月の取締役会の準備も法務部の大事な仕事だ。
　「来週の取締役会，欠席の取締役は何人ですか？」馬場部長の厳しい声がフロアに響き渡る。「今のところ4名の取締役が出張でご欠席の予定です。それと，常務は途中退席のご予定です。」と青葉さん。
　「うちの取締役は全部で11名だから，定足数の観点からは厳しいですね。当日，体調不良で欠席される取締役がいないとよいのですが。」と千種課長。株主総会が終わっても，千種課長の心配の種はなかなか尽きないようである。

総　説

　以下では，取締役会の運営手続について確認していこう。取締役は経営のプロとして，個々の能力を信頼されてその地位に就く。そのことからすれば，取締役会の運営手続においては，個々の能力が重要ではないとも考えられる株主が集まる株主総会の運営手続とは，異なる点が存在する。そのため，会社に関する利害関係者の集合体という点では共通するものの，取締役会と株主総会とで，具体的に運営手続のどこが異なるのかを意識して学習することが重要である。

取締役会の招集

　取締役会は，各取締役が招集できる。ただし，招集権者を定款または取締役会で定めることもでき（366条1項），実際には，社長である代表取締役が取締役会を招集すると定められていることが多い。こうした定めが設けられている会社では，社長以外の取締役が取締役会を招集したければ，まずは社長に対して取締役会の招集を請求することになる。その上で，それでも取締役会が招集

されなければ，招集の請求をした取締役は自ら取締役会を招集することができる（366条2項・3項）。また，監査役も，①取締役が不正の行為をし，もしくは当該行為をするおそれがあると認めるとき，または②法令・定款に違反する事実もしくは著しく不当な事実があると認めるときは，招集権者に対して取締役会の招集を請求することができる（382条・383条2項）。

　招集通知は書面でも口頭でもよいが，取締役会の1週間前までに発しなければならない（368条1項）。ただし，あらかじめ取締役および監査役全員の同意がある場合には，招集手続を省略することも可能である（368条2項）。そのため，同意さえ得られれば，毎月決まった日に招集通知なしで取締役会を開催することも可能となる。また，取締役会設置会社における株主総会の招集通知とは異なり，取締役会の招集通知には議題を示す必要はない。取締役会では臨機応変に判断をする必要がある以上，経営のプロとしての手腕を求められてその地位にある取締役としては，議題の事前の通知がなくても，取締役会に様々な事項が付議されることは当然に予想すべきだからである。

取締役会の議事運営

　取締役会の議事運営については，法律に規定はなく，定款や取締役会規則といった内部規定・慣行による。ただし，株主総会における取締役等の説明義務のような規定はないものの，取締役会において十分に議論を尽くすことは当然に予定されている。そのため，取締役の説明要求を無視して強引に採決した場合には，当該取締役会決議は無効とされる可能性はある。

取締役会の決議

　取締役会の決議は，議決に加わることができる取締役の過半数が出席し，その出席取締役の過半数で行う（369条1項）。取締役は経営のプロとして個々の能力を信頼されてその地位が与えられていることから，取締役会の決議では，取締役には一人一議決権が与えられる。また，同様の趣旨に基づいて，代理人による出席や議決権の代理行使は認められない。もっとも，定款で定めを設ければ書面決議は認められる（370条）。すなわち取締役が一堂に会して議論しなくても，取締役全員が書面によって提案に同意する旨の意思表示をし，監査役

が異議を述べなかったときは，その提案を可決する旨の取締役会決議が有効に存在したものとみなすことができる。

決議について特別の利害関係を有する取締役は，決議の公正を期すため，議決に加わることはできない（369条2項）。たとえば特定の会社財産を取締役に譲渡することを取締役会で承認する場合に（356条1項2号・365条1項），財産を譲渡する会社と財産の譲渡を受ける取締役とは反対の利害関係を有することから，譲渡を受ける取締役は特別の利害関係を有する取締役に該当し，その決議に参加できない。また，判例の中には，取締役会において代表取締役を解職する旨の決議をする場合に，解職される代表取締役は特別の利害関係を有する取締役に該当すると判示するものもある（最判昭和44・3・28民集23巻3号645頁〔百選63〕）。

取締役会決議の瑕疵

取締役会決議に瑕疵がある場合，会社法は，株主総会決議の場合のような特別の訴えの制度を用意していないので，一般原則に従い，瑕疵のある取締役会決議は当然に無効となる。無効はいつでも誰でも主張可能であり，無効の主張方法は訴えによる必要はない。また，訴えによったとしても対世効などの特別の効果は生じない。

取締役会決議の瑕疵には，決議内容に関する瑕疵（違法な内容の決議など）のほか，決議に至るまでの手続に関する瑕疵も含まれる。たとえば招集権者や招集期間などに関する違反，定足数の不足，特別の利害関係を有する取締役の議決への参加などが瑕疵の例として挙げられる。

もっとも，手続上の瑕疵も含まれるということは，瑕疵が軽微な場合であっても，取締役会決議が事後に無効となりうるという問題を生じさせる。この問題について，判例は，取締役会決議に手続上の瑕疵があったとしても，その瑕疵が決議の結果に影響を及ぼさないと認めるべき「特段の事情」が存在するのであれば，決議は有効であるとする（最判昭和44・12・2民集23巻12号2396頁〔百選62〕）。そして裁判例の中には，名目的取締役 用語 に対する招集通知漏れはこの「特段の事情」に該当すると判断するものもあり（東京高判昭和48・7・6判時713号122頁），学説上も，名目的取締役の場合には「特段の事情」を認め

ることを肯定する見解も少なくない。

　ただし、話を名目的取締役の事例から離れてみれば、単に通知を受けなかった取締役が少数にすぎず、票数の上で決議を動かすに足りないというだけでは、「特段の事情」を認めることはできないだろう。取締役会では個々の取締役の出席・発言が重要であることからすれば、招集通知漏れの取締役が出席し、発言していれば、決議の結果が変わった可能性があるからである。名目的取締役の事例はさておき、一般には、判例のいう「特段の事情」の認定には慎重であるべきと指摘されている。

　それでは、取締役会決議が事後に無効と判断された場合、当該決議に基づく代表取締役の行為の効力はどうなるのだろうか。会社と取引する第三者の取引の安全を害することにはならないだろうか。この点については次の **3** で詳しく説明するが、結論だけ先に述べれば、無効な取締役会決議に基づく代表取締役の行為であっても、第三者との関係で当然に無効とされるわけではない。

┃議事録┃

　取締役会の議事については、議事録を作成し、10 年間保存することが求められる（371 条 1 項）。株主、会社債権者または親会社社員は議事録を閲覧することができるが、取締役会の議事録には営業上の秘密などが記されている可能性もあるため、閲覧には裁判所の許可などの一定の要件を満たすことが必要となる（同条 2 項〜6 項）。

　取締役会決議に反対した取締役は、議事録に異議をとどめておかないと決議に賛成したものと推定され（369 条 5 項）、不利益を受ける可能性がある。この点は、取締役の責任との関係で重要となる場合がある（→**7 2 競業・利益相反取引に関する任務懈怠責任の特則**）。
124 頁

notes ─────────────────────────────●

　用語 **名目的取締役**　　名目的取締役とは、取締役としての選任手続は経ており、法的には取締役の地位にあるが、あくまでその地位は名目上にすぎず（単に名前を貸しただけ）、本人も他の取締役も、その者が取締役としての職務を果たすことを期待も予定もしていない者をいう。名目的取締役は取締役会に参加しないことが通常であり、名目的取締役に対する招集通知もなされないことが通常である。

3　代表取締役の業務執行・代表 ━━━━━━━━━●

　会社が締結する契約書の作成やチェックも法務部の重要な仕事だ。
　「ここに社長が署名押印をするんですね。」と感慨深そうに契約書を眺める青葉さん。
「そうだよ。うちには代表権のある取締役として社長と副社長がいるけど，この契約書は社長に決裁をお願いする予定なんだ。でもその前に，取締役会規則によれば締結に取締役会決議が必要となる契約なので，まずは取締役会で契約書の内容を説明し，承認を受けなきゃいけないね。」と千種課長。
　それを聞いた青葉さんは，「だからまだ契約締結予定日の1か月前なのに，契約書が完成していなきゃいけなかったわけですね。取締役会で審議することで，慎重に契約書の内容を検討するのですね。」と返事をし，早速社内のデータベースにアクセスして，千種課長が指摘した取締役会規則の内容を確認するのだった。

代表取締役の選定・解職

　代表取締役とは，会社の業務を執行し，会社を対外的に代表する取締役をいう。代表取締役の数は，1人でもよいし，複数でもよいが，取締役会設置会社では必ず選定されなければならない（362条3項）。代表取締役の氏名および住所は登記される（911条3項14号）。

　取締役会設置会社の代表取締役は，取締役会決議により取締役の中から選定され，取締役会決議により解職される（362条2項3号・3項。なお，取締役会設置会社である非公開会社では，取締役会の決議によるほか株主総会の決議によっても代表取締役を定めることができる旨の定款の定めも有効である〔最決平成29・2・21民集71巻2号195頁〔百選41〕〕）。取締役の中から選定する必要があるので，代表取締役は取締役でなければならず，株主総会で取締役を解任されるなどして代表取締役が取締役の地位を失えば，当然に代表取締役の地位も失う。これに対して，取締役会決議により代表取締役を解職されても，解職された代表取締役は代表権のない取締役となり，株主総会で取締役を解任されるまでは当然には取締役の地位を失うことにはならない。

代表取締役の代表権と第三者の取引の安全

　代表取締役は，会社の業務に関する一切の裁判上または裁判外の行為をする

権限を有する（349条4項）。すなわち会社の対外的な代表権は原則として代表取締役にある。ただし，会社と取締役（取締役であった者を含む）との間の訴訟については，馴れ合いの危険性があるので，代表取締役に代表権はない。この場合，監査役設置会社では監査役が会社を代表する（386条1項）。

　以下では，代表取締役（または代表取締役らしき肩書を有する者）と取引をした第三者の取引の安全をどのように保護したらよいかという問題を扱う。具体的には，次の(1)から(4)の場面ごとに，第三者の取引の安全と会社の利益保護との調和の観点から，会社法の条文や判例の考え方について確認していこう。

(1) 会社内部の規定による制限

　実務上は，取締役会規則などの会社の内規により代表取締役の権限を制限することがあるが，このような制限は善意の第三者には対抗できない（349条5項）。たとえば，代表取締役が1億円を超える金銭を借り入れる場合には取締役会の承認を必要とする内規が設けられている会社で，代表取締役が銀行から会社を代表して2億円の借入れを取締役会の承認を得ないで行った場合，当該2億円の金銭消費貸借契約は，銀行が代表取締役による借入れ行為は内規に違反するものであると知っていた場合を除き，会社との間で有効に成立する。会社が代表権に対してどのような内部的な制限を設けているかは，会社により異なるので，取引の相手方がこれをいちいち調べなければならないというのでは，相手方は安心して取引ができないからである。

(2) 代表権の濫用

　代表取締役は会社の代表権を有する以上，代表取締役の対外的な行為の効果は会社に有効に帰属するのが原則である。(1)とは異なり，代表取締役が内部的な制限の範囲内で取引を行った場合にはなおさらである。

　もっとも，このような場合であっても，代表取締役が代表権を自らの利益のために濫用することもある。たとえば(1)で紹介した会社で，代表取締役が銀行から会社を代表して7000万円の借入れを行ったが（したがって内規違反は存在しない），この借入れは代表取締役の個人的な借金を返済するためのものであり，借入金は直ちに代表取締役の個人的な借金返済に充てられたといった事例などが考えられる。そして，仮に第三者（この例では銀行）が代表取締役の代表権の濫用の意図を知っていた場合には，取引を有効とし，代表取締役の行為の効果

を会社に帰属させることは必ずしも適切ではない。

そこで，この問題について，平成29年民法改正前の判例（最判昭和38・9・5民集17巻8号909頁）は，第三者が，代表取締役の代表権の濫用の意図を知っていたか（悪意）または知ることができた（過失）場合には，改正前民法93条但書の類推適用により取引は無効になると解している。そのように解する理由として，判例は，会社のためという外観と，代表取締役の個人的利益を図るという真意との間にズレがあるとして，代表取締役の権限濫用の場面では，心裡留保に類似した関係があると考えているようである。なお，平成29年民法改正により，新たに代理権の濫用に関する規定（民107条）が設けられたことから，今後は，この問題は民法107条の適用または類推適用により処理されることが予想される。

(3) 取締役会決議を欠く場合

会社法上，代表取締役が行為をするためには取締役会決議が必要とされるものがある（たとえば重要な財産の処分についての362条4項1号）。それでは，取締役会決議を必要とする取引が決議を経ることなく代表取締役によって行われた場合，会社は当該取引を無効であると主張することはできるのだろうか。

(1)のような内規で代表取締役の権限が制限されている場合とは異なり，当該取引について取締役会決議が必要であることは，会社法に明文の規定があり，取締役会決議が必要であること自体を知らなかった第三者を保護する必要性は高くない。しかし，たとえば第三者が代表取締役に取締役会決議の有無を確認したところ，代表取締役が取締役会決議の議事録を偽造して提出した場合のように，第三者が有効な取締役会決議の存在を信じてしまうことはありうる。このような場合にまで取引をすべて無効としてしまうと，取引の安全を著しく害する結果ともなりかねない。

それでは，どのような場合に第三者を保護する解釈を採用することができるのだろうか。まず，取締役会決議を必要とする取引が決議を経ることなく行われたとしても，明示または黙示の株主全員の同意があると認められる場合であれば，取引は有効となる可能性が高い（取締役会の承認を欠く利益相反取引につき，最判昭和49・9・26民集28巻6号1306頁〔百選54〕）。取締役会決議を要求する趣旨が会社ひいては株主の利益を保護することにあるのであれば，利益を受ける

主体である株主がそれを放棄することは可能だからである。

　次に，株主全員の同意があるとは認められないとしても，取締役会決議を欠く（あるいは取締役会決議に瑕疵があり，無効とされた場合の）代表取締役の行為が，直ちに無効となるわけではない。判例は，取締役会決議を欠く代表取締役の行為も原則として有効であるが，第三者が取締役会決議を欠くことを知っていたか，または知ることができた場合には，取引は無効になるとする（最判昭和40・9・22民集19巻6号1656頁〔百選61〕）。また，重要な業務執行について取締役会決議を要求する（362条4項）趣旨は，代表取締役への権限の集中を抑制し，取締役相互の協議による業務執行を確保することによって，会社の利益を保護する点にあることからすれば，取締役会決議を欠くことを理由とする代表取締役の行為の無効は，原則として会社のみが主張できると解される（最判平成21・4・17民集63巻4号535頁）。

(4)　表見代表取締役

　(1)～(3)では，代表取締役に適法に選定された者の行為について検討してきた。これに対して，会社が，代表取締役に選定されていない取締役について，社長，副社長その他会社の代表権を有すると認められる名称を付した場合には，当該取締役（表見代表取締役と呼ばれる）と取引をした第三者の保護が問題になる。この場合，表見代表取締役には代表権がない以上，その者のした行為は会社に有効には帰属しないはずであるが，それにもかかわらず，会社法は，表見代表取締役がした行為について，会社は善意の第三者に対して責任を負う旨を定めている（354条）。この規定は，名称に対する第三者の信頼を保護するための規定であると理解されている。社長，副社長といった地位は会社法上のものではないので，代表権の所在と連動しなければならないわけではないが（たとえば，会社は代表取締役に対してのみ社長という肩書を与えることができるとするような規定は，会社法上存在しない），現実には，社長・副社長は代表取締役であることが多いからである。

　次に，会社法354条の要件について確認していこう。まず，同条は，社長と副社長を例として挙げるが，それ以外の役職，たとえば会長，専務，常務といった役職が付された場合であっても，一般の社会通念および当該会社における通常の肩書の使用状況を考慮し，その肩書が「その他株式会社を代表する権限

を有するものと認められる名称」に該当する場合には，同条が適用される。また，同条により保護されるための第三者の主観的要件が問題となるが，判例は，第三者が代表権を欠くことについて知らなければ（善意），たとえ軽過失があっても同条により保護されうるが，同条は第三者の正当な信頼を保護しようとするものであるから，重過失がある場合には悪意の場合と同視され，同条の保護は及ばないとする（最判昭和 52・10・14 民集 31 巻 6 号 825 頁〔百選 46〕）。

　最後に，会社法 354 条は取締役であることが適用の要件とされているが，会社が，使用人などの取締役でない者に対して，会社を代表する権限を有するものと認められる名称を付与した場合にも，同条は類推適用されると解されている（最判昭和 35・10・14 民集 14 巻 12 号 2499 頁）。その者が現実には取締役ではない場面であっても，名称に対する第三者の信頼を保護する必要性は同様に生じるからである。

代表取締役の行為についての損害賠償責任

　代表取締役がその職務を行うについて第三者に損害を与えたときは，当該代表取締役のみならず，会社も不法行為責任を負う（350 条）。

4　取締役の義務

　法務部で日々奮闘する青葉さんの慰労として，馬場部長・千種課長がランチ会を企画してくれた。レストランに到着すると，たまたま居合わせた恰幅の良い男性が馬場部長に向かって手を振って合図を送り，それを見た馬場部長は露骨に嫌な顔をしてそっぽを向いてしまった。その男性は，馬場部長の同期のエースと呼ばれ，今年の定時株主総会で営業担当取締役に選任された烏丸取締役である。

　「馬場君，お久しぶり。元気かい？」と気さくに話しかける烏丸取締役に対し，馬場部長は「烏丸君，そういえば取締役になったんだってね。おめでとう。知っているとは思うけど，取締役は従業員とは違って重い義務を負うんだよ。僕からすれば，取締役なんて重い義務を負わされる割の合わない仕事だと思うけど，せいぜい頑張ってね。」と返事をし，一同その場で凍りつくことに……。

総　説

　これまでみてきたように，取締役は，会社のために，会社の業務に関する意

思決定や業務執行，他の取締役の職務の執行に対する監督といった様々な職務を行う。そして，取締役がそのような職務を適切に行わなければ，会社の業績が低迷し，会社に損害が生じる（少なくとも得られるはずの利益が失われる）可能性がある。

　もっとも，取締役には，適切に職務を行い，会社の利益を最大化する十分なインセンティブがあるとは限らない。適切に職務を行うことには時間や労力の点で取締役に費用を生じさせるため，合理的な取締役であれば，後に自分が不利益を被らないのであれば，可能な限り職務をサボりたいと考えるかもしれないし，会社と取締役との利益が相反する場面では，会社の利益を害してでも自分の利益を優先したいと考えるかもしれない。そのため，取締役が適切に職務を行うことを確保する仕組みが必要となる。

取締役の適切な職務の執行を確保する仕組み

　取締役が適切に職務を執行することを確保する仕組みとしては，様々なものが考えられる。たとえば株主総会による取締役の選任・解任は，そのような仕組みの一つと位置付けられる。ほかにも，会社法には株主による一定の監督是正権（360条・847条など）や，監査役による監査の仕組みなどが設けられている。さらには，適切に職務を行わなかった取締役に対する評判の低下など，会社法には定められていない不利益の存在も，そのような仕組みの一つであると理解することができる。

　そして，取締役が会社に対して法的な義務を負っていることも，取締役が適切に職務を執行することを確保する仕組みの一つであるといえる。取締役の会社に対する義務は，一言でいえば「適切に職務を執行する義務」ということになるが，以下で説明するように，その内容は，具体的にはいくつかのものに分類することができる。

　まず，取締役は会社から経営を委任されている（330条）。そのため，取締役は会社に対して，その職務を執行するに際して善良なる管理者としての注意義務（善管注意義務）を負う（民644条）。また，取締役は法令および定款ならびに株主総会の決議を遵守し，会社のため忠実にその職務を行わなければならない（355条）。この355条が規定する義務は，機能的にみれば，法令を遵守する義

務，定款および株主総会決議（すなわち株主の意思に基づいて定められたルール）を遵守する義務，忠実義務に分けることができる。このように会社法は，取締役の職務の執行の場面における一般的な義務を課し，取締役にこれらの義務違反が認められるのであれば，当該取締役の行為は事前には差し止められる可能性があり（360条・385条），事後には取締役は会社に対して損害賠償責任を負いうることを定めている（423条・847条）。

さらに会社法は，以上の一般的な義務に基づく規制のほかにも，取締役と会社との利益が衝突し，取締役が自己の利益を図る危険性が高い場面を取り出して，特別の規制を用意している。それが競業取引に関する規制（356条1項1号）と，利益相反取引に関する規制（同項2号・3号）である。これらの規制は，会社と取締役との利益相反性の高さにかんがみて，取締役に対して善管注意義務・忠実義務といった一般的な義務に基づく規制を課すだけでは，適切な職務の執行を確保する仕組みとしては十分ではないと考えられることから，特別の規制として設けられたものである。

以下では，まずは善管注意義務・忠実義務といった取締役の一般的な義務について説明する。その後で，利益相反性の高さにかんがみて設けられた会社法上の特別の規制について説明する。

善管注意義務と忠実義務の関係

(1) 総説

取締役の義務のうち，特に重要な義務が善管注意義務と忠実義務である。それでは，この二つの義務はどのような関係に立つのだろうか。商人が個人として事業を行う場合と比較して，会社が取締役を使って事業を行う場合には，会社にどのような追加的な費用が発生する可能性があるのかについて分析することが，この問題を考える際の出発点となる。

まず，出資者である株主とは異なり，取締役には事業の成果が帰属するとは限らない（株主ではない取締役が，事業の成功・失敗にかかわらず毎年一定額の取締役の報酬を受けとる場合などが，事業の成果が取締役に帰属しない場合の典型例である）。そのため，取締役は職務を行うにあたり怠けたり手を抜いたりする可能性がある。たとえば，自分のお金を投資する場合には，事業の成功可能性など

を慎重に吟味するが，会社のお金を投資する場合には，適当な審査で済ませたり，無駄遣いをしたりすることが考えられる。このような行為に基づく費用の発生（取締役が手を抜くことなく適切に職務を執行していれば得られたはずの利益が会社に生じなかったことも，会社が取締役を使って事業を行う場合に発生する費用に含まれる）に対処するために，会社法は取締役に対して善管注意義務を課し，取締役が職務を執行するにあたって十分に注意を尽くすべきことを定める。

　次に，会社と取締役との利益が衝突する場面では，取締役も人間である以上，他人である会社の利益よりも自分の利益を優先したいと考える可能性がある。そのような場合に備えて，会社法は取締役に対して忠実義務を課し，会社と取締役との利益が衝突する場面でも，取締役が会社の犠牲において自らの利益を図ってはならないことを規定する。

(2) 両義務の関係に関する考え方の整理

　このように，理論的には善管注意義務と忠実義務は別の概念として整理可能であるものの，現在の判例は，会社法の条文解釈の問題としてではあるが，両者を別個の義務とは捉えていない。最大判昭和45・6・24民集24巻6号625頁〔百選2〕では，会社法の忠実義務の規定を根拠に，民法上の善管注意義務と比較して取締役は特に高度な義務を負っているとする主張の是非が争われた。最高裁は，会社法355条の規定は，同法330条・民法644条に定める善管注意義務を明確にしただけであり，善管注意義務とは異なる高度な義務を定めたわけではないと判示した。また，学説上の多数説も，義務違反に関する要件・効果が両者で異ならないことなどを指摘し，判例を支持する。

　たしかに忠実義務違反が問題となる場面で，善管注意義務違反とは異なる特別の要件・効果を課すことは，日本では法の規定がないため困難である。ただし注意してもらいたいのは，現在の学説上の多数説は，条文解釈の問題として，会社法330条・民法644条に定める善管注意義務には忠実義務の要素も含まれている（そのため，会社法355条は同法330条・民法644条とは異なる高度な義務を規定しているわけではない）という解釈を採用するが，条文解釈の問題から離れた講学上の概念として，善管注意義務と忠実義務の区別が論理的にありえないとか，区別することが有益ではないと考えているわけではない。

　考え方の整理としては，両者を別の概念として理解することは有益である。

善管注意義務違反が問題となる場面と忠実義務違反が問題となる場面とでは，考慮すべき問題が大きく異なるからである。すなわち，善管注意義務違反が問題となる場面では，取締役が十分な注意を尽くして職務を執行したかどうかが問題となるが，忠実義務違反が問題となる場面では，利害対立が生じていることを前提に，取締役が自らの利益を優先していないかどうかが問題となる。そのため，会社法355条の解釈論としては判例の立場に立つとしても，忠実義務という概念を善管注意義務という概念と区別して用いる用語法は存在し，現に多用されている。以下の記述ももっぱらその用語法による。

善管注意義務

取締役は，その職務の執行に際して善管注意義務を負い，取締役の地位にある人に通常期待される水準の注意を払って行動することが要求される。

もっとも，善管注意義務について抽象的には以上のように説明することはできるものの，もう少し具体的に分析すれば，問題となる場面における取締役の職務の内容に応じて，善管注意義務から要請される行為の内容は異なりうる。そして取締役の職務は，大きくは業務に関する意思決定・執行と，他の取締役の職務の執行に対する監視・監督とに分けられることからすれば，善管注意義務から要請される行為の内容も，①業務に関する意思決定（経営判断）の場面，②他の取締役を監視・監督する場面，③監視・監督のための内部統制システムを構築する場面に分けて考えることが有益である。

(1) 経営判断と経営判断原則（①の場面）

(a) **総　説**　取締役は日々経営判断を行っている。たとえば新しい製品を開発するとか，工場を作るとか，銀行であれば融資を行うといった様々な経営判断を日常的に行っている。そして経営判断した内容がうまくいけば会社に利益が出るが，失敗すれば会社に損害が生じる。それでは，こうした経営判断の場面において，取締役に要求される注意義務の水準はどの程度といえるのだろうか。

抽象的には，取締役の地位にある人に通常期待される水準の注意を払って経営をすることが要求される。そうすると，経営判断にあたり，取締役の地位にある人に通常期待される水準の注意を尽くしていなかった場合には，取締役に

善管注意義務違反が認められることになりそうである。

　しかし，現実の訴訟の場面においては，裁判所は「経営判断原則」と呼ばれる判断枠組みを採用しており，取締役が通常尽くすべき注意義務を尽くしたか否かという基準よりもはるかに緩やかな基準（取締役の義務違反が認められにくい基準）に基づいて，取締役の義務違反の有無が判断されている。以下では，経営判断原則の内容とその正当化根拠についてみていこう。

　(b)　経営判断原則　　経営判断原則とは，取締役の行為が善管注意義務に違反するかどうかについて裁判所が判断するにあたり，取締役に一定の範囲で裁量を認め，その範囲内の行為については取締役の義務違反を否定する（取締役の経営判断を尊重する）という考え方をいう。もともと米国の裁判所において採用されてきた考え方であるが，近年では日本でも，経営判断原則を明示的に取り入れた裁判例が現れるようになった。

　裁判例によって細かな表現は異なるが，一般に，経営判断原則とは，取締役の経営判断当時の状況に照らして，当該経営判断の前提となった事実の認識（情報収集・調査・検討）に不注意な誤りはなかったかどうか，事実の認識に基づく意思決定の過程または内容に通常の取締役として著しく不合理なところがなかったかどうかという観点から審査し，そのような誤りや著しい不合理がなければ，当該経営判断は，取締役としての善管注意義務に違反するものではないとするのが典型である。そして経営判断原則の特徴として，同原則が適用される場合には，取締役の地位にある人が通常であればどのように行動すると考えられるかを基準としつつも，意思決定の過程または内容が（通常の取締役がとるであろう行動からみて）著しく不合理と評価される場合に初めて，取締役に義務違反が認められることになる。このような基準は，たとえば交通事故の場面における運転者の注意義務違反の基準（通常の運転者に要求される注意義務を尽くしていたか否かが義務違反の判断基準となる）と比べて，経営判断の場面では，裁判所による介入の余地を狭めているものと評価できる 判例①。

　ただし，誤解を生じさせないために付け加えておくが，経営判断原則が適用される場面であっても，情報収集・調査・検討といった事実の認識に不注意な誤りがあったり，意思決定の過程または内容に著しい不合理が認められたりするのであれば，取締役に善管注意義務違反は認められるのであり，経営判断原

則は取締役の義務を免除するルールというわけではない。経営判断原則は，裁判所が取締役の義務違反を認定するにあたっては慎重であるべきといった内容のルールにすぎない点には，留意する必要がある 判例②。

Column 2-17　経営判断原則の内容

　裁判所において経営判断原則が採用されるとしても，同原則の内容として，どのような条件の下でどの程度取締役の裁量が尊重されることになるかについては，様々な考え方が存在する。利害関係がなく，適切に情報収集・調査・検討がなされた上で，合理的な意思決定の過程を踏んで決定がなされたといった手続的な条件を満たせば，当然に尊重されることになるのか，それともさらに，意思決定の内容の合理性についても，一定の範囲で審査する必要があるのかといったあたりの運用は，裁判例においても温度差がみられる。

　米国の判例法理における経営判断原則は，前者に近い扱いがされるのに対して，日本の裁判所における経営判断原則の運用に関しては後者の傾向があり，手続的な議論に限定せず，意思決定の内容についても，それが著しく不合理か否かといった観点から最低限の審査をすることが多い。

(c)　**経営判断原則の正当化根拠**　　それでは，経営判断原則はどのような理由に基づいて採用されているのであろうか。経営判断原則の正当化根拠について考えてみたい。

　一般には，取締役に適切にリスクをとらせる必要があるという観点から説明されることが多い。会社経営にはリスクがつきものであり，リスクをとるから

---

notes

判例① 最判平成 22・7・15 判時 2091 号 90 頁〔百選 48〕（アパマンショップ HD 株主代表訴訟事件上告審判決）では，子会社を完全子会社化する（子会社の他の株主から株式を取得し 100% 子会社にする）に際して，1 株 1 万円程度の価値しかなかった子会社の株式を，1 株 5 万円で取得した親会社の取締役の責任が問われた。最高裁は，経営会議での検討や弁護士からの意見聴取を経ている点などを重視し，本件の経営判断は取締役の判断として著しく不合理なものということはできないと判示した。

判例② 大阪高判平成 18・6・9 判時 1979 号 115 頁（ダスキン株主代表訴訟事件控訴審判決）では，食品衛生法上使用が認められていない食品添加物が混入している肉まんを販売していた会社で，混入の事実を認識したにもかかわらず，取締役会においてその旨を自ら積極的には公表しない旨の方針決定がされた。裁判所は，取締役会において企業としての信用喪失の損害を最小限度にとどめるための方策を明示的に議論することもなく，自ら積極的には公表しないなどというあいまいで，成り行き任せの方針を，手続的にもあいまいなままに黙示的に事実上承認した点を指摘し，取締役の善管注意義務違反を認めた。

こそ成功時に会社は大きな利益を得られる。リスクがあるということは，経営判断として行われた投資が失敗する可能性があることを意味する。仮に投資が失敗した場合には取締役の責任が認められ，取締役が損失を負担する可能性が高いとすれば，取締役は経営判断に際して過度に萎縮してしまい，安全な投資しか行わなくなってしまう。その結果，リスクはあるが大きな利益を生み出す可能性のある有益な投資は行われなくなり，会社としては，有益な投資機会を逃すという点でかえって損失を被ることになる。

こうした経営判断の場面での取締役の萎縮の可能性は，経営判断は不確実かつ流動的で複雑多様な諸要素を対象にした専門的，予測的，政策的な判断能力を必要とする総合的判断であり，その妥当性について裁判所が事後に適切に評価できるものではない（したがって，十分に注意を尽くした経営判断を行ったにもかかわらず，不注意な経営判断であったと誤って評価されてしまう可能性がある）ことを踏まえれば，なおさら現実味を帯びるといえるだろう。

(2) 取締役の監視義務（②の場面）

(a) 監視義務違反の有無の判断基準　　これまでは，取締役が自ら経営判断を行った場面を念頭に置きながら，当該取締役の義務違反の有無について検討してきた。それでは，経営判断を行った取締役に義務違反が認められる可能性があるとしても，その場合に，経営判断を行った取締役以外の取締役にも義務違反が認められる余地はあるのだろうか。

取締役会設置会社では，取締役会の構成員である個々の取締役は，善管注意義務の一環として，他の取締役の職務の執行を監視・監督する義務を負うと理解されている（362条2項2号参照）。具体的には，取締役が他の取締役の法令・定款に違反する行為や不合理な職務の執行を是正できなかった場合には，監視義務違反に基づき，是正できなかった取締役にも善管注意義務違反が認められる可能性がある。なお，ここでは，取締役がすべき行為をしなかったこと（不作為）による責任が問題となる。監視義務違反が問題となっている場面では，取締役は積極的な経営判断を行っているわけではないから，経営判断原則は適用されない。

それでは，一般に取締役は監視義務を負うとしても，たとえば取締役会に上程されていない事項に関してまで，取締役は監視義務違反による責任を問われ

る可能性があるのだろうか。

　この問題については，最判昭和 48・5・22 民集 27 巻 5 号 655 頁〔百選 67〕を確認する必要がある。最高裁は「株式会社の取締役会は会社の業務執行につき監査する地位にあるから，取締役会を構成する取締役は，会社に対し，取締役会に上程された事項についてだけ監視するにとどまらず，代表取締役の業務執行一般につき，これを監視し，必要があれば，取締役会を自ら招集し，あるいは招集することを求め，取締役会を通じて業務執行が適正に行われるようにする職務を有するものと解すべきである。」と判示した。すなわち判例は，個々の取締役は取締役会に上程された事項についてのみ監視すればよいというわけではなく，代表取締役による業務執行一般について監視する義務を負うと解しているのである。

　(b)　**検　討**　　もっとも，取締役の監視義務について前掲最判昭和 48・5・22 が示した内容は，すべての株式会社に適用されるべき一般論として位置付けることは適切だろうか。前掲最判昭和 48・5・22 は，取締役会も開かれていないような典型的な小規模会社において問題となった事件であった。たしかにその程度の規模の会社であれば，取締役が代表取締役の業務執行一般について監視義務を負うとしても，実際にそのような監視義務を果たすことは不可能ではないのかもしれない。

　しかし，多様な事業を展開している大規模な上場会社についてまで，前掲昭和 48・5・22 が示した内容は妥当すると解してもよいのだろうか。こうした会社では，会社の事業活動が広範囲にわたり，取締役の担当業務も相当に専門化されていることから，取締役が，自己の担当以外の分野において，代表取締役や業務担当取締役の職務の執行の状況を監視・監督することには相当な困難を伴い，そのような監視・監督が実現可能であるとは容易には想定できない。そこで近年では，次に紹介する内部統制システム構築義務という考え方が採用されており，とりわけ大会社である取締役会設置会社においては，取締役会は内部統制システムの整備について決定しなければならないとされている（362 条 5 項）。その結果，取締役の監視義務の主な対象は，個別具体的な職務の執行の監視・監督ではなく，内部統制システムの構築とその適切な運用に向けられることとなり，内部統制システムを通じた職務の執行の監視・監督という考え方

が一般に受け入れられつつある。

　そして内部統制システムが構築され，適切に運用されている会社では，取締役は，他の取締役の職務の執行に関して特に疑わしい事情がない限りは，監視義務違反と評価される可能性は低い。その意味では，前掲昭和 48・5・22 が示した内容は，今日では（少なくとも大規模な上場会社に関しては）実質的にその射程が限定されるに至ったと評価することも可能である。

(3)　内部統制システム構築義務と信頼の原則（③の場面）

(a)　内部統制システム構築義務の概要

それでは次に，内部統制システム構築義務の内容についてみていこう。内部統制システム構築義務に関する代表的な裁判例としては，大阪地判平成 12・9・20 判時 1721 号 3 頁（大和銀行ニューヨーク支店損失事件株主代表訴訟第一審判決）がある。この事件では，銀行の海外支店の従業員の不正行為によって当該銀行が約 11 億ドルもの損失を被ったことなどについて，従業員の不正行為を防げなかった当該銀行の当時の取締役の善管注意義務違反の有無が問題となった。裁判所は，健全な会社経営を行うためにはリスク管理が欠かせず，会社が営む事業の規模，特性などに応じた内部統制システムを整備することが必要であるとした上で，取締役は，取締役会の構成員として，または代表取締役・業務担当取締役として，内部統制システムを構築すべき義務を負い，これもまた取締役の善管注意義務の内容をなすと判示した。

　この事件で裁判所は，取締役は会社の事業規模や特性などに応じて適切にリスクを管理できるような体制（内部統制システム）を構築する義務を負うことを明らかにした。たとえば，社内に専門のチェック部門を組織したり，内部文書を管理・保存したり，内部告発制度を設けたり，部門ごとの相互監視システムを構築したりといった体制を構築する義務を負うことになる。そのことにより，義務違反行為や違法行為が防止されたり，早期に発見されたりすることが期待されている。そして，このような内部統制システムを構築する義務を怠り，内部統制システムを構築していれば防げたであろう不祥事が現実に生じた場合には，取締役は事後に法的責任を問われうる。実際に近年では，不祥事が起きた企業の取締役の責任が追及される場合に，しばしば内部統制システム構築義務違反の主張がなされている。

(b) **信頼の原則**　　会社が内部統制システムを構築し，それが適切に運用されている場合には，取締役は，他の取締役の職務の執行（取締役から従業員に業務執行権限が委譲されている場合には，当該従業員による業務執行も含む）に関して特に疑わしい事情がない限りは，当該他の取締役による職務の執行が適切に行われていると信頼することが認められ，仮に不祥事が起きたとしても監視義務違反と評価される可能性は低くなる。このことを信頼の原則と呼ぶ。すなわち取締役は，監視義務を履行するにあたり，他の取締役による適切な職務の執行を信頼することが認められる。前述の大和銀行ニューヨーク支店損失事件株主代表訴訟第一審判決においても，裁判所は，「頭取あるいは副頭取は，各業務担当取締役にその担当業務の遂行を委ねることが許され，各業務担当取締役の業務執行の内容につき疑念を差し挟むべき特段の事情がない限り，監督義務懈怠の責を負うことはないものと解するのが相当である。」と述べて，信頼の原則を認めている。

Column 2-18　内部統制システムの構築の程度

　内部統制システムとしてどの程度の不正防止のシステムを構築しなければならないか。この問題については，最判平成 21・7・9 判時 2055 号 147 頁〔百選 50〕（日本システム技術有価証券報告書不実記載損害賠償請求事件上告審判決）を確認する必要がある。この事件では，長年にわたり売上げの架空計上を行ってきた従業員の不正行為を防止できなかった取締役に，内部統制システム構築義務違反が認められるかどうかが争われた。最高裁は，内部統制システムは，疑念を差し挟むべき特段の事情がない限りは，通常容易に想定し難い巧妙な不正行為をも想定して構築されなければならないわけではないことを確認した上で，本件では，取締役に内部統制システム構築義務違反は認められないとした。

忠実義務

　これまでみてきた善管注意義務は，取締役に職務を行うにあたり十分に注意を尽くすべきことを要求する。これに対して，会社と取締役との間の利益が衝

突する場面において，取締役が会社の犠牲の下で自らの利益を図ってはならないことを要求する義務が忠実義務である。

　会社と取締役との間の利益が衝突する場面では，取締役にとって義務違反を犯す誘惑が特に強いといえるだろう。そこで会社法は，こうした場面では，取締役に忠実義務を課し，忠実義務に違反する行為を差止め（360条・385条）や損害賠償（423条・847条）の対象とするだけでは規制として十分ではないと考えて，忠実義務という一般的な義務の存在を規定するほかに，忠実義務違反の行為を予防的に規制するためのいくつかの特別の規制を設けている。それが，競業取引に関する規制（356条1項1号）と，利益相反取引に関する規制（同項2号・3号）である。以下では，まずはそれぞれの規制の内容を確認し，その後で，これらの規制が及ばない場面における規制のあり方（一般規定としての忠実義務を根拠とした規制のあり方）を確認していく。

(1) 競業取引に関する規制

(a) 規制の趣旨　　取締役が会社の事業と競合する取引を行うこと（たとえば，取締役が会社と同一の地域で同一の製品の製造・販売をすること）は，一般に会社の利益を害する危険性が高い。取締役は会社のノウハウや顧客情報などに精通しているので，それらの知識を利用して，会社の得意先を奪うなど，会社の利益を害する形で取引を行うかもしれないからである。こうした懸念は，取締役が個人として競合する取引を行う場合のみならず，取締役が他の会社の代表取締役に就任し，他の会社を代表して競合する取引を行う場合にも同様にあてはまる。

　そこで会社法は，取締役が自己または第三者のために会社の事業の部類に属する取引をしようとするときは，取締役会設置会社では取締役会に重要な事実を開示し，その承認を受けなければならないと規定する（356条1項1号・365条1項）。また，競業取引をした取締役は，当該取引後，遅滞なく，当該取引についての重要な事実を取締役会に報告する義務を負う（365条2項）。なお，会社法は，競業取引を一律に禁止するのではなく，取締役が以上の規制を遵守することを条件として，取引自体は認めている。事業規模などの違いにより，個々の競業取引の内容をみれば，会社にとって競業取引によりもたらされる問題は大きくない場面も考えられるからである。また，競業取引を一律に禁止し，

取締役が会社の職務以外の取引を行うことを過度に制限すると，有能な人材を確保する上で支障が生じかねないと考えられることも理由である。

(b) **事前の承認による規制**　以下では，会社法 356 条 1 項 1 号が規定する事前の承認による規制が対象とする取引の内容や，規制に違反した場合の効果についてみていこう。

規制の対象に関して最初に問題となるのが，「自己又は第三者のために」という文言の意味する内容である。学説上は，取引の実質的な利益が取締役または第三者に帰属するかどうかを基準とする見解が有力である。競業取引によって会社の利益が害される危険は，取引の実質的な利益が取締役または第三者に帰属する場合に広く妥当するからである。

次に，「会社の事業の部類に属する取引」とはどのような取引を指すかが問題となる。典型例としては，会社が実際にその事業において行っている取引と，目的物（商品・役務の種類）や市場（地域・流通の段階など）が競合する取引が挙げられる。さらに裁判例は，会社が現時点では行っていないものの，進出のための準備を進めている事業についても，取締役が当該事業に属する取引を行う場合には，事前の承認による規制の対象になると解している（東京地判昭和 56・3・26 判時 1015 号 27 頁〔百選 53〕）。

最後に，規制に違反した場合の効果について，競業取引をした取締役が事前の承認を受けなかった場合には，取引は無効となるのだろうか。結論を先に述べれば，取締役が事前の承認なしで競業取引を行った場合であっても，取引は無効とはならない。その理由として，競業取引の相手方の利益（取引の安全）を保護する必要があることに加えて，競業取引を無効と解しても，取締役と取引をした相手方が改めて会社と取引をするとは限らないなど，無効と解することが会社にとって救済とはならない可能性があることが挙げられる。そのため，事前の承認を受けなかった場合の効果として重要になるのは，取締役の会社に対する損害賠償責任が問題となる場面において，取締役または第三者の得た利益の額を会社の損害の額と推定することにある（423 条 2 項。^{124頁}→☞**2 競業・利益相反取引に関する任務懈怠責任の特則**）。

(2) **利益相反取引に関する規制**

(a) **規制の趣旨**　取締役が会社と取引をする場面では，取締役と会社との

利益衝突が顕著である。たとえば取締役が自己の財産を会社に売却する場合，その価格を不当に高く設定すれば，取締役は不当に利益を得る反面，会社は不当に不利益を被る。また，会社が不当に不利益を被る可能性は，取締役が個人として会社と取引をする場合のみならず，取締役が別の会社を代表して会社と取引をする場合にも同様に存在する。そしてこれらの場合，取締役が私心を捨て，会社の利益を常に自らの利益よりも優先すると期待することは難しい。

こうした事情を踏まえて，会社法は，取締役が自己または第三者のために会社と直接に取引をしようとするとき（直接取引）や，会社が取締役以外の者との間で，会社と取締役との利益が衝突する取引をしようとするとき（間接取引）は，取締役会設置会社では取締役会に重要な事実を開示し，その承認を受けなければならないと規定する（356条1項2号・3号，365条1項）。また，これらの取引（以下では，直接取引と間接取引を総称して「利益相反取引」という）をした取締役は，当該取引後，遅滞なく，当該取引についての重要な事実を取締役会に報告する義務を負う（365条2項）。

利益相反取引には，取締役が会社の利益を犠牲にして自己または第三者の利益を図る危険性が高い一方で，たとえば小規模な会社の取締役が会社の事業にとって不可欠な財産を会社に有利な（相場よりも安い）価格で譲渡する場合や，取締役が共通するグループ会社間で事業に必要な取引を行う場合など，会社が事業の遂行にあたって利益相反取引を必要とする場合もあることには注意する必要がある。こうした現実を踏まえて，会社法は，利益相反取引を一律に禁止するのではなく，取締役会の事前の承認を得ることを条件として，取引自体は認めている。

(b) 直接取引 会社法は，取締役が自己または第三者のために会社と直接に取引をしようとするときは，取締役会設置会社では取締役会に重要な事実を開示して，その承認を受けなければならないと規定する（356条1項2号・365条1項）。

ここで「自己又は第三者のために」とは，学説上の通説によれば，取引の法律上の当事者が誰かということを基準とする。したがって，取締役が自ら取引の相手方となって会社と取引を行う場合（自己のために）や，取締役が他の自然人や他の会社を代理・代表して会社と取引を行う場合（第三者のために）が，

直接取引として会社法356条1項2号の規制の対象となる。そして、取締役の行う取引が「自己又は第三者のために」に該当するのであれば、会社の側を代表するのが当該取締役であろうと、他の取締役であろうと、取締役会の事前の承認が必要となる。会社を他の取締役が代表する場合であっても、「自己又は第三者のために」取引を行う取締役と結託する危険性があるからである。

(c) **間接取引**　　間接取引の典型例としては、会社が取締役の債務を保証する場合が挙げられる。たとえば取締役が銀行から金銭を借りる際に、会社が銀行との間で当該金銭債務を保証する内容の契約を締結するとしよう。その場合、取締役は会社が保証契約を締結することで、会社の信用を利用できることになり、より低い金利で金銭を借りられるなどの利益を得ることができる。すなわちそこでは、取締役は保証契約の当事者ではないものの、保証契約の締結により利益を得ることができ、取締役と保証債務を負担する会社とは、会社と銀行との間の保証契約の締結をめぐって利益が衝突する関係に立つ。そこで会社法は、会社が間接取引をしようとするときについても、取締役会設置会社では取締役会に重要な事実を開示して、その承認を受けなければならないと規定する（356条1項3号・365条1項）。

　間接取引に関する規制について考える上で避けては通れない問題が、どこまでが規制の対象となる取引の範囲に含まれるかという問題である。取締役が会社と直接に取引をする直接取引の場合とは異なり、取締役と会社との間で実質的に利益相反関係が存在すれば間接取引に該当することになるため、取締役個人の債務保証などの争いのない事例を超えて、どこまでが間接取引として規制の対象となるかは難しい問題であり、ケースバイケースで考えざるを得ないだろう。この問題について、学説上の通説は、間接取引に関する規制の対象となる取引かどうかを考察する際の視点として、会社と第三者との間の取引であって、外形的・客観的に会社の利益を犠牲にして取締役に利益が生じる形の取引については、規制の対象になると解している。

(d) **承認を要しない利益相反取引**　　利益相反取引について会社法が以上の規制を課すのは、利益相反取引には、一般に、会社の利益を犠牲にして取締役が利益を得る危険が存在するためである。逆にいえば、そのような危険が一切存在しない場合にまで以上の規制を課す必要はない。

そのため，抽象的にみて，取締役が与えられた権限を行使しても会社の利益を害するおそれがないと考えられる取引については，利益相反取引に関する規制の適用はなく，取締役会の承認は不要であると解されている。たとえば普通取引約款に基づく取引（JRの取締役が自動販売機で切符を買って電車に乗る行為など）や，取締役が会社に対して無利子・無担保で金銭を貸し付ける行為については，取締役会の承認を要しない（無利子・無担保の貸付けにつき最判昭和38・12・6民集17巻12号1664頁）。

また，判例によれば，会社の全株式を有する取締役と会社との間で取引が行われる場合や，取引について株主全員の同意がある場合についても，利益相反取引に関する会社法の規制の適用はない 判例 。なお，株主全員の同意がある場合であっても，会社財産が取締役に不当に安く買い取られるなど，利益相反取引が行われることで会社債権者の利益を害する危険があるときは，利益相反取引に関する規制を適用すべきであるという見解も考えられないではない。しかし，株主全員の同意があるようなケースでは，たとえ利益相反取引に関する規制が適用され，事前の承認を得るために取締役会を開催することが要求されたとしても，（株主全員が同意している以上）開催すれば取締役会によって問題なく承認されていたことが予想される。そのため，会社法が規定する利益相反取引に関する規制によって，会社債権者の利益を守ることはそもそも期待できない。また，会社財産を確保するという会社債権者の利益は，そのための契約の締結や，民法の詐害行為取消権（民424条），会社法429条の取締役の対第三者責任の規定（→**7 3**）などによって保護すべきであり，かつそれで足りるとも考えられる。したがって判例の見解が妥当であろう。

（e）**承認を欠く利益相反取引の効力**　取締役会設置会社において取締役会の承認を受けずに利益相反取引が行われた場合，当該取引の法的効力についてはどのように考えるべきか。もちろん，承認を欠く利益相反取引を行った取締役は，会社に対して事後に損害賠償責任（423条）を負う可能性が高いが，取

notes ―――・

判例 最判昭和45・8・2民集24巻9号1305頁は全株式を有する取締役との取引につき，また，最判昭和49・9・26民集28巻6号1306頁〔百選54〕は株主全員の同意がある場合につき，利益相反取引に関する規制の適用がないことを明らかにした。

締役に十分な資力がない可能性もあるため，会社としては何よりも取引の効力を否定したいと考えることも十分に想定できる。

　取引の効力を考えるにあたり，承認を欠く利益相反取引を行った取締役の利益については考慮する必要はないだろう。そのことからすれば，取引を単に無効とすればよいとも思われそうである。しかし，利益相反取引に第三者が関与することも考えられ，この場合には当該第三者の利益（取引の安全）についても考慮する必要が出てくるため，話は単純ではなくなる。

　この問題について，判例は，承認を欠く利益相反取引の効力につき相対的無効説と呼ばれる考え方を採用している。つまり，そのような取引はあくまで無効ではあるが，会社が取締役以外の第三者に対して無効を主張するためには，当該第三者の悪意を立証しなければならないとすることで，取引の安全にも一定の配慮を示しているのである（会社が取締役に対して振り出した約束手形の譲受人との関係で相対的無効説を採用したものとして最大判昭和46・10・13民集25巻7号900頁〔百選55〕，間接取引の相手方との関係で相対的無効説を採用したものとして最大判昭和43・12・25民集22巻13号3511頁〔百選56〕）。

　なお，承認を欠く利益相反取引の無効は，会社の側からしか主張できないと解されている（最判昭和48・12・11民集27巻11号1529頁）。利益相反取引について取締役会の承認を要求する趣旨は，会社と取締役との間で利益が衝突する取引について，取締役が会社の利益を犠牲にして自らの利益を図ることを防止し，会社の利益を保護することにあるからである。したがって，たとえば取締役が会社から土地を購入した事例で，その後に土地の値段が大幅に下がり，取締役が承認を欠くことを口実に取引を無効にしたいと考えたとしても，取締役から会社に対して取引の無効を主張することは認められない。

(3)　競業取引と隣接した利益衝突事例への対処

　競業取引または利益相反取引には該当しなくても，取締役と会社との利益が潜在的に衝突するような行為によって取締役が会社に損害を与える場合には，当該行為をする取締役には忠実義務違反が認められ，損害賠償責任が認められる可能性（423条・847条）や，取引が行われる前であれば差止請求の対象となる可能性（360条・385条）がある。よく問題となるのが，競業取引と隣接した次の二つの利益衝突の事例である。

まず，会社の機会の奪取の事例が挙げられる。会社の機会の奪取とは，会社が現に行っていないし，行うための準備もしていないが，知れば会社が関心をもつことが当然に予想されるような事業の機会がある場合に，取締役が先にその事業を行ってしまうことを指して使われる言葉である。このような行為は，厳密には競業取引には該当しないが，場合によっては取締役に忠実義務違反が認められる可能性がある。

　次に，退任予定の取締役による従業員の引抜きの事例が挙げられる。退任して独立し，会社の事業と競合する事業を行おうと考えている取締役が，その在任中に，部下に対して退職と自らが行おうとしている事業への参加を勧誘することは，現実にしばしば行われているようである。もっとも，退任後はもはや取締役ではないため，退任後の競業行為は競業取引には該当しない。また，部下への勧誘行為は在任中に行っているが，勧誘行為自体を競業取引と評価することは容易ではない。したがって，このような行為は通常は競業取引に関する規制の対象にはならないといわざるを得ないが，その一方で，取締役に忠実義務違反が認められるとする裁判例は少なくない（たとえば，在任中に従業員に対する引抜き行為を行った取締役の忠実義務違反を認め，会社に対する損害賠償責任を認めたものとして，東京高判平成元・10・26金判835号23頁〔百選A20〕）。

　なお，在任中ではなく退任後に引抜き行為がされた場合には，取締役の忠実義務違反を問うことは難しい。退任後はもはや取締役ではないので，退任後の引抜き行為が取締役の義務に違反する行為であると評価することは難しいからである。それでは，会社としては取締役による退任後の引抜き行為を防ぐことはできないのだろうか。この問題について実務上は，取締役に就任する際に，退任後，引抜き行為を含む一定の行為をしないことをあらかじめ契約しておくことが多いとされており，そのような契約条項によって引抜き行為を防止することは可能である。

5 取締役の報酬

　四菱商事では，年に2回のボーナスの支給に合わせて，勤務成績の評価に関する面談が行われる。

　「あなたのこの半年間の勤務成績について，私が評価した点，今後改善を期待する点は，以上です。」と，いつになく厳かな口調で青葉さんに説明する千種課長。

　その後，会社からの帰り道で千種課長に遭遇した青葉さんが，「課長，本日は面談ありがとうございました。ちなみに課長の評価面談は誰がするんですか？」と質問する。「僕のは馬場部長だよ。ちなみに馬場部長の評価面談は常務がするみたいだよ。」と千種課長。それを聞いた青葉さんは，それじゃ常務やさらにその上の社長の勤務成績の評価と報酬の決定は誰がするんだろうと，不思議に思うのだった。

総説

　会社と取締役との関係は委任に関する規定が適用され（330条），民法上の委任契約は無償が原則である（民648条1項）。もっとも，会社の取締役に関しては，報酬を受けるのが事実上の原則になっているため，会社法は取締役の報酬について規定を設けている（361条）。

　以下では，会社法361条が規定する報酬規制の内容をみていこう。まず，同条1項は，取締役の報酬等は定款または株主総会の決議により定めなければならないと規定する。取締役の報酬等の決定を取締役会に委ねると，お手盛り（自分の職務の執行を過大評価し，不当に高額な報酬を決定してしまうこと）の弊害があるので，このようなルールが設けられている。

報酬等の種類と規制

　もう少し詳細に会社法361条1項を読めば，定款または株主総会の決議によって，次の事項を定めなければならないことがわかる。すなわち，金額が確定している報酬等についてはその額を（361条1項1号），金額が確定していない報酬等についてはその具体的な算定方法を（同項2号），金銭でない報酬等についてはその具体的な内容を（同項6号），それぞれ定めなければならない（金銭でない報酬等の例としては，社宅や福利厚生サービスの提供など）。また，取締役に

対して会社の価値向上等のインセンティブを付与する観点から当該会社の株式または新株予約権を取締役の報酬等とする（→ **Column 2-19** 参照）^{99頁}場合には，報酬等として交付される株式または新株予約権の数の上限その他法務省令で定める事項について定めなければならない（同条3号～5号，会社則98条の2～98条の4）。その上で，361条1項各号の決議をする場合には，株主が報酬等の妥当性を適切に判断できるようにするため，株主総会において当該事項が相当であることの理由を説明しなければならない（同条4項）。

そして，定款で報酬等に関する以上の事項を定めてしまうと，変更には手間がかかるため（定款変更には466条・309条2項11号により特別決議が要求される），現実には，株主総会の決議で報酬等に関する以上の事項を定めることが通常である（361条の総会決議は普通決議でよい）。

また，公開会社においては，取締役に支払われる報酬等の額は，事業報告に記載され（435条2項，会社則121条4号・124条5号），株主などに開示される（442条）。ただし，社内取締役と社外取締役とに分けて記載することなどは求められるものの，あくまで取締役に支払われる報酬等の額の総額を開示することで足りる。個人別の報酬等の額の開示までは求められていない。

以上が会社法の規定する報酬規制の内容だが，こうした報酬規制が，現実に取締役の報酬等を決定するにあたり，どのように適用されているのだろうか。取締役は，⑴定期的に確定額の報酬を会社から受け取るほか，⑵賞与（ボーナス）や⑶退職慰労金（退職金）を受け取ることもある。さらに，近年では，業績連動型報酬として，ストックオプション〔→**Column 2-19**〕^{99頁}が取締役に付与されることもある。以下では，このような報酬の種類ごとに，会社法上の報酬規制がどのように適用されているのかについて，具体的にみていこう。

⑴ 定期的に受け取る確定額の報酬

まず，取締役が定期的に受け取る確定額の報酬については，定款または株主総会決議によりその額を定めることが必要となる（361条1項1号）。

もっとも，判例は，株主総会において取締役の個人別の報酬等の額を定める必要はなく，取締役全員に支払われる額の上限（総額の上限）のみを定め，取締役の個人別の報酬等の額は取締役会で決定することも許されるとする（最判昭和60・3・26判時1159号150頁）。また，取締役会から代表取締役に個人別の

報酬等の額の決定を委ねることも認めるようである（最判昭和31・10・5裁判集民23号409頁。ただし，取締役会の決議による報酬等の決定の委任に関する事項は事業報告により開示される〔会社則121条6号の3〕）。さらに，いったん取締役全員に支払われる報酬の総額の上限額を株主総会で決定すれば，この上限額を超えない限りは，以後の株主総会において報酬について決議する必要はないと解されている。これらの解釈の理由として，お手盛り防止という観点からは，株主総会において会社から取締役全員に支払われる上限額さえ定められれば足りることが指摘されている。実務上も，株主総会決議では取締役全員に支払われる額の上限のみを定めることが一般的である。

　以上の解釈との関係で問題となるのが，使用人兼取締役についての使用人分の給与である。たとえば取締役兼営業部長は，取締役として報酬を受け取り，従業員である営業部長として給与を受け取ることになるが，この営業部長としての給与部分も，株主総会で定める報酬の総額の上限額に含まれるのだろうか。この問題について，判例は，使用人として受け取る給与の体系が明確に確立されている場合には，使用人部分の給与は決議する総額の上限額には含まなくてもよいとする（前掲最判昭和60・3・26）。ただし，日本では，使用人兼取締役については，支払われる金銭の多くが使用人の給与として支払われることも少なくないという実態がある。こうした実態も踏まえて，学説上は，株主総会決議の際に，決議する総額の上限額には，使用人兼取締役の使用人としての職務の執行の対価分を含まないことを明らかにすることが少なくとも必要であるとする見解が有力である。

　なお，令和元年会社法改正により，公開会社かつ大会社である監査役会設置会社であって，有価証券報告書（→211頁 用語）の提出を義務付けられている会社（おおよそ上場会社と一致する）では，取締役の個人別の報酬等の内容を定款または株主総会決議で定めた場合を除き，取締役の個人別の報酬等の内容についての決定方針を取締役会で定めなければならないものとする，新たな規定が導入された（361条7項，会社則98条の5）。したがって，今日では，株主総会決議で取締役全員に支払われる報酬の総額の上限額のみを定めた場合には，その定めに基づく取締役の個人別の報酬等の内容についての決定方針を，取締役会決議によって定めることが必要となる。その上で，以上の決定方針に関する事項は

事業報告により開示される（会社則 121 条 6 号）。

(2) 賞　与

　賞与も職務の執行の対価として報酬規制の対象となる。賞与は，確定額の報酬として支払われる場合には会社法 361 条 1 項 1 号の問題となり，不確定額の報酬として支払われる場合（たとえば今後の会社の売上げの 1% を取締役に賞与として支払う場合など）には，同項 2 号の問題となる。

(3) 退職慰労金

　日本では，退任する取締役に退職慰労金が支払われることがある。退職慰労金も通常は確定額の報酬等（361 条 1 項 1 号）に該当するが，実務上は，株主総会において総額の上限額が定められることすらなく，「当社が定める支給基準に従って，その具体的な金額・支給期日・支給方法を，取締役会の決定に一任する」旨の決議（一任決議）が行われることが少なくない。

　退職慰労金の支給の場合，その年に退任する取締役は 1 人しかいないこともあるので，株主総会で総額の上限額を決定してしまうと，退任する取締役が受け取る退職慰労金の額が広く世の中に開示されてしまうおそれがある。そこで実務上は，取締役のプライバシーを守るために，一任決議の慣行が形成されるようになったといわれている。判例も，株主総会において明示または黙示に一定の支給基準を示し，当該基準に従って退職慰労金が支払われるのであれば，その決定を取締役会に委ねることも許されると解している（最判昭和 39・12・11 民集 18 巻 10 号 2143 頁〔百選 59〕，最判昭和 44・10・28 判時 577 号 92 頁）。

　もっとも，現実には，黙示に示された支給基準（黙示に示されたと判断されるためには，たとえば支給基準を記載した書面などを本店に備え置いて株主の閲覧に供するなどの措置が必要であると考えられている）については株主総会で株主が知りえないことも多く，退職慰労金について一任決議を許容する判例の解釈に対しては批判も少なくない。そこで近年では，株主からの反対を受けて，退職慰労金制度自体を廃止する上場会社が増え始めており，また，（退職慰労金制度は維持しつつも）取締役会への一任決議については廃止する上場会社も散見される。さらに，株主総会において株主が支給基準の具体的な内容を質問する事例も少なくない（なお，株主総会において退職慰労金の額などについて株主から質問がされたにもかかわらず，議長が当該質問に対する説明を拒絶したことが取締役等の説明義務

に違反するとされた事例として，東京地判昭和63・1・28判時1263号3頁）。

Column 2-19　ストックオプション

　近年では，業績連動型報酬として，取締役に対して株式または新株予約権 用語 を付与する会社も増えている。そのような目的で付与される新株予約権を，ストックオプションと呼ぶ。取締役に対してストックオプションが付与される場合には，あらかじめ定められた将来の一定の時点・時期において，あらかじめ定められた一定の価格（行使価額）を支払うことで，取締役は当該会社の株式の交付が受けられる。ストックオプションの付与も，取締役が職務の執行の対価として会社から財産上の利益を受けることに変わりはない（新株予約権の付与それ自体に財産的価値があることが理由である。→第4章 ③1 〔187頁〕）ため，会社法361条の報酬規制が適用される。

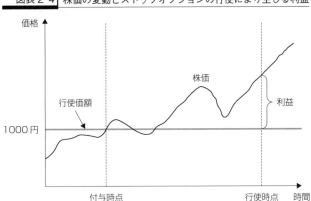

図表2-4　株価の変動とストックオプションの行使により生じる利益

　以下では，行使価額1000円のストックオプションが付与された事例を考えてみたい。この場合，ストックオプションを付与された取締役にとっては，あらかじめ定められた将来の一定の時点・時期において，ストックオプションを

────────────────────────────────────── **notes**

用語 **新株予約権**　　新株予約権とは，株式会社に対して行使することにより，当該会社の株式の交付を受けることができる権利と定義されている（2条21号）。すなわち，会社に対して権利行使をすることで，あらかじめ定められた一定の価格（行使価額）で，その会社の株式を購入することができる権利を指す。詳細については，第4章 ③1（187頁）を参照。

行使し1000円を支払えば，会社の株式を確実に取得できるため，当該会社の株価が上昇すればするほど，ストックオプションを行使することによる利益が増える（1000円を支払って1000円以上の価値を有する株式を取得することも可能になる）。したがって，取締役にストックオプションを付与することで，取締役に対して会社の業績を向上させ，株価を上昇させようとするインセンティブを与えることができる。そのため，ストックオプションは，株主と取締役との間の利害対立を緩和する手段の一つとして位置付けることも可能である。

▐ 株主総会決議を欠く報酬等の支払い・報酬の変更 ▌

　会社法が明文で報酬規制を設けている以上，定款の定めも株主総会の決議もないのに取締役に報酬等が支払われたとしても，それは無効である。また，定款の定めも株主総会の決議もない場合には，取締役の側から会社に対して報酬等の支払いを求めることもできない。定款または株主総会の決議により定められることによって初めて，取締役の報酬請求権が具体的に発生するとされているからである（最判平成15・2・21金法1681号31頁〔百選A21〕）。

　その上で，いったん定款または株主総会の決議によって取締役の報酬等の額が具体的に定められた場合には，その額は，会社・取締役間の契約内容となり，会社と取締役の双方を拘束する。そのため，その後に株主総会の決議によって取締役の報酬等の額を無報酬としても，無報酬とされた取締役の同意がない限りは，当該取締役は報酬請求権を失わない（最判平成4・12・18民集46巻9号3006頁〔百選A23〕 判例 ）。

notes ──●

　判例 最判平成4・12・18民集46巻9号3006頁〔百選A23〕では，大株主兼代表取締役と対立した常務取締役が非常勤の取締役に変更され，しかも無報酬とされた事案である。同時に，対立前の時点において，当該取締役には，その在任期間中の報酬として，月額50万円が支払われることがあらかじめ定められていた。最高裁は，株式会社において定款または株主総会の決議によって取締役の報酬等の額が具体的に定められた場合には，その額は，会社と取締役間の契約内容となり，契約当事者である会社と取締役の双方を拘束するとして，無報酬への変更についての当該取締役の個別の同意がない限り，当該取締役は月額50万円の報酬請求権を失わないと判断した。

4 監査役・監査役会・会計監査人

1 監査役 ————————————————●

総　説

　前節で学んだように，取締役会は，代表取締役や業務執行取締役が行う職務
の執行を監視・監督する機関である（362条2項2号）。取締役会による代表取
締役や業務執行取締役の監視・監督のみで，株主の利益は十分に守られるので
あろうか。

　取締役を株主総会で選任するためには，取締役候補者を議案として株主総会
に提出する必要がある。日本では多くの会社において，代表取締役である社長
のイニシアティブにより取締役候補者を指名する実務が行われている。会社法
は，代表取締役の選定や解職を取締役会の職務とする（362条2項3号）ことに
よって監視・監督機能が発揮されることを期待するが，自分を取締役に指名し
てくれたいわば「恩人」を，はたして代表取締役のイスから降ろすことなどで
きるだろうか？　また，日本の多くの取締役は自らが業務執行の責任者を兼ね
ており，執行と監督が明確に分離されているとはいえない。

　このように取締役会による監視・監督機能が必ずしも十分とはいえない日本
においては，本節で学ぶ監査役が，取締役の職務の執行を監査する機関として
（381条1項）重要な役割を担っている。

会社法はいくつかの場面で監査役の地位の「独立性」を強化する規定を定めている。監査を実効的に行うためには，業務を執行する代表取締役や取締役から監査役の独立性を確保しておく必要があるからである（「業務」と「職務」の使い分けについては→ 用語 業務と職務 ）。
66頁

▍監査役の設置義務 ▍

　すべての株式会社（監査等委員会設置会社および指名委員会等設置会社を除く）は定款に定めることにより監査役を置くことができる（326条2項）。会社が監査役を設置し，取締役に対してより厳しい機関設計を自ら採用することを法が妨げる必要はないからである。

　このように，基本的に，機関設計は会社の自治に委ねられる。もっとも，取締役会設置会社（監査等委員会設置会社および指名委員会等設置会社を除く）は，監査役を置かなければならない（327条2項）。取締役会設置会社では，業務執行の決定は取締役会が行うこととされており，株主総会の権限が縮減されるからである（取締役会非設置会社では，一切の事項を株主総会で決定することができる）。株主総会を通じた監視・監督機能の一部を代替することが，監査役には期待されている。一部と表現しているのは，監査役には取締役の選任・解任の権限までは与えられていないからである。

▍資格・選任・終任 ▍

(1) 資　格

　監査役の資格は，取締役の欠格事由を規定する331条1項および331条の2が準用される。株主は監査役になることが可能であるが，監査役の資格要件を株主に限定することは認められない（335条1項・331条2項）。

　また，監査役は，会社またはその子会社の取締役その他の業務執行に携わる者を兼ねることができない（兼任の禁止。335条2項・333条3項1号）。監査されるべき立場の者が監査する立場を兼ねると（自己監査），監査の実効性が損なわれるためである。もっとも，日本ではこれまで取締役であった者が年度途中の株主総会で監査役に就任するという，いわゆる「横すべり監査役」が実務慣行として存在する。取締役在任期間における自身も含めた取締役の職務の執行に

ついて監査役として監査することになるために，当該期間の監査が自己監査と
なることが問題とされる。しかし裁判例は，取締役であった者を監査役に選任
することを法は禁止していないし，当該会社の取締役であった者は会社の実情
に通じているためにかえって有効な監査が行われるといった点を指摘し，その
適格性に問題はないとしている（東京高判昭和61・6・26判時1200号154頁）。

Column 2-20　弁護士である監査役は訴訟代理できるか？

　冒頭の SCENE に登場した四菱商事の神保監査役は弁護士である。会社の顧
問弁護士である監査役は，会社から委任されて訴訟を代理することが認められ
るだろうか。

　この問題について最高裁は，直ちに「使用人」には該当せず，弁護士資格を
有する監査役が会社から委任を受けてその訴訟代理人となることまでを禁止す
るものではないと判断している（最判昭和61・2・18民集40巻1号32頁〔百
選70〕）。顧問弁護士として，どの程度その会社の業務に従属しているのか，
会社との継続的な利害関係から監査の公正性に疑問がないとはいえないが，他
方で弁護士の職業倫理に照らして，当然に公正な訴訟追行を行うと考えること
も可能であろう。

⑵　選任・終任

　監査役の選任・終任，さらには任期など地位に関わるものについては，監査
役の地位の強化・独立性の確保を目的として，取締役とは異なる扱いをする規
定が多い。

　監査役は，株主総会の普通決議で選任される（329条1項・341条）。監査役は
1名で足りる。監査役の任期は4年である（336条1項）。取締役の任期は通常
2年で，定款または株主総会の決議で任期を短縮することが可能である（332
条1項）のに対して，監査役の法定任期は短縮することができない。

　監査役の選任議案を株主総会に提出するためには，監査役の同意（監査役会
がある場合には監査役会の同意）が必要であり（343条1項・3項），また，監査役
は取締役に対して特定の候補者を株主総会の選任議案に付議するように請求す
ることができる（同条2項）。この権限を活用すれば，監査役が選任議案に対し

て事実上の拒否権を有するのみならず，その主導権を握ることもできる。

監査役の終任事由は，任期の満了のほか，資格の喪失など，取締役の場合の規定（→**③1 取締役の選任・終任**⑷）と同様である。しかし，解任については株主総会の普通決議では足りず，特別決議が必要である（309条2項7号・343条4項）。

また，監査役は，監査役の選任や解任，辞任について株主総会で意見を述べることができ（345条4項・1項），監査役を辞任した者は，辞任後最初に招集される株主総会に出席して，辞任した旨や辞任理由を述べることができる（同条4項・2項）。これは，代表取締役らの圧力による不当な解任や，辞任の形をとった事実上の解任から監査役を守るためのものである。

┃ 監査役の職務と権限 ┃

監査役は，取締役の職務の執行を監査する（381条）。監査の対象とされる範囲は，会計監査のほかに，業務監査が含まれる **用語** 。監査役の業務監査については，適法性監査，すなわち取締役の職務の執行が法令・定款に違反していないかどうかについて監査することに限られ，妥当性監査には及ばないと解されている（多数説。→**③1 取締役・取締役会・代表取締役の職務**⑷）。もっとも，監査役には著しく不当な取締役の職務の執行に対しては，取締役や株主総会への報告義務がある（382条・384条）ため，監査役の監査の対象から妥当性を判断する場面が完全に除外されるわけではない。また，監査役は取締役の善管注意義務違反の有無を監査するとされる以上，監査役に妥当性監査の権限を認める立場（少数説）との差はそれほど大きくはない。

⑴ 調査・是正権限

監査役の業務監査を実効的なものとするために，監査役には以下のような権限が認められている。たとえば，監査役が「ある取締役が取引先から個人的にリベートをもらっている」あるいは「ある取締役が子会社を使って営業成績を

---

notes ━━━●

用語 会計監査と業務監査　監査役は，取締役の職務の執行を監査するために，会計監査を含めた会社の業務全般の監査を行うが，非公開会社では，監査役の監査の範囲を会計に関するもの（会計監査）に限定することができる（389条1項）。このような会社においては，後述する監査役の調査・是正権限や報告権限が会計に関するものに限定されており，その分，株主による監視権限を強めることによってバランスを保っている。

水増ししている」などの内部告発を受けたとしよう。

　まずは内部告発の真偽を確かめなければならないが，監査役は，いつでも取締役に対して事業の報告を求め，会社の業務や財産状況の調査をすることができる（381条2項）。これを使って関連しそうな取引について調査をすればよい。「子会社を使って営業成績を水増ししている」という場合には，子会社を調査する必要が出てくる場合もある。この場合，監査役は必要があれば，子会社に対して事業の報告を求め，また子会社の業務および財産の状況を調査することもできる（同条3項）。

　また，監査役は，取締役が不正の行為をし，もしくは不正の行為をするおそれがあると認めるとき，または法令・定款に違反する事実もしくは著しく不当な事実があると認めるときは，遅滞なく取締役会に報告しなければならない（382条）。もし内部告発の内容を調査することで一定の事実を摑んだら，それは報告の対象としなければならないのである。取締役会が何らかの事情で招集されていない（機能していない）場合も考えられる。そこで，監査役は取締役会に出席し，必要とあれば意見を述べなければならない（383条1項）ほか，取締役会の招集を請求することができる（同条2項・3項）。加えて，監査役は，取締役が株主総会に提出しようとする議案や書類を調査しなければならず，その際，法令・定款に違反し，または著しく不当な事項があると認めるときには，調査結果を株主総会に報告する義務がある（384条）。

　さらに，取締役の違法行為を差し止めることを請求できる（385条1項）。もっとも，違法行為の差止めを請求するためには，会社に「著しい損害が生じるおそれがある」ことが必要である コメント （→株主による取締役の違法行為の差止め。360条3項）。

(2)　監査役の訴訟代表権

　会社と取締役との間の訴訟において，監査役は会社を代表する（386条1項）。

--- notes

コメント 「著しい損害」と「回復することができない損害」　監査役設置会社の株主が取締役の違法行為を差し止めるためには，会社に「著しい損害が生ずるおそれ」があるだけでは足りず，会社に「回復することができない損害が生ずるおそれ」があることが要件とされている（360条1項・3項）。後者の要件の方がより厳しいわけだが，監査役設置会社では，株主はモニタリングの役割を監査役に委ねているため，一次的には監査役がチェック機能を果たすように条文が規定されている。

会社を対外的に代表し，裁判上の行為をする権限を有するのは代表取締役である（349条4項）が，取締役会内部の同僚意識から代表取締役が取締役を訴えることを躊躇するおそれがあるからである。そして，十分な監査活動を保障するため，監査役の職務の執行上必要な費用については，会社は，職務の執行に必要でないことを証明しない限り，監査役からの費用請求を拒むことができない（388条）。

(3) 報告権限

監査役は，監査の結果を株主などに報告するために，事業年度ごとに監査報告を作成しなければならない（381条1項）。監査報告は，株主，会社債権者などの閲覧等に供される（437条・442条）。監査報告には，監査役が計算関係書類を受領した場合に作成する会計監査事項に係るものと，監査役が事業報告やその附属明細書を受領した時に作成する業務監査事項に係るものとがある。

監査役の報酬等

監査役の**報酬等**は，取締役の報酬等とは別に定款または株主総会決議で定める（387条1項）。監査役が2人以上いる場合の各監査役の報酬等については，定款または総会決議の範囲内において監査役の協議により定める（同条2項）。

取締役の報酬規制の目的が，取締役の報酬が高額になることにより株主の利益を害すること（いわゆる「お手盛り」）を防止することにある（→③**5総説**）のに対して，監査役の報酬規制の目的は，適正な報酬額を確保しつつ，取締役からの影響力が及ばないようにすることで，監査役の独立性を保つことにある。監査役が株主総会で監査役の報酬等について意見を述べることができるとする規定（387条3項）も，監査役の独立性を確保する趣旨である。

2 監査役会

監査役会の設置義務と構成

大会社でかつ公開会社である会社（監査等委員会設置会社および指名委員会等設置会社を除く）は，監査役会の設置が義務付けられている（328条1項）。監査役会設置会社では，監査役は，3人以上で，そのうち半数以上（過半数ではないこ

とに注意）は社外監査役 用語 でなければならない（335条3項）。社外監査役は，業務執行者の影響を排し，独立した立場で客観的意見を表明することが必要であるとの趣旨から設置が義務付けられている。監査役会は，監査役の中から1人以上の常勤監査役 用語 を選ばなければならない（390条3項）。監査役会は，それぞれの監査役が招集することができ（391条），監査役会の決議は監査役の過半数をもって行われる（393条1項）。

▌監査役会の役割と監査役の権限との関係 ▌

監査役会はすべての監査役で組織される（390条1項）。その職務は，①監査報告の作成，②常勤監査役の選定と解職，③監査の方針，業務および財産の状況の調査の方法その他の監査役の職務の執行に関する事項の決定である（同条2項）。

監査役は単独で権限を行使することができ，③の決定によっても個々の監査役の権限の行使を妨げることはできない（独任制。390条2項但書）。また，監査報告の作成についても，監査役会としての監査報告の内容と，監査役個人の報告内容に見解の相違がある場合には，監査役個人としての監査報告の内容を付記することができる。このように監査役会では，すべての監査役で組織・運営されるとはいえ，監査役の独任制が維持されている。

監査役会の機能は，各監査役による監査に関する情報共有や職務の分担など，あくまで組織的かつ効率的な監査を実現することにある。なお，監査役会を設置していない会社で，監査役が複数存在する場合についても各監査役の独任制が保障されている。

---
notes

用語 **社外監査役（2条16号）** 　その就任の前10年間において，当該会社または子会社の取締役，会計参与や執行役または支配人その他の使用人であったことがないという要件を満たす他，その会社の親会社・兄弟会社の業務執行に携わる者や親会社などの監査役は当該会社の社外監査役とはなれない。また，会社の業務執行に携わる者の配偶者などの親族についても社外監査役となれないことが法定されている。

用語 **常勤監査役** 　会社法に定義はないが，一般には，他に常勤の仕事がなく，当該会社の営業時間中は監査役の職務に専念する態勢にある者と考えられる。そうすると，複数の会社の常勤監査役を兼務することはできないが，他方で，継続して一貫した監査役の職務を行うに足る時間を監査の対象会社にあてることで常勤の要件を満たすとする説もあり，この場合，個々の会社の状況に応じて常勤監査役を兼務することが可能になると解される。

3　会計監査人

会計監査人の設置と役割

　一般に，会社が大会社の事業規模ともなれば，計算書類等の内容は複雑になり，また，株主や債権者などその会社と利害関係を有する者も多くなる。そこで会社法は，会社の規模に着目し，大会社においては会計の専門家である会計監査人の設置を強制することで，適正な会計処理が行われることを担保している（328条）。

　会計監査人の役割は，会計の専門家として，会社の計算書類等の監査をすることであり，計算書類等の作成そのものを手伝うことではない。計算書類等の作成は，業務執行権限のある取締役が業務執行として行うものであり，もし計算書類等の作成について専門家の手を借りたいのであれば，機関として，会計参与を置くことができる（→**1 2会計参与，会計監査人**）。

資格・選任・終任

(1)　資　格

　会計監査人は，公認会計士または監査法人 [用語] でなければならない（337条1項）。監査法人が会計監査人に選任された場合，その社員の中から会計監査人の職務を行うべき者を選定し，会社に通知しなければならない（同条2項）。当該会社の役員や過去1年以内に役員であった者のほか，会社と著しい利害関係を有する者，当該会社の子会社または取締役・執行役などから公認会計士・監査法人の業務以外の業務により継続的な報酬を受けている者などは，監査の対象となる会社からの独立性を確保するため，会計監査人としては欠格であるとされている（同条3項）。

(2)　選任・終任

　会計監査人は，株主総会で選任される（普通決議。329条1項）。株主総会に提出する会計監査人の選任や解任議案，また会計監査人を再任しないことに関する議案の内容は，監査役（監査役会設置会社では監査役会）が決定する（344条1

notes

　[用語] **監査法人**　　5人以上の公認会計士を社員として組織される法人である。

項，3項）ことにより，取締役・取締役会からの会計監査人の独立性を強化している。なお，監査役が2人以上いる場合においては監査役の過半数により決定される（同条2項）。

会計監査人の任期は，1年である（338条1項）。任期が短いと感じられるかもしれないが，定時株主総会で別段の決議がなされなければ，再任されたものとみなされる（同条2項）。

会計監査人は，いつでも株主総会の決議により解任することができる（339条1項）。もっとも，上場会社において会計監査人を解任するために臨時の株主総会を開催することは容易ではない。そこで会計監査人が職務上の義務違反や任務懈怠，非行，心身の故障のために職務の執行に支障がある場合などには，監査役全員の同意により会計監査人を解任することができる（340条）。

会計監査人は，その選任・解任または辞任について株主総会において意見を述べることができる（345条5項・2項・3項）。こうした意見の陳述権も，会計監査人の独立性を保障する趣旨によるものである。

┃ 権限・義務 ┃

会計監査人は，会社の計算書類およびその附属明細書などを監査し，会計監査報告を作成しなければならない（396条1項）。また，会計監査人はいつでも会計帳簿などの閲覧権を有するほか，取締役らに対して会計に関する報告を求めることができる（同条2項）。さらに必要があれば，子会社に対しても会計に関する報告を求め，また，会社または子会社の業務および財産の状況を調査することができる（同条3項）。

会計監査人がその職務を行うに際し，取締役の職務の不正行為または法令・定款に違反する重大な事実があることを発見したときは，遅滞なく監査役・監査役会に報告しなければならない（397条1項・3項）。

会社の計算書類等が法令・定款に適合するかどうかについて監査役と意見を異にするときは，会計監査人は定時株主総会に出席して意見を述べることができる（398条）。

　取締役が会計監査人の報酬等を定める場合には，監査役・監査役会の同意を必要とする（399条1項・2項）。監査役（会）に与えられた権限は同意権であり，決定権ではない（会計監査人を選任する議案の内容の決定権が監査役〔会〕にあることとの違いに注意しよう）。

　会計監査人の報酬等については，多額の報酬を与えることにより会計監査を甘くさせる，あるいは会計監査人の実際の作業量に比べて少額の報酬にとどめることにより適切な質や量の監査業務を実施できなくなるといったおそれが生じうる。そこで監査役・監査役会に対して報酬等の同意権を付与することで，上述のような弊害を防止し，会計監査人の取締役からの独立性を確保している。

4　監査役会設置会社の機関設計 ───────────●

　本節ではここまで，監査役・監査役会・会計監査人について解説をしてきた。一般に読者が名前を知っている会社の多くは，上場会社であり，会社法上は，公開会社かつ大会社である。このような会社では，選択することのできる機関設計は限られているが，監査役・監査役会・会計監査人をすべて置いている「監査役会設置会社」が多く選択されている。監査役会設置会社の構成は，図表2-5のとおりである。

　戦後，会社の粉飾決算などの不祥事を契機として，日本におけるコーポレート・ガバナンス改革は，監査役制度を強化する方向で行われてきた（たとえば複数監査役や常勤監査役の導入〔昭和56年改正〕，監査役会および社外監査役制度の導入〔平成5年改正〕，監査役の半数以上を社外監査役とすることや監査役の任期を4年へ伸長すること，また，監査役の取締役会への出席義務〔平成13年改正〕など）。こうした一連の法改正は，取締役が適法に職務を行っているかどうかを監査するという，法が監査役に期待している職務権限からは自然な流れであったといえる。

　もっとも，取締役会も取締役の職務の執行に対する監視・監督の機能を担っていることからすれば，コーポレート・ガバナンス改革の方向性として，監査役制度ではなく，取締役会の監視・監督機能を強化していくことも十分に考えられる（実際，海外ではコーポレート・ガバナンス改革として取締役会の機能強化が図

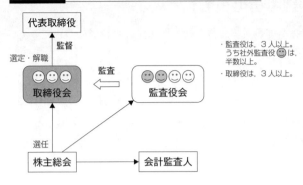

図表 2-5 監査役会設置会社（2 条 10 号）の機関設計

られることが多い）。こうした点を踏まえて，近年では日本でも，取締役会の監視・監督機能を強化するという観点に基づき，監査役会設置会社とは異なる機関設計を用意することとした。これが，5 で扱う「指名委員会等設置会社」と，6 で扱う「監査等委員会設置会社」である。

5 指名委員会等設置会社

1 総 説

青葉「課長，取引先のお客さま，肩書が部長から執行役に変わっていましたね。」

千種課長「ああ，あちらの会社は以前の不祥事を契機に，指名委員会等設置会社に移行したからね。ガバナンスを強化するためだそうだ。」

青葉「そういえば，会社法が改正されて，新しいタイプの会社ができたそうですね。」

千種課長「よく勉強しているね。監査等委員会設置会社といって，監査役がいないことは指名委員会等設置会社と同じなのだけれど，委員会は一つだけで，代表取締役がいることは監査役会設置会社と変わらないんだ。」

青葉「指名委員会等設置会社の話は，大学の授業でも駆け足だったところで……新しいタイプも勉強しないといけませんね。」

指名委員会等設置会社の特徴

　本節では指名委員会等設置会社の機関設計の特徴についてみていこう（→図表2-6）。^{113頁}

　指名委員会等設置会社の機関設計の最大の特徴は，業務執行と監督の分離が強化されていることである。また，こうした業務執行と監督を分離した結果として，業務執行に携わる者による迅速な経営を可能にしている。

　指名委員会等設置会社では，執行役が業務執行に関する意思決定と執行をする（418条）。監査役会設置会社でも取締役会が業務執行に関する意思決定や執行権限を代表取締役に委ねることはできたが，重要な業務執行については取締役会が決定しなければならない（362条4項）。これに対して，指名委員会等設置会社は，業務執行の意思決定を大幅に執行役に委ねることが可能である（416条4項）。

　図表2-6のとおり，指名委員会等設置会社は，三つの委員会，取締役会，（代表）執行役，会計監査人（および代表取締役，監査役〔会〕の不設置）がワンパッケージとなっており，任意に設置できる機関の選択肢は会計参与だけである。

指名委員会等設置会社の取締役会

　指名委員会等設置会社の取締役は原則として業務を執行することができず（415条），取締役会は執行役の監督機能に特化する。取締役会は執行役を選任するとともに，三つの委員会（指名委員会・報酬委員会・監査委員会）の各委員を選定する。また，取締役会は，経営の基本方針などを決定するほか，執行役・取締役の職務の執行を監督する（416条1項）。取締役会に設置される三つの委員会の委員は，取締役の中から選ばれ（400条2項），各委員会の過半数を社外取締役としなければならない（同条3項）。指名委員会等設置会社は，社外取締役によるチェック機能が果たす役割に期待するところが大きい。

2　制度導入の背景 ―――――――――――――――――――――●

　従来，日本の会社の運営機構においては，取締役会と監査役（会）が代表取締役を監視・監督することになっていたが，現実には取締役も監査役も従業員

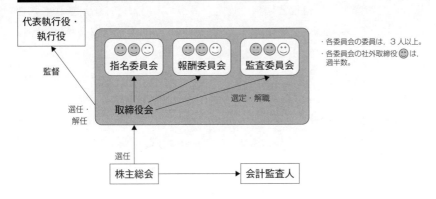

図表2-6 指名委員会等設置会社（2条12号）の機関設計

から選ばれることが一般的であった。取締役や監査役が社内での「アガリ」的な役職とされてきた日本の会社において，かつての上司にあたる代表取締役に対する監視・監督が十分に機能していたかどうかについては批判的な意見も多かった。そこで，指名委員会等設置会社では業務執行と監督の分離を制度として強化し，かつ，会社の外部者を取締役として選任することによって，業務執行に携わる者に対する監視・監督機能を高めようとしている。

　ただし，社外取締役ではない取締役は，執行役を兼務することができる（402条6項）。このことは，ともすれば業務執行と監督の分離を強化するという点と相いれないと感じるだろう。しかしながら，業務執行を監視・監督する上では経営現場の情報を得ることも有益な場合があるため，法は，執行役との兼務を禁止することまではしていないのである。もっとも，監査の独立性を確保するために，監査委員会の委員については，社外取締役ではない者も兼務が禁止されている（400条4項）。

3 　執行役・代表執行役

執行役

　指名委員会等設置会社では，執行役が，取締役会決議によって委任を受けた業務執行の決定および業務の執行を行う（418条）。執行役の資格，株主資格を

求める定款の定め，正当な理由がなく解任された場合の損害賠償請求，欠員の場合の措置など，取締役と同様の規定が置かれ，あるいは準用されている（402条4項・5項，403条2項・3項）。任期は，指名委員会等設置会社における取締役の任期と同様に，原則として1年である（402条7項・332条6項）。

執行役と会社との間の関係は，委任に関する規定に従うとされることから（402条3項），執行役は会社に対して善管注意義務を負うほか，執行役は業務執行を担うため，会社に対する忠実義務，競業および利益相反取引の制限，取締役会への報告など，取締役に課せられた義務や行為の制限に服する（419条2項）。

代表執行役

取締役会は執行役の中から代表執行役を選定しなければならないが，執行役が1人のときは，その者が代表執行役に選定されたものとされる（420条1項）。代表執行役は，いつでも，取締役会の決議により解職することができる（同条2項）。代表執行役は，指名委員会等設置会社の業務に関する一切の裁判上または裁判外の行為をする権限を有し，この権限に加えた制限は，善意の第三者に対抗することができない（同条3項，349条4項・5項）。

4 三つの委員会 ●

委員会の構成

取締役会に設置される三つの委員会，すなわち指名委員会，監査委員会，報酬委員会の委員（3人以上）は取締役の中から取締役会決議によって選定され，各委員会の委員の過半数は社外取締役でなければならない（400条1項〜3項）。もっとも，各委員会の委員の兼任は禁止されていないので，たとえば社外取締役A，Bがそれぞれの委員会の委員を兼任することも可能である。

指名委員会

指名委員会は，株主総会に提出する取締役らの選任・解任に関する議案の内容を決定する権限を有する（404条1項）。取締役会といえども，指名委員会が

決定した議案の内容を覆すことができない。

監査委員会

　監査委員会は，執行役・取締役の職務の執行を監査する権限を有し，監査報告を作成する（404条2項1号）。また，株主総会に提出する会計監査人の選任・解任・不再任に関する議案の内容を決定する（同項2号）。監査の実効性を確保するため，監査委員には，監査役と同様の兼任禁止規制が設けられ（400条4項），監査委員会が選定する監査委員には，監査役と同様の調査権限が与えられている（405条1項・2項）。さらに，監査委員には，取締役会への報告義務が課せられるほか，執行役・取締役の行為の差止請求権，会社と執行役または取締役との間の訴訟代表権も有する（406条〜408条）。

報酬委員会

　報酬委員会は，執行役等の個人別の報酬等の内容を決定する権限を有する。これは決定であり，取締役会での変更は許されない。執行役が支配人その他の使用人を兼ねているときは，その使用人としての報酬等の内容についても決定する（404条3項）。使用人の部分に該当する報酬が対象外とされると，使用人としての報酬を上積みすることによって報酬委員会の決定が意味をなさなくなるおそれがあるからである。報酬委員会の決定に関する方針は，事前に定められていなければならず，決定はこの方針に従わなければならない（409条1項・2項）。報酬等の決定は，個人別になされなければならず，これは，確定額，不確定額，金銭でないもの（ただし，当該会社の募集株式および募集新株予約権を除く）のいずれであっても同様である（同条3項）。

Column 2-21　社外取締役の「社外」とは？

　社外取締役は，会社の外部から登用される取締役をイメージしてもらえばよい。たとえば，他の企業の経営者のほか，弁護士，学者，公認会計士などである。

　会社または子会社の業務執行取締役や執行役，支配人その他の使用人など，

業務執行に携わる者やその指揮下にある者は社外取締役にはなれない。また，業務執行に携わる者やその指揮下にあった者で，その地位から離れて10年を経過していない者も同様である。加えて社外取締役の要件には，親会社や兄弟会社の取締役など，その業務執行に携わる者や，会社の業務執行に携わる者の配偶者や親族（2親等内）でないことも求められる（2条15号）。このように，業務執行に携わる者やその影響を受けるおそれのある者には社外性の要件を認めないというのが会社法の立場である。

　もっとも，親子会社間の取引など，会社と取締役（指名委員会等設置会社では執行役）の利益が相反する状況にあるときや，社外取締役以外の取締役（執行役）が会社の業務を執行することにより株主の利益を損なうおそれがあるときは，その都度，取締役会の決議（取締役会が設置されていない会社にあっては取締役の決定）により業務の執行を社外取締役に委託することができる（348条の2第1項・2項）。

　このとき，委託された業務を社外取締役が執行しても，社外取締役の社外性の要件が失われるわけではない（同条3項）。ただし，社外取締役が，業務執行取締役や執行役の指揮命令によって委託された業務を執行したときは，この限りではない（同項但書）。

監査等委員会設置会社

1　制度導入の背景

　上場会社の機関設計の多くは監査役会設置会社であり，⑤でみてきた指名委員会等設置会社を採用している会社は非常に少ない。これは，三つの委員会を強制的に設置しなければならないことに対する負担感や，また，各委員会の委員の過半数を社外取締役とし，多くの権限を各委員会に委ねることに対する抵抗感（とりわけ指名委員会と報酬委員会の設置に対して抵抗感が大きいといわれている）などが，各会社が指名委員会等設置会社へ移行することを躊躇した大きな理由と考えられている。そこで，平成26年会社法改正によって，新たに監査等委員会を設置する，監査等委員会設置会社という機関設計を選択する道が開

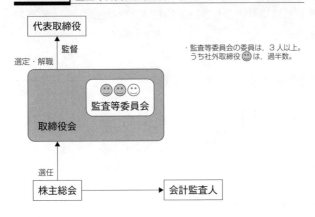

図表2-7 監査等委員会設置会社（2条11号の2）の機関設計

・監査等委員会の委員は，3人以上。
　うち社外取締役 😊 は，過半数。

かれた。

　図表2-7にみるように，監査等委員会設置会社では，監査等委員会，取締役会，代表取締役，会計監査人（監査役〔会〕の不設置）がワンパッケージとなっている。

2 監査等委員会設置会社の特徴

　監査等委員会設置会社では，指名委員会等設置会社のような執行役は存在しない。しかし，業務執行の決定権限を個々の取締役に委任することが認められているため，指名委員会等設置会社のメリットでもある取締役会の負担軽減と業務執行の迅速な意思決定を行うことが可能となる。すなわち，監査等委員会設置会社の取締役会は，原則として重要な業務執行の決定を取締役に委任できないが（399条の13第4項），①取締役の過半数が社外取締役である場合，または，②重要な業務執行の決定の全部もしくは一部を取締役に委任することができる旨を定款で定めた場合に，取締役会決議により重要な業務執行の決定を取締役に委任できる（同条5項・6項）。そして，①②の事項については，会社の登記を見れば確認することができるようになっている（911条3項22号ロ・ハ）。

　監査等委員会設置会社において取締役に決定を委任することができる業務執行の範囲は，指名委員会等設置会社において執行役に決定を委任することができる範囲と実質的に同一である（399条の13第5項但書・各号参照）。条文上は監

査等委員会設置会社において項目が少なくなっているように見えるが，監査等委員会設置会社には設置されない指名委員会や執行役に関する事項の記載がないからである。

3 監査等委員会の構成と役割 ─────────────●

監査等委員会の構成

　監査等委員会は，取締役である監査等委員3人以上で構成され，その過半数は社外取締役でなければならない（331条6項・399条の2第2項）。

監査等委員の独立性の確保

　監査等委員会設置会社においては，監査等委員の独立性を確保するため，監査役に対する規律に類似する仕組みがとられている。すなわち，株主総会における取締役の選任は，監査等委員である取締役とそれ以外の取締役とを区別してしなければならないとされている（329条2項）。また，監査等委員ではない取締役の任期は1年であるが，監査等委員である取締役の任期は2年で定款や株主総会の決議をもってしても，その任期を短縮することはできない（332条3項・4項）。加えて，取締役の報酬等についても監査等委員である取締役とそれ以外の取締役とを区別して定めることが要求され，監査等委員である取締役は，株主総会において，その報酬等について意見を述べることができる（361条2項・5項）。

監査等委員会の役割

　監査等委員会の役割は，指名委員会等設置会社における監査委員会の役割に加え，指名委員会，報酬委員会の役割の一部が加えられたものとなっている。
　監査等委員会の職務とされるのは，まず，指名委員会等設置会社の監査委員会と同様に，①取締役の職務の執行の監査および監査報告の作成，②株主総会に提出する会計監査人の選任・解任・不再任に関する議案の内容の決定（399条の2第3項1号2号）である。そして，これらの実効性を確保するため，監査等委員会ないしは監査等委員（あるいは監査等委員会が選定する監査等委員）には，

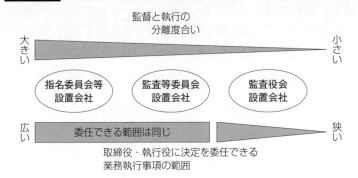

図表 2-8 監査等委員会設置会社と監査役会設置会社・指名委員会等設置会社

監督と執行の
分離度合い

大きい　　　　　　　　　　　　　　　　　　　　小さい

指名委員会等
設置会社

監査等委員会
設置会社

監査役会
設置会社

広い　　委任できる範囲は同じ　　　　　　　　　狭い

取締役・執行役に決定を委任できる
業務執行事項の範囲

監査役あるいは監査委員と同様の権限，すなわち，調査権，報告義務，取締役の行為の差止請求権，さらには訴訟代表権などの権限が与えられている（399条の3～399条の7）。

　これに加え，③監査等委員以外の取締役の選任等と報酬等につき意見を決定する職務を有し（399条の2第3項3号），株主総会において，これらの意見を述べることができる（選任等につき342条の2第4項，報酬等につき361条6項）。この③の職務と権限が，「監査等」の「等」の部分にあたるのであり，③の選任等に関わる部分が指名委員会の役割の一部を，報酬等に関わる部分が報酬委員会の役割の一部を担うものとして設計されている。

4　監査等委員会設置会社と他の機関設計との比較 ──────●

　図表2-8にみるように，監査等委員会設置会社のメリットに着目すると，従来の監査役会設置会社と指名委員会等設置会社の中間に位置付けられることがわかるだろう。すなわち，監査等委員会設置会社では，指名委員会等設置会社で必置される三つの委員会を設置する必要がなく，唯一の委員会である監査等委員会を設置することで足りる。これまで実務においては，株主総会に提出する取締役らの選任・解任に関する議案の内容を決定する権限を有する指名委員会の設置に対しては抵抗感が大きいと指摘されてきた。他方で，監査等委員会設置会社は，業務執行取締役に重要な業務執行の決定を委ねることができるために，指名委員会等設置会社と同じレベルで，迅速な経営を行うメリットを

享受することができる。

　取締役への権限の委任により迅速な業務執行の意思決定や効率的な取締役会の運営の実現を考える従来の監査役会設置会社は，監査等委員会設置会社への移行が進んでいる（→Column 2-22）。

Column 2-22　上場会社における機関設計の状況

　これまでに指名委員会等設置会社に移行した上場会社は 131 社あるが，その後，監査役会設置会社や監査等委員会設置会社への再移行や，グループ再編等により非上場化した会社などがあり，2020 年 8 月 3 日現在，指名委員会等設置会社の機関設計を採用する上場会社は 77 社である（日本取締役協会「指名委員会等設置会社リスト（上場企業）」参照）。

　このうち，東京証券取引所に上場している指名委員会等設置会社は 76 社であり，東証に上場している会社全体（3677 社）に占める割合は 2％ 程度である（株式会社東京証券取引所「東証上場会社における独立社外取締役の選任状況及び指名委員会・報酬委員会の設置状況」〔2020 年 9 月 7 日〕参照）。

　指名委員会等設置会社である代表的な会社としては，日立製作所，東芝，三菱電機，ソニーグループ，HOYA，オリックス，東京電力などが挙げられる。最近では，経営トップへの権限の集中が不正行為に繋がったとして，社外取締役らから構成される特別委員会の提言を受けた日産自動車が指名委員会等設置会社に移行したケースがある。

　また，東京証券取引所に上場している監査等委員会設置会社はすでに 1106 社になる（同上参照）。平成 26 年会社法改正で監査等委員会設置会社が導入されてわずか数年で，東証に上場している会社全体の 30％ を超えるまでに増加している。

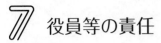

7 役員等の責任

1 総　説

本章ではこれまで取締役らが適切に職務を行うことを確保する仕組みとして，各機関が有する様々な役割や機能をみてきたが，本節では役員等 ^{用語} の責任についてみていこう。

役員等の責任を定める規定は，損害を被った会社や第三者の損害をてん補する機能をもつほか，役員等の行為を規律付ける大事なルールであると考えることができる。

役員等の責任には，役員等が会社に対して負う責任（→**2**）と，役員等が第三者に対して負う責任（→**3**）がある。これらは役員等がその任務を怠った行為について，役員等に損害賠償を請求することによる事後的な救済手段である。これに対して，取締役や執行役の違法行為をやめさせる事前の救済手段として機能するものが，違法行為の差止め（→**4**）である。

2 役員等の会社に対する責任

SCENE 2-14

青葉「課長，法務部内が何だか慌ただしいようですね。」
千種課長「実は，株主から取締役の責任を追及するように会社に請求があったんだよ。」
青葉「それは大変‼　でも，どのような理由で訴えているのでしょうか。」
千種課長「一昨年，東南アジアで新規事業を立ち上げたのを知っているよね。その事業がうまく軌道に乗っていなくて，会社が損失を出したことに対して，株主が取締役の責任を追及するように言ってきたというわけさ。」

取締役らが会社に対して負う義務に違反した場合，会社法はどのようなルールを定めているのだろうか。以下では役員等の会社に対する損害賠償責任につ

―――――― notes

^{用語} **役員等**　　取締役，会計参与，監査役，執行役，会計監査人のことをいう（423条1項括弧書）。

いてみていこう。

任務懈怠責任

　会社の受任者として，役員等は会社に対して善管注意義務および忠実義務を負っており（330条〔民644条〕・355条），役員等が職務の執行上，任務を怠り会社に損害が生じた場合，役員等は会社に対してその損害を賠償する責任を負う（423条1項）。このように役員等がその任務を怠ったことを任務懈怠というが，本条の責任は，役員等の会社に対する債務不履行責任の一つと位置付けられ，役員等の損害賠償責任の有無を判断するにあたっては，次の各要件に該当するか否かを検討することになる。すなわち，①役員等に任務懈怠があること，言いかえれば，役員等が善管注意義務を尽くしてその職務を行うべき債務に不履行があること，②役員等に帰責事由があること，③会社に損害があること，④①の任務懈怠と会社の損害との間に因果関係があることである。なお，②については，他の三つの要件と異なり，帰責事由がないということは役員側が証明しなければならない。

　次に，とりわけ取締役の責任を中心に，任務懈怠責任を構成する各要件を具体的なケースで検討していこう。

(1)　取締役の業務執行における経営判断

> 【ケース1】A社は東南アジア市場への事業の進出を検討した。事業の進出に際しては，綿密な情報収集や現地調査を行い，慎重な手続を経て取締役会決議で決定したが，結果的に当初の計画どおりには売上が伸びず，多額の損失を計上せざるを得なくなった。このような場合，A社の取締役は会社に対して責任を負うだろうか？

　取締役の業務執行に対して善管注意義務が尽くされたか否か（①の要件）の判断にあたっては，経営判断原則との関係が重要となる（→**3 4 善管注意義務**(1)）。^{81頁}すなわち，取締役の経営判断には常にリスクがあるとの前提に立ち，事実の認識に基づく意思決定の過程または内容に通常の取締役として期待される水準に比べて著しく不合理と評価される場合にのみ，取締役の義務違反が認められる。取締役の義務違反の認定に際して裁判所は慎重であるべきとされ，結果論的な

判断がなされてはならない。**ケース1**では，東南アジア市場に進出することのメリットやリスクなどについて詳細な調査を行い，取締役会で慎重に討議を重ね，現地の事情に精通している弁護士などのアドバイスも得た上で最終的には取締役会決議で決定したとしよう。この場合，東南アジア市場への進出という経営判断を行った取締役に対して，その意思決定の過程または内容に著しく不合理な点がない限り，取締役は善管注意義務に違反していないと判断されるであろう。このように，取締役の経営判断の合理性が問われる場面において，①の要件に該当するか否かは，結局は取締役としての帰責事由の有無を検討することでもあり，②の要件と重なる（仮に，取締役に任務懈怠があると認められた場合，取締役が自分に帰責事由がないことを証明することは困難といえる）。

(2) 取締役の監視義務違反（不作為による任務懈怠）

> **【ケース2】**上場会社であるB社経理部の担当課長が，架空の売上を計上し，後にそれが発覚したことでB社に多額の損害が生じた。B社ではその事業規模や特性に応じたリスク管理体制（内部統制システム）がとられていたが，架空売上の計上は第三者を介して極めて巧妙に行われていた。このような場合，不正行為を発見することのできなかったB社の取締役は会社に対して責任を負うだろうか？

取締役会設置会社における取締役には善管注意義務の一つとして相互に他の取締役の職務の執行を監視・監督することが期待されている。監視・監督義務に違反した取締役は，任務懈怠責任が問われる可能性がある（→③**4善管注意義務**(2)）。
_{84頁}

　もっとも，大規模な会社では，その業務の多くは各業務担当取締役の下で階層的に従業員に委ねられるため，個々の取締役が他の取締役の職務の執行や従業員を直接的に監視することは現実的ではない。そこで大会社である取締役会設置会社では，業務執行の決定として内部統制システムを構築する義務があると一般に考えられている。前述した①の要件に関して，善管注意義務の一環として内部統制システムが適切に機能している会社では，何らかの不正行為が行われた結果，会社に損害が生じたとしても直ちに取締役の任務懈怠責任が問われるわけではない。**ケース2**では，取締役の任務懈怠の有無を判断するに際し，

従業員の不正行為が容易には想定できないような巧妙な手段で行われていたことが認定されれば，それを発見できなかった取締役は，B 社に対する任務懈怠責任を免れるであろう（最判平成 21・7・9 判時 2055 号 147 頁〔百選 50〕参照）。

Column 2-23　法令違反行為と取締役の責任

　証券会社 C 社は，大口顧客に対して株式の売買から生じた損失を補てんする行為 用語 を行っていたが，その当時，C 社の取締役も当該行為が違法であることを認識しておらず，また公正取引委員会も特に問題視していなかった。このような場合，C 社の取締役は，会社の損害（C 社が補てんした金額）を賠償する責任を負うだろうか？

　取締役が法令を遵守して職務を行うことは当然である（355 条）ので，法令に違反する行為と知って職務を行った取締役は任務懈怠となる（前述の要件①に該当する）。法令に違反することを認識できなかったような場合について，判例は，認識を欠いたことについて過失がなかったとして取締役の責任を否定している（最判平成 12・7・7 民集 54 巻 6 号 1767 頁〔百選 47〕）。すなわち，取締役が帰責事由がなかったことを証明すれば（債務不履行責任を構成する要件②に該当しないため），取締役は会社に対する損害賠償責任を負うことはない。

▌競業・利益相反取引に関する任務懈怠責任の特則

　取締役による競業取引や利益相反取引は，取締役が会社の利益に優先して自己の利益を追求する懸念がある取引である（→③4 忠実義務　87頁）。そこで会社法は，任務懈怠による責任規定（423 条 1 項）の特則を定めることで，取締役に対して一段と慎重な判断を求め，任務懈怠を抑止する手段を講じている。

　取締役が取締役会の承認を得ずに競業取引を行った場合，当該取引によって

---

notes

　用語 **損失補てん**　1980 年代後半に，証券会社が大口の取引先に対して，投資家が被った損失を事後的に埋め合わせる行為が大きな批判を呼んだ。当時は，こうした損失補てんを直接に規制する規定は存在しなかったが，平成 3 年の証券取引法改正で禁止されることになった（現在は金商法 39 条で禁止されている）。

取締役または第三者が得た利益の額は会社の損害額と推定される（423条2項）。また，取締役が所有する土地を，自身が取締役を務める会社に対して売却するといった利益相反取引により会社に損害が生じた場合，取引をした取締役だけではなく，会社が当該取引をすることを決定した取締役や当該取引に関する取締役会の承認決議に賛成した取締役についても任務懈怠が推定される（同条3項）。このように，結果的に会社に損害が生じれば，取締役会の承認を得ていたことは取締役が任務懈怠責任を免れる理由にはならない。

　さらに，前述の土地の売却事例のように，取締役が自己のために会社と直接取引をした場合，任務を怠ったことが当該取締役の責めに帰することができないことを理由に責任は免れることができない（428条1項）として，当該取締役に対して無過失責任が課されている。

Column 2-24　利益供与や違法な配当を行った取締役の責任

　会社法は，任務懈怠を原因とする責任のほかにも，取締役の会社に対する責任を規定している。

　まず，会社が株主等の権利の行使に関して財産上の利益の供与を行った場合，利益供与に関与した取締役は，会社に対して連帯して，供与した利益の価額に相当する額を支払う義務を負う（120条4項。→第**3**章**1⃣4**）。ただし，取締役はその職務を行うについて注意を怠らなかったことを証明すれば支払義務を負わない（同項但書）。当該利益供与を行った取締役については無過失責任が課されている。

　次に，分配可能額を超えて違法に株主に対して剰余金の配当を分配した取締役は，会社に対して連帯して，株主が受けた金銭等の帳簿価額に相当する金銭を会社に支払う義務を負う（462条1項。→第**5**章**5⃣6**）。ただし，取締役がその職務を行うについて注意を怠らなかったことを証明すれば支払義務は負わない（同条2項）。

責任を負う者

　会社に対して責任を負う者は，任務懈怠の行為（または不作為）をした取締

役ら役員等であるが，こうした行為が取締役会等の決議に基づいてなされたものであれば，その決議に賛成した者にも，それが任務懈怠になる場合には責任が生じる。決議に参加した取締役は，議事録に異議をとどめておかなければ決議に賛成したものと推定される（369条5項）。

任務懈怠により会社に生じた損害を賠償する責任を負う取締役らが複数いる場合，これらの者の責任は連帯責任であり（430条），各取締役らが負担する賠償額は同じであることが原則である。もっとも，上場会社などにおいては損害賠償額が巨額になることもあり，任務懈怠行為に関与した度合い（たとえば実際の取引に関与した者か，あるいは監視義務を怠った者かなど）や責任を負うべき期間の長短など，取締役の責任原因の関与に応じて各取締役らが負うべき損害額を個別に算定するべきであるとする見解がある。この点，賠償責任を認めた裁判例においては，個々の取締役らの寄与度に応じて損害賠償額を減額する実務もみられる（大阪地判平成12・9・20判時1721号3頁〔大和銀行ニューヨーク支店損失事件株主代表訴訟〕など）。

上記の大和銀行ニューヨーク支店損失事件株主代表訴訟は，取締役の内部統制システム構築義務に関するものであるが（→³4 善管注意義務(3)(a)^{86頁}），内部統制システムの構築においては，それと密接に関連する職務を担う監査役の役割も大切である。監査役が，取締役（会）に対して内部統制システムを構築するよう助言・勧告を行わず，また，資金流用など不当な行為を行っていた代表取締役を解職すべきであることを取締役会に助言・勧告しなかった場合において，監査役の任務懈怠責任が認められた裁判例がある（大阪高判平成27・5・21判時2279号96頁〔百選A31〕）。

役員等の責任の免除・軽減（一部の免除）

(1) 総 説

423条1項の任務懈怠を原因とする役員等の会社に対する責任を免除するためには，総株主の同意が必要である（424条。なお，利益供与や違法な剰余金の配当に関する取締役らの責任の免除についてはそれぞれ120条5項・462条3項但書参照）。後述するように，役員等の責任を追及する株主代表訴訟は単独の株主権とされており，このこととの平仄から，責任の免除にはすべての株主の同意が必要で

ある（ただし，訴訟上の和解をする場合については総株主の同意は必要としない。850
条4項。**→株主代表訴訟(2)(e)**）。
^{134頁}

　もっとも，多数の株主がいる上場会社では，すべての株主から同意を得ることは実際には困難である。また，会社が相応のリスクを負って事業を行う以上，取締役らが萎縮せずに適切な経営判断を行うためには，取締役らの責任を一定限度で軽減することにも合理性がある。そこで会社法は，役員等の責任の一部を免除（軽減）する規定を定めている。

(2)　軽減の制度趣旨と対象

　役員等の責任を軽減する制度の趣旨は，取締役らの業務執行の萎縮を防ぐといった理由のほかにも，社外取締役を確保するという実務の要請に応える点がある。平成12年に出された巨額の損害賠償を取締役に命じた判決（前掲大阪地判平成12・9・20。**→₃4善管注意義務(3)(a)**）は経済社会に大きな衝撃を与えたため，^{86頁}平成13年商法改正において責任の軽減制度が導入された。

　軽減の対象となるものは，423条1項が定める任務懈怠責任に限定され，役員等が職務を行うにつき善意かつ重大な過失がないときに限り軽減することが可能である（重過失の意義について，監査役〔役員等〕としての任務懈怠に当たることを知るべきであるのに，著しく注意を欠いたためにそれを知らなかったことであると解すべきとする裁判例がある〔前掲大阪高判平成27・5・21〕）。利益供与や違法な剰余金の配当に関する取締役の責任については軽減することができない。また，自己のために会社と直接取引した取締役の責任も軽減できない（428条2項）。

(3)　責任の軽減手続

　役員等の責任を軽減する手続については，①株主総会決議による軽減（425条1項），②取締役会決議による軽減（426条1項），③責任限定契約による軽減（427条1項）の三つの方法がある。①と②は，実際に役員等に責任を負うべき事情が生じた後の事後的な手続であるのに対し，③は，役員等に責任事由が生じる前の事前の手続である。

(a)　株主総会決議による軽減

会社法は，株主総会の特別決議により，役員等の会社に対する損害賠償責任額を軽減することを認めている（425条1項）。軽減できる額は，賠償責任を負う額から最低責任限度額を控除した額を限度とする。責任額をゼロにすることはできない。最低責任限度額は，役員等が在職

図表 2-9 最低責任限度額

イ　代表取締役，代表執行役：**6 年分**

ロ　代表取締役以外の取締役（業務執行取締役等であるもの），代表執行役以外の執行役：**4 年分**

ハ　取締役（イ，ロの者を除く），会計参与，監査役，会計監査人：**2 年分**

中に会社から得た職務執行の対価（または受けるべき財産上の利益）の 1 年間あたりの相当額に，各役員等の区分により定められた年数分（→図表 2-9 参照）を乗じて算出される（同項 1 号，会社則 113 条）。この決議を行う場合，取締役は株主総会において責任の原因となった事実や賠償額，最低責任限度額のほか，その理由などを開示する（425 条 2 項）とともに，当該議案を株主総会に提出する際に，監査役全員の同意を得なければならない（同条 3 項）。

(b) 取締役会決議による軽減　　取締役が 2 人以上で，かつ監査役設置会社においては，取締役会の決議（取締役会が設置されていない会社では取締役の過半数の同意）により，役員等の責任を軽減することを定款に定めることができる（426 条 1 項）。これは取締役の責任の一部を免除する権限をあらかじめ取締役会に授権する方法である。この方法は，責任原因となった事実の内容やその役員等の職務の執行の状況その他の事情を勘案して特に必要と認めるときに限り可能である。定款で責任を軽減する議案を株主総会に提出する場合と，責任軽減に関する議案を取締役会に提出する場合には，監査役全員の同意が必要である（同条 2 項）。なお，この決議を行った場合，責任の原因となった事実や賠償額，最低責任限度額のほか，その理由などを株主に通知し，総議決権の 100 分の 3 以上（定款で引下げが可能）を有する株主から異議があると，この方法による責任の軽減はできない（同条 7 項）。

　もっとも，役員等に責任が生じたあとの手続である①と②による責任の軽減方法が利用される場面は限定的といえる。なぜなら，実際に裁判で役員等の責任が認定されたにもかかわらず，株主総会や取締役会による決議で責任を軽減することは事実上難しいからである。そこで実務上は，以下の③の手続が重要である。

(c) 責任限定契約による軽減　　非業務執行取締役等 [用語] については，定款

に定めた額の範囲内であらかじめ会社が定めた額と，最低責任限度額とのいずれか高い額を限度として責任を限定する契約を締結することができる旨を定款に定めることができる（427条1項）。

　責任限定契約を締結すれば責任限度額が明確化するために，実務上，会社は社外取締役らを確保する上でのメリットがある。もっとも，将来，いかなる責任が生じるかが不確定な状況下で，あらかじめ取締役らの責任を限定する契約を締結することに対しては，会社や株主保護の観点から問題が残るとの指摘もある。定款を変更して責任限定契約を締結する旨の定款の定めを設ける議案を株主総会に提出する場合については，監査役全員の同意が必要である（427条3項）。

　(d)　**会社役員賠償責任保険（D&O保険）**　　実務においては，会社役員賠償責任保険（Directors & Officers〔D&O〕保険）があり，訴訟を提起された役員等が被る損害をてん補する役割を担っている。従来，D&O保険は，基本契約（基本補償部分）と株主代表訴訟特約（株主代表訴訟補償特約）に分けられており，前者の保険料を会社が負担し，後者の保険料を役員等が負担することが一般的であった。

　しかし，役員等の注意義務違反に基づく賠償責任は，職務執行において避け難いリスクである。有能な人材を役員として獲得し，積極的な経営を促すためには会社が役員等の被る損害をてん補する保険の保険料を支払うことが望ましいとの考え方もある。もっとも，会社が保険料を支払うと，会社と役員等との間に利益相反関係が生じる。

　そこで，令和元年会社法改正によって，「役員等のために締結される保険契約」に関する規律が設けられた。すなわち，役員等がその職務の執行に関し責任を負うことまたは責任の追及を受けることによって生じる損害を保険者がてん補する保険契約の内容を会社が決定するには，取締役会の決議（取締役会を設置していない会社においては株主総会）が必要とされ（430条の3第1項），その内容は事業報告で開示される（会社則119条2号の2・121条の2）。これらの手続

用語 **非業務執行取締役等**　　取締役（業務執行取締役等を除く），会計参与，監査役，会計監査人をいう。

を遵守すれば，利益相反取引規制は適用されず（430条の3第2項），民法108条（自己契約・双方代理）の適用もない（430条の3第3項）。

株主代表訴訟

役員等が任務を懈怠するなどして会社に損害が生じた場合，役員等は会社に対して損害を賠償する責任を負うが，この場合，会社を代表して責任を追及するのは監査役設置会社であれば監査役である（386条1項）。監査役を設置していない会社では代表取締役（349条4項），または株主総会・取締役会が代表する者を定めることができる（353条・364条）。

もっとも，日本では過去に取締役であった者が監査役として職務を行っている場合も少なくはなく，役員間の同僚意識などから会社が役員等の責任追及を行うことを期待することが難しい側面がある。そこで会社法は，株主自らが会社のために役員等の責任を追及するなどの訴えを提起することを認めている。会社に代わり株主が訴えを提起するので，これを株主代表訴訟という（847条1項）。

(1) 代表訴訟の対象

株主は，会社が役員等に対して有するあらゆる請求権について代表訴訟を提起できるわけではない。なぜなら，請求権を行使するか否かは，取締役の経営判断の問題だからである。そこで会社法は，取締役の裁量権が制約されすぎることを防ぐため，847条1項が規定する請求権に限り，会社に代わり株主に対して訴訟追行を認めている。

すなわち847条1項が規定するように，代表訴訟の対象となるものは，①役員等の責任追及のほか，発起人・設立時取締役・設立時監査役・清算人の責任を追及する訴え，②違法に財産上の利益供与を受けた者からの利益の返還を求める訴え（120条3項），③不公正な払込金額によって募集株式や募集新株予約権を引き受けた者に差額の支払いを求める訴え（212条1項・285条1項）のほか，④出資の履行（設立時の払込みまたは新株予約権に係る払込みなど）を仮装した募集株式の引受人（新株予約権者など）の責任を追及する訴え（102条の2第1項・213条の2第1項・286条の2第1項）に限られている。

以下では，日本で主に株主代表訴訟の対象になっている①の責任追及につい

てみてみよう。

①の訴えについては，株主が追及できる責任の範囲が明らかではなく，取締役が会社に対して負担する一切の債務が含まれるとする見解と，任務懈怠責任などの役員等の地位に基づく責任に限られるとする学説上の見解とが対立していた。これらの見解の対立の根底には，代表訴訟制度が担う監視・監督機能のあり方をどのように考えるかという価値判断の違いがある。後者の見解は，取締役が会社に対して負担する一切の債務についてまで本条の責任の対象とすると，代表訴訟が提起できる範囲が広すぎ，取締役の経営判断の裁量権を過度に制約する結果になることなどを理由とする。こうした見解の対立がある中で，最判平成 21・3・10 民集 63 巻 3 号 361 頁〔百選 64〕は，取締役が会社との取引によって負担することになった債務についても会社に対して忠実に履行すべき義務を負うとして，取締役の責任には取締役の会社に対する取引債務が含まれることを明らかにした。

(2) 訴訟手続

(a) 訴えの提起　株主（公開会社では，6 か月前〔定款で引下げが可能〕から引き続き株式を有する株主）は，単独で会社に対して，取締役らの責任を追及する訴えの提起を請求することができる（提訴請求）。提訴請求は，会社が有する請求権について訴訟を提起するか否かを判断する機会を会社に与えるためのものである。提訴請求の日から 60 日以内に会社が責任追及等の訴えを提起しない場合には，提訴請求を行った株主は会社のために代表訴訟を提起することができる（847 条 1 項〜3 項）。また，会社が訴えを提起しない場合，提訴請求した株主が請求すれば，会社は訴えを提起しない理由を書面などで通知しなければならない（同条 4 項）。不提訴理由を通知する制度は，株主に比べて多くの情報をもつ会社に対してその理由の開示を義務付けることで，会社に十分な調査を行わせる点に意義がある。

　親会社の株主は，親会社に代わり，その子会社の役員等の責任を追及するなどの訴えを提起することができ，これを多重代表訴訟という。平成26年の会社法改正で新たに導入された制度である。

　わが国の上場会社の多くは企業グループを形成しているが，子会社の役員等の任務懈怠責任を親会社の株主が追及することは，これまでできなかった。

　しかし，一般に，子会社の取締役らは親会社から出向している場合が多く，同僚意識などから親会社による子会社の役員等の追及が期待できないといった背景があり，制度の導入が検討されてきた経緯がある。そこで平成26年会社法改正では，会社の完全親会社 用語 等の総株主の議決権または発行済株式の1％以上を有する株主は，完全子会社の株式の帳簿価額が完全親会社等の総資産額の5分の1を超える場合，役員等の責任追及ができることになった（特定責任追及の訴えという）。企業グループにおける代表訴訟制度の実効性を確保する一方で，原告適格を少数株主に限定したほか，前述の責任追及の訴えが株主や第三者の不正な利益を図り，または会社に損害を加えることを目的とする場合や，責任の原因となった事実により完全親会社に損害が生じていない場合には責任追及の訴えができないようにするなど，濫訴を防止する工夫が取り入れられている。

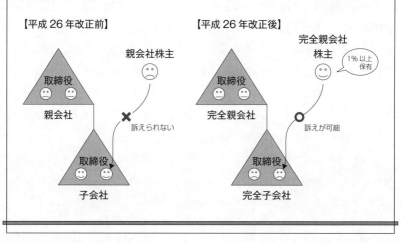

notes ──●

用語 完全親会社　　特定の株式会社の発行済株式の全部を有する株式会社その他これと同等のものとして法務省令で定める株式会社をいう。

(b) **提訴費用**　　代表訴訟に勝訴しても株主に直接利益は帰属せず，損害賠償の支払いは会社に対してなされる。したがって，代表訴訟は財産権上の請求ではない請求に係る訴えとみなされるため（847条の4第1項），訴えの提起費用は一律に1万3000円である（民訴費4条2項）。こうした一律の費用が法に明記された平成5年以降，代表訴訟件数は急激に増加することになった。

(c) **不適切な訴えを防ぐ制度**　　代表訴訟は単独株主権であるために，濫用目的や多数の株主の利益に反する訴訟が提起されないともいえない。そこで，株主もしくは第三者の不正な利益を図り，または会社に損害を加えることを目的とする場合には，訴えは不適法ゆえに却下される（847条1項但書）。訴えの提起が原告株主の悪意によるものであることを被告取締役らが疎明（証明のように確信ではないが，確からしいという推測を裁判官にもたせること）した場合には，裁判所は，被告の申立てにより原告株主に対して相当の担保提供を求めることができる（847条の4第3項）。これは，被告取締役らが勝訴した場合に，原告株主に対する不法行為による損害賠償請求権を担保するものとされている。

また，原告となった会社などが意図的に手を抜いて訴訟に負けるなど，役員側に有利に事を運ぶような訴訟を「なれ合い訴訟」という。こうした「なれ合い訴訟」を防ぐために，他の株主や会社は共同訴訟人として訴訟に参加することができる（**訴訟参加**。849条1項）。他の株主が訴訟に参加する機会を保障するため，責任追及等の訴えを提起した株主は，遅滞なく会社に対して訴訟告知をしなければならず，また，会社が責任追及等の訴えを提起したとき，または訴訟告知を受けたときは，会社は，遅滞なくその旨を公告または株主に通知しなければならない（849条4項・5項）。

会社が役員等に責任がないと判断した場合には，会社は被告である役員側に補助参加することができる。ただし，会社が取締役（監査等委員や監査委員を除く）らに補助参加する場合においては，会社が適正な判断の下で訴訟に参加することを担保するため，監査役の同意が必要とされている（849条3項）。

(d) **判決の効果・費用等の請求**　　代表訴訟による判決の効果は，勝訴・敗訴ともに会社に及ぶ（民訴115条1項2号）。代表訴訟は，株主が会社のために訴えを提起するため，会社が勝訴した場合の損害賠償の支払いは全額が会社に帰属する。ただし，株主が勝訴した場合，支出した必要な費用や弁護士報酬の

相当額については会社に支払いを請求することができる（852条1項）。また，株主が敗訴した場合についても，提訴した株主に悪意があったときを除いて，株主は損害賠償責任を負わない（同条2項）。

(e) 和 解　代表訴訟は，訴訟上の和解によっても終了する（850条）。役員等の責任を免除するには総株主の同意が必要であるが，訴訟上の和解を行うために総株主の同意はいらない（同条4項）。

Column 2-26　株主代表訴訟における和解

　すべての株主の同意を必要としない和解は，役員等に不当に有利な内容でなされるおそれがある。そこで，和解をするには，監査役設置会社においてはすべての監査役の同意を得なければならないとしている（849条の2）。また，会社法は，会社が和解の当事者でない場合において，裁判所が和解内容を会社に通知し，反対であれば異議を述べるように催告しなければならない旨を定めている（850条2項・3項）。

　しかし，実際の株主代表訴訟では，訴訟のイニシアティブをもつ訴訟代理人にとって，報酬等が確実に支払われることが重要となるために，必ずしも会社の利益を最大化する条件で和解がなされるとはいえない。そこで，こうした代表訴訟における和解の弊害を防ぐために，裁判所が実質的に和解内容に関与するべきであるとの見解も有力である。

3　役員等の第三者に対する責任

┃総 説┃

　①役員等がその職務を行うについて悪意または重大な過失があったときは，連帯して，これによって第三者に生じた損害を賠償する責任を負う（429条1項）。また，②役員等が計算書類等の重要な書類に記載すべき事項について虚偽の記載などを行ったときは，役員等が当該行為をすることについて注意を怠らなかったことを証明しない限り，連帯して，第三者に生じた損害を賠償する責任を負う（同条2項）。②は，会社における情報開示の重要性および虚偽の情報開示が第三者に与える影響の大きさから立証責任を役員等に転換した過失責

任とされている。これら①と②を役員等の第三者に対する責任という。

責任の性質

本条の責任の性質について判例（最大判昭和44・11・26民集23巻11号2150頁〔百選66〕）は，民法上の不法行為責任とは別個の特別の法定責任であると解している。役員等は会社との間では委任関係にあり，会社に対して受任者として善管注意義務および忠実義務を負っているのに対し，会社以外の第三者との間では特段の関係を有していない。しかしながら，会社が経済社会において重要な地位を占め，その活動が特に取締役の職務の執行に依存するものであることを考慮して，第三者保護の観点から，役員等が悪意または重過失により善管注意義務および忠実義務に違反し，第三者に損害を被らせたときは，役員等の任務懈怠行為と第三者との損害との間に相当の因果関係がある限り，役員等は直接に第三者に対して損害賠償責任を負う。第三者は，その任務懈怠について役員等の悪意または重過失を主張立証すれば，自己に対する加害について故意または過失のあることを主張する必要はない。

本条は，倒産した中小規模の会社の取引先債権者などが，当該会社の取締役の責任を追及し，債権の回収を図る場面で典型的に利用されてきた規定であり，本条による裁判例は非常に多い（支払見込みがないにもかかわらず，手形を振り出した事例や，商品を購入するなどして会社を破綻させた取締役の責任が認められた事例〔最判昭和41・4・15民集20巻4号660頁，最判昭和51・6・3金法801号29頁〕など）。

損害の類型

役員等の第三者に対する責任が問題となる場合，間接損害と直接損害に大別される。間接損害とは，役員等の悪意・重過失により会社が損害を被り，その結果として第三者に損害が生じる損害である。これに対して直接損害とは，役員等の悪意・重過失により会社に損害は生じていないが，直接に第三者に生じる損害である。

(1) 間接損害のケース

取締役が放漫な経営を行った結果，会社が倒産したような場合，会社が損害を被った結果として第三者が損害を被ることになる。

(2) 直接損害のケース

代金を支払う見込みがないにもかかわらず，第三者から商品の仕入れを行い，手形を振り出した場合，手形を振り出した会社に損害は発生しないが，直接に第三者が損害を被ることになる。

Column 2-27　会社補償

　会社は，役員等との間で，役員等がその職務の執行に関して生じた費用や損失を補償する契約（補償契約）を締結することができる（430条の2）。補償の対象となるのは，①役員等の法令違反が疑われ，または責任の追及にかかる請求を受けたことに対処するための費用（防御費用）のほか，②第三者に生じた損害を賠償する責任を負う場合の損失（賠償金や和解金）である。

　従来の実務でも，役員等は，自らに過失がなかった場合などには，裁判に要した費用について，受任者による費用償還請求（330条，民650条）を根拠に会社に請求することができた。しかし，会社補償については，解釈上の疑義があったことから，実務上，利用しづらい点が指摘されていた。そこで令和元年会社法改正では，役員等の経営の意思決定に対する萎縮を防ぐために手続や補償の対象となる範囲を明らかにした。その一方で，役員等が自己もしくは第三者の不正な利益を図ったり，会社に損害を加える目的で職務を執行したことを知った場合には，会社は役員等に対して補償した金額相当額の返還を請求できることとするなど，役員等に適切なインセンティブを付与する工夫がなされている。

　なお，会社補償の手続を遵守することで，会社と役員等との間の利益相反性を回避できる点は，前述のD&O保険と同様である（430条の2第6項・7項）。
129頁

　会社を設立する友人に頼まれて取締役に就任したA君。ところが，友人の会社は杜撰な経営を行っていたために，創業間もなくして倒産してしまった。名義を貸しただけで実質的には会社の職務には一切携わっていなかったA君は，役員等の責任を負うことになるだろうか。

　古い判例には，このような「名目的取締役」（→72頁用語）の監視義務違反を認めたものがある（最判昭和48・5・22民集27巻5号655頁〔百選67〕）。しかし，責任の有無については，名目的取締役が経営者に対して行使できる影響力がどれほどのものであったかを考慮して検討することが合理的であろう。実際，最高裁判例が出されたあとでも下級審裁判例の多くは，ワンマンな経営者に対する名目的取締役の監視義務の履行には限界があることを認め，名義を貸しただけで，実際の職務に関与していなかった取締役について，その行為と責任の因果関係がないことを理由に，責任を認めないものが多い。

4　違法行為の差止め

　役員等の会社に対する責任や第三者に対する責任を定めた規定は，いずれも損害賠償請求により会社または第三者の損害をてん補する事後的な救済手段である。もっとも，取締役・執行役に損害賠償を支払う資力がない場合など，事後的手段では救済が不十分なことがありうるため，会社や第三者に損害が発生する前に，予防的に取締役らの違法行為などを差し止める手段が必要である。

　会社は取締役会や監査役（会）などを設置し，これらの機関が取締役らの違法行為を事前に監視・監督する役割を担っている。しかし，こうした役割が常に機能するとはいえないために，会社法は株主に対して取締役らの違法行為などの差止請求権を認めている。すなわち，取締役・執行役が会社の目的の範囲外の行為その他法令・定款に違反する行為をし，またはこれらの行為をするおそれがある場合において，会社に「回復することができない損害」が生じるおそれがある場合，6か月（定款で引下げが可能）前から引き続き株式を有する株主は，単独でその取締役・執行役に対して当該行為をやめることを請求するこ

とができる（360条1項・3項, 422条）。

　なお, 会社に「著しい損害」が生じるおそれがある場合には, 株主は差止請求権を行使することはできず, 監査役がその権限を行使する（385条・399条の6・407条）。「著しい損害」は「回復することができない損害」よりもその損害の程度が軽く, この場合の違法行為を差し止める役割は, 監査役らが担っているとされるからである。

　差止請求の対象とされる取締役らの法令または定款違反行為には, 会社法が規定する具体的な法令・定款に違反する行為のほかに, 取締役の善管注意義務・忠実義務といった一般規定に違反する行為も含まれるとする裁判例がある（東京地決平成16・6・23金判1213号61頁〔百選58〕）。

株　式

　株式とは株式会社が個人投資家などから少額の資本をたくさん集めることで，個人企業ではできないような大きな事業をも営むための仕組みであること，株主による株主総会で株式会社の基本的な意思決定がなされることなどを説明してきた。ここからわかるように，株式は株式会社を理解する上での一つの重要なキーワードである。この章では，株式とは何かを改めて考えるとともに，株式の持ち主である株主の地位・権利，株式の譲渡方法などについて解説する。

1 株式の意義

青葉さんに，総務部から「従業員持株会（社員持株会）のご案内」という文書が届いた。

青葉「課長，持株会って加入されていますか？」

千種課長「入社してからすぐに入ったよ。貯金の一つだと思ってる。」

青葉「なかなかイメージが湧かないのですが，どのようなものなのですか？」

千種課長「これに加入すると，毎月の給与から一定額が天引きされて，持株会がそのお金を集めてうちの会社の株式を買うんだ。だから貯金の代わりにうちの会社の株を少しずつ買って貯めておくようなものかな。少しだけど会社から補助も出るんだよ。」

帰り道，普段は通り過ぎていた証券会社のボードの前で足が止まった。うちの会社の株価は 3000 円くらいのようだ。有名な自動車メーカーの株価は 7000 円くらいで，よく行く牛丼屋さんの株式は 2500 円くらいである。

1 株式と株主

投資の対象としての株式

SCENE 3-1 にみられるように，株式は投資の対象とされ，市場で取引されている。市場での株価は，その会社の業績だけでなく，様々な要因で決まっていくが，ある株式を株価の安いときに買い，高いときに売ることができれば，売却益を得られるし，会社の業績が良ければ，そのまま保有しつづけて，配当を得ることもできる。

株主による会社の意思決定への関与

これに対して，既にみたように株主は，株主総会を通じて，会社の重要な意思決定に関与することができる。取締役や監査役などの役員を選任するのも，他社との合併を決めるのも，原則として株主総会であるし，株主総会で決議すれば，会社のすべての事業を譲渡することも，解散をすることもできる。これは株式という金融商品の重要な特性である。

株式の特性についての一つの回答

　なぜこのような特性が生じるかという問題に対する回答の一つは，株主が観念的には会社の所有者であるというものである。株式が，株式会社の構成員（出資者）としての地位を均一の大きさ（割合的単位）に細分化したものであり，出資に応じた持分を表しているからである。会社は営利社団法人であるから，その構成員は社員（→第1章1 1）と呼ばれるが，株式会社の社員は，特に株主と呼ばれる。株式会社において，このように社員の地位が細分化されているのは，出資単位を小口にして出資しやすいようにすることでより多くの人から出資を集めるためであり，均一の大きさにされているのは，多数の出資者が想定されるので，取扱いを簡略にするためである。

　たとえば，ある株式会社が100株を発行し，そのうちの1株をもつ者は，その会社の100分の1の持分を有しており，剰余金の配当がなされる場合には，その株主には100分の1の配当がなされる。会社が解散を決定し，すべての借金を返して残りの財産があれば，その株主は残りの財産のうちの100分の1の分配を受ける。そして，株主総会での意思決定がなされる際には，100分の1の投票権を有していることになる。つまり，観念的には，この株主は，その会社の100分の1の所有者（オーナー）である（→ただし，Column 3-1）。「観念的には」というのは，会社そのものは法人（権利義務の帰属主体）であって物（権利の客体）ではないからである。

2　株主の地位・権利 ────────────●

社員たる地位としての株式

　このように株式は社員たる地位である。ある者が株式を取得するのは，会社の設立時や会社成立後の株式発行に際し，出資をして株式の発行を受ける場合，あるいは，既に株主となっている者から，その有する株式を取得する場合である。SCENE 3-1でみた証券会社のボードでは，株式市場を通じて，誰かが，既に株主となっている者から株式を取得している様子が表されているのである。

株主有限責任の原則

　ところで,「地位」という場合,それは通常その者の権利・義務を一つのまとまりとして捉えている。先にみたとおり,株主には配当を受ける権利や株主総会での議決権があるが,義務はあるのだろうか。

　会社法は,株主の責任は,その有する株式の引受価額を限度とすると規定し（104条）,株主にはそれ以外の義務や責任は負わされていない。また,104条は「株式の引受価額」といっているが,この会社に対する出資義務は,株主となる前の者の義務である。そのため,出資義務を履行して株主となった後にはそれ以上の責任を負わないし,あるいは株主から株式を譲り受けて株主となった場合には,出資義務を果たした者から株式を取得しており間接的に出資義務を果たしているといえるので,株主としては,何らの義務や責任を負わない。これが株主有限責任の原則と呼ばれるものであり,その趣旨は前述したとおりである（→第1章21）。^{15頁}

株主の権利

(1) 自益権と共益権

　それでは,株主はどのような権利をもっているか。株主が株主としての地位に基づいて会社に対して有する権利を株主権と呼ぶ。この株主権には,株主が会社に対して経済的な利益を求める性質の権利（自益権）と,株主が会社の管理・運営・監督に関わる性質の権利（共益権）という性格の異なる権利が混在している。

　会社法105条1項は,株主の権利として,①剰余金の配当を受ける権利,②残余財産の分配を受ける権利,③株主総会における議決権を挙げているが,これら①〜③の権利は株主が有する主要な権利として例示列挙されているにすぎない。これらのうち,①②は自益権であるが,③は共益権である。

(2) 少数株主権と単独株主権

　また,共益権のうち強力な権利であって濫用された場合の弊害が大きいと考えられるものは,一定の議決権数,総株主の議決権の一定割合または発行済株式の一定割合を有する株主のみが行使できるものとされており,これを少数株

主権と呼ぶ。株主が総会での議題を提案する（303条），会計帳簿の閲覧・謄写を請求する（433条）といった権利は，少数株主権とされている。これに対し，1株の株主でも行使できるものを単独株主権と呼ぶ（ただし単元株制度に注意。→§6）。自益権は単独株主権である。さらに，共益権のうち，株主が会社の監督に関わり必要に応じて是正を求める権利（代表訴訟提起権や差止請求権など）を，監督是正権と呼ぶことがある。

たとえば，株主代表訴訟提起権（847条1項・3項）は，わが国では単独株主権であるが，これはどこの国でも当然であるというわけではない。もしこれを議決権の一定程度を保有している株主のみに認めた場合，問題があると思っている株主がいたとしても，その株主が大株主でなければ提訴できず，少数派株主としては，（取締役を選任している）多数派株主ないしは取締役の権限濫用に対して，監視・監督を実現することは難しくなる。反面，単独株主権とした場合には容易に訴訟提起ができるようになり，濫用のおそれが生じる。諸外国の法制では，株主代表訴訟提起権が単独株主権とされている場合もあり，少数株主権とされている場合もあるが，わが国においては，単独株主権とした上で，濫用のおそれについては，別の形で対応しているということである（→第**2**章^{133頁}**7 2 株主代表訴訟**(2)(c)）。

このように，監視・監督の実効性と濫用のおそれとのバランスの中で線引きが決められているのであって，現行の制度が当然のものではないという点を理解してほしい。

一般に，株主の共益権，とりわけ監督是正権については，株主による経営陣に対する監視・監督を実現する点においては有用であるが，反面，ある株主が監督是正権を行使することが，株主の多数の意を表しているかはわからず，他の株主にとっては会社の経営を混乱させ，活動を阻害していると映っているかもしれない。この観点からバランスをとったものが，ある共益権を単独株主権とするか，少数株主権とするか，少数株主権とするとしても，どのような行使要件を課すかという問題であり，既に株主提案権（→第**2**章**2 3**）などでもみてきたところである。

3 株主平等の原則 ─────────────────────────●

┃ 株主平等の原則の内容 ┃

　会社法 109 条 1 項は，株式会社は，株主を，その有する株式の内容および数に応じて，平等に取り扱わなければならない，と規定している（例外として，2項）。「株式の」「数に応じて」とされているから，会社は株主を持株数に比例して，平等に取り扱わなければならないという，比例的平等を意味しているし，また「株式の内容」「に応じて」とされているから，種類株式が発行されている場合には，同じ種類株式の株主の間で比例的平等が保たれていればよい。

　したがって，剰余金の配当がなされる場合に，10 株の株主が 1 株の株主の10 倍の配当を受け取ることは比例的に平等であるので，この原則に違反するものではない。しかし，10 株の株主が 1 株の株主の 100 倍の配当を受け取れば，それは株主平等の原則に違反することになる。最高裁は，無配の状態の会社が，株主総会での議案の了承を得るために，特定の大株主のみに対して配当に代わる贈与を約束した事案において，株主平等の原則に違反し，無効である旨を判示している（最判昭和 45・11・24 民集 24 巻 12 号 1963 頁。ただし，この判例を読む際には，当時は会社法 109 条 1 項に相当する規定および株主の権利行使に関する利益供与の禁止についての規定〔120 条・970 条〕がなかったことに留意する必要がある。^{147頁}→**4**参照）。

┃ 株主平等の原則の存在意義 ┃

　もし，株主平等の原則が存在せず，この事案のように特定の株主に対してのみ配当がなされる，あるいは特定の株主に対してのみ過大な配当がなされるといった不当な結果がもたらされるのであれば，結果的に不平等であるだけでなく，長い目で見れば，株式に投資（出資）しようとする者の信頼を失い，事業のための資本を結集するという，株式の制度としての目的を達することはできなくなるだろう。

┃ 種類株式（株主平等原則の例外）┃

　会社法は各株式の内容が同一であることを原則としつつ，その例外として，

会社側あるいは株主側からの多様なニーズに配慮して，一定の事項について権利内容等の異なる株式（種類株式）の発行を認めている（なお，会社法はすべての株式の内容について特別な定めを設けることを認めている〔107条〕。これはすべての株式を対象とするため，株主平等原則との関係では例外とは位置付けられない。設けることのできる特別な定めは，108条が規定する種類株式〔以下〕の④〜⑥に対応している。107条1項各号）。

一定の事項には，①剰余金の配当（108条1項1号），②残余財産の分配（同項2号），③議決権を行使することができる事項（同項3号），④譲渡制限（同項4号），⑤取得請求権（同項5号），⑥取得条項（同項6号），⑦全部取得条項（同項7号），⑧拒否権（同項8号），⑨取締役・監査役の選任権（同項9号〔指名委員会等設置会社・公開会社は利用不可。同項ただし書〕），がある。このうち，主な種類株式について，簡単に見ていくことにしよう。

①剰余金の配当については，他の株式に優先して剰余金の配当を受けるもの（優先株式），劣後的扱いを受けるもの（劣後株式）がある。このような場合，基準となる株式を普通株式ということがある。会社の一つまたは複数の事業部門あるいは子会社からの収益に連動した額の配当を受ける設計がされるものもある（トラッキング・ストック）。

③議決権制限は，株主総会で議決権を行使することができる事項を制限するものである。例えば，取締役の選任・解任について議決権を行使することができないとするように一定の事項について議決権を制限することもできるし，株主総会で決議するすべての事項について議決権を行使することができないとする定め（完全無議決権株式）も可能である。

⑧は，株主総会または取締役会において決議すべき事項の全部または一部について，その決議のほかに，その種類株式の株主を構成員とする種類株主総会の決議を必要とする旨の定めのある株式である。事実上の拒否権を有することになるため，拒否権付種類株式と呼ばれている（上場会社での利用例として，国際石油開発帝石〔現 INPEX〕）。

これらの一定の事項については，必ずしもその事項のみについて異なる内容を定めなければならないわけではない。たとえば，優先して剰余金の配当を受ける株式としつつ，完全無議決権株式とすることも可能である。こうすること

で，会社は，議決権の割合を変えることなく，資金を調達することが可能となり，議決権の行使に関心をもたない株主にとっては優先配当を受けることが可能となる（上場会社での利用例として，伊藤園第1種優先株式）。

　種類株式を発行するためには，各事項・発行可能種類株式総数を定款で定めなければならない（108条2項各号）。なお，定款に定めのない種類株式を発行した場合には，新株発行無効原因となる（→第**4**章**26**新株発行無効の訴え(2))。〔185頁〕

Column 3-1　株主優待制度

　株主平等の原則をどこまで貫徹すべきかが難しい問題もある。株主優待制度との関係はその一つであろう（その他に，買収防衛策との関係で問題となる場合がある。→Column 4-6）〔191頁〕。株主優待制度は，剰余金の配当以外に自社製品の贈与や会社の事業に関連する便益，たとえば，鉄道会社の乗車券，航空券，入場券などを株主に与えているものであり，会社としては個人株主の増加を目的としていたり，あるいは宣伝を兼ねていたり，安定して保有してくれる株主を増やすことにつながる場合もある。

　これらの優待の基準は，必ずしも持株数に比例しているわけではない。たとえば，鉄道会社の優待制度として，1000株を保有する株主には優待乗車券を10枚，10万株を保有する株主には，全線無料パスが与えられるとした場合，これは比例的には平等ではない。株主平等の原則との関係がしばしば議論され，株主平等の原則に反しないかについて，学説には様々な立場がある。

　また，株主優待制度は，上述のとおり，株主平等原則との関係での議論があるほか，とりわけ優待の内容に換価処分性がある場合には，現物配当規制（454条1項1号・4項）との関係も問題となりうる。つまり，優待制度の趣旨・目的，優待の内容・方法・効果などを総合的に考慮した上で，それが配当の性格を有すると認められるときには，剰余金配当規制に服すると考えるべきである。

　また，先ほどの鉄道会社の優待などは国内の個人株主にとっては魅力的なものかもしれないが，たとえば外国に住んでいる株主や機関投資家は，会社の事業上の便益を提供されても何らメリットがない。そのため，これらの者の立場からは，株主優待制度にコストがかかるのであれば，これを廃止し，その分を剰余金の配当に向けるべきであるとの主張がなされる。

4 株主の権利行使に関する利益供与の禁止 ─────●

利益供与禁止規定の内容

　株主総会での議案の了承を得るために，特定の大株主のみに配当に代わる贈与を約束したという前述の判例の事案が，もし現在の会社法の下で生じた場合には，利益供与禁止規定にも違反することになる。

　会社は何人に対しても株主の権利行使に関して会社や子会社の計算で財産上の利益を供与してはならず（120条1項），違反すると利益の供与を受けた者は会社に対する返還義務を負い（同条3項），供与に関与した取締役は会社に対して供与した利益の価額に相当する額の支払義務を負う（同条4項）。また会社が株主に対して利益の供与をした場合には，株主の権利の行使に関するものと推定される（同条2項）。

利益供与禁止規定の背景と文言の工夫

　利益供与禁止規定は，昭和56年商法改正により，上場会社における総会屋（→第 **2** 章 ② **4 議決権の行使方法**(2)）対策として設けられたものである。総会屋は
_{41頁}
利益供与の要求を株主として行うとは限らない。上場会社であれば株主となることは容易なのであり，標的とする会社のスキャンダルなどを握った上，明日にでも株主になるよ，と株式をもたない状態で会社と交渉がされる場合もある。そのため，利益供与禁止規定は，規定の名宛人を「何人」としている。上記判例の事案のように，特定の「株主」に対して無償で財産上の利益の供与をしたときは，会社は，株主の権利行使に関し，財産上の利益の供与をしたものと推定される（120条2項）。この規定は，もともとは総会屋対策であるが，当該規定は上場会社に対してのみ適用されるものでもない。

利益供与禁止規定の違反と株主総会決議の瑕疵

　また，この利益供与禁止規定は，取締役の責任追及や供与を受けた者の返還請求の場面のみならず，利益供与に基づく議決権行使による総会決議の瑕疵を争う場面でも問題とされることがある。東京地判平成19・12・6判タ1258号69頁〔百選31〕では，会社支配について争いがある状況下で，役員選任につき，

現経営陣と対立する議案が株主から提出されている中，会社提案への賛否にかかわらず会社が議決権を行使した株主に対し，500 円相当の QUO カード 1 枚を交付したことが，株主の権利行使に関する利益供与にあたるとされ，これが総会決議の取消原因（831 条 1 項 1 号）となる旨が判示されている。

Column 3-2　利益供与禁止規定と「株主の権利の行使に関し」

　暴力団に譲渡された株式をもともとの株主が買い戻すために会社が資金提供をしたことが，「株主の権利」の行使に関してなされた利益供与であるかどうかが問題となった事案がある（最判平成 18・4・10 民集 60 巻 4 号 1273 頁〔百選 12〕）。この事案において最高裁は，株式の譲渡は株主たる地位の移転であり，それ自体は株主の権利の行使とはいえないから，会社が，株式を譲渡することの対価として何人かに利益を供与しても，当然には利益供与にはあたらないが，「会社から見て好ましくないと判断される株主が議決権等の株主の権利を行使することを回避する目的で，当該株主から株式を譲り受けるための対価を何人かに供与する行為」は，「株主の権利の行使に関し」利益を供与する行為というべきである，として利益供与にあたる旨を判示している。

 株式譲渡自由の原則とその例外

1　株式譲渡自由の原則

　株主は，原則としてその有する株式を自由に譲渡することができる（127 条）。株式会社では，株主が投下資本の回収を望んでも株主には退社の権利（出資の返還を求める権利）はない。株式会社では株主有限責任原則（104 条）が設けられており，会社財産が債権者にとっては唯一の弁済の担保であって，無条件に払戻しを認めてしまうとそれが失われてしまうからである。株主が会社から投下資本を回収しうるのは，株式買取請求権（→第 **6** 章 **3 2 反対株主の株式買取請求**）239頁が発生する場合など，一定の場合に限られている（116 条・469 条・785 条など）。

そこで，会社法は株主の投下資本の回収のため，原則として株式の自由譲渡性を認めている。もっとも，株式譲渡自由の原則に対しては，例外としていくつかの制限が存在している。

2　株式譲渡自由の原則の例外 ──────────●

株式譲渡自由の原則は，次の三つのタイプの制限を受ける。第一は定款上の制限が置かれる場合，第二は法律上の制限がある場合，第三は契約上制限がなされる場合である。

▎定款による株式の譲渡制限▎

(1)　譲渡制限株式

第一は，定款による株式の譲渡制限と呼ばれるものである。会社は，株式の譲渡について会社の承認を要することを定めることができる（譲渡制限株式。107 条 1 項 1 号）。一部の株式についてのみこのような定めをすることもできる（譲渡制限種類株式。108 条 1 項 4 号）。以下では，いずれも譲渡制限株式という。

(2)　譲渡制限の意味

わが国は，株主の多くが親族であるような同族的な中小の株式会社が圧倒的多数を占めている現状がある。これらの会社においては，好ましくない第三者が株主となって会社の運営を阻害するおそれを防止する手段を認める必要がある。そのため，会社法では株式の譲渡に際して会社の承認を要する旨を定款で定めることを認めている。会社が承認せず，承認を求める者が買い取りを望むならば，会社は会社自身が買い取るか，指定買取人を指定するなど，譲渡先を確保する必要があり（138 条 1 号），その意味で，譲渡そのものの制限ではなく，譲渡先の制限である。もっとも，この制限があることによって，売りたい値段で売れるわけではない。譲渡制限株式が会社の承認なく譲渡されても，当該譲渡は当事者間では有効と解されているため（最判昭和 48・6・15 民集 27 巻 6 号700 頁〔百選 16〕），譲渡承認請求は，譲渡制限株式を譲り渡そうとする株主からだけでなく，譲渡制限株式を取得した者からもすることができる（取得したことについての承認請求。137 条・138 条 2 号）。

(3) 承認機関と承認を要しない場合

　譲渡等を承認するか否かを決定する機関は，取締役会設置会社であれば取締役会である（非取締役会設置会社であれば株主総会であるが，定款で別段の定めをすることができる。139条1項）。もっとも，会社法がこのような制度を設けている趣旨は，もっぱら会社にとって好ましくない者が株主となることを防止し，譲渡人以外の株主の利益を保護することにあるとされているため，いわゆる一人会社 用語 の株主がその保有する株式を他に譲渡した場合には，定款所定の取締役会の承認がなくとも，その譲渡は，会社に対する関係においても有効と解されている（最判平成5・3・30民集47巻4号3439頁）。

法律上の制限

(1) 株券発行前の株式譲渡

　第二は，たとえば，株券発行会社（→③1 ^{151頁}）において，株券の発行前にした譲渡は，株券発行会社に対し，その効力を生じない（128条2項）。株券発行前に株式が譲渡されると，会社の株券発行事務が混乱・遅延するおそれがあり，これを防止し，株券発行が円滑かつ正確に行われるようにするため，このような規定が置かれている。

(2) その他の法律上の制限

　また，自己株式の取得規制（155条以下）や，子会社 用語 による親会社株式の取得規制（135条）も，当該会社の株主からすると，譲渡先によって譲渡が制限される規定として働く。子会社による親会社株式の取得が行われると，自己株式の取得と同様の弊害が生じるが，自己株式取得規制のように財源規制（→第5章§3(3) ^{217頁}）を設けることが困難であるため，取得の原則禁止が維持され

---

notes ●─────────────────────────────────────

用語 **一人会社**（いちにんかいしゃ）　株主が1人のみの会社である。株主が1人でその者が代表取締役でもあるといった小さな株式会社である場合が多いが，規模の大きい100%子会社（完全子会社）もまた一人会社である。

用語 **子会社・親会社**　A会社がB会社の議決権の過半数を保有している場合など，AがBの経営を支配（実質的支配）している場合，A会社を「親会社」，B会社を「子会社」と呼び（2条3号4号参照），両者の関係を「親子会社」と呼ぶことがある。この場合，AのBに対する支配を考慮する必要があるため，会社法上もこれに配慮した規制が置かれている。本文にある，子会社による親会社株式の取得規制（135条）の他，連結計算書類の規制（→第5章3〔211頁〕）などは，その例である。

ている。

契約による譲渡制限

第三に，契約による株式の譲渡制限が行われることがある。たとえば
SCENE 3-1 でみた従業員持株制度を思い出してみよう。

(1) 従業員持株制度と契約による株式の譲渡制限

従業員持株制度は，従業員にとっては，参加することによって会社の株式の
一部を少しずつ貯蓄替わりに貯めていくことができ，配当を受け取ることもで
きるし，さらには株価をもっと上げようと働く意欲も高まるといった目的があ
り，SCENE 3-1 でみたように，会社から経済的援助が与えられることも多い。
また会社にとっては，通常，安定株主の形成という目的もあり，自由に譲渡さ
れては困るという問題がある。そのため，何らかの契約で譲渡を制限すること
が行われており，特に非上場の会社の従業員持株制度の下では，従業員が退職
時にその持株を取得価格と同一の価格で従業員持株会などに売り渡すという契
約がなされることがある。退職する従業員が勝手に他に売ってしまうと会社と
しては安定した株主の確保という目的を達せられないからである。

(2) 契約による株式の譲渡制限の効力

このような会社を当事者としない契約による株式の譲渡制限は，当事者間で
は有効であると解されているが，事案ごとに契約の具体的内容が異なることも
あり，一律にその内容を有効・無効と判断することは難しい（最判平成 7・4・
25 裁判集民 175 号 91 頁〔百選 18〕，最判平成 21・2・17 判時 2038 号 144 頁など参照）。

③ 株式の譲渡と権利行使の方法

1 総説（会社法の規定による株式譲渡の方法の概要）————●

株式の譲渡とは，契約により株式を移転することであり，売買，贈与などに
よってなされる。株式が譲渡されると，株主がその地位に基づいて会社に対し
て有する一切の権利が，譲受人に移転する。

これまでみてきたように，株式会社では，株主有限責任の原則から，出資の

返還が原則として禁止されているため，株主に別の手段で投下資本回収の機会を確保する必要がある。そこで，株主は自由に自分の保有する株式を譲渡できるという原則（株式譲渡自由の原則）がある。当初の発想は，株式という目に見えない株主の地位を，株券という有価証券にして，その流通を容易にしようというものであった。そのため，株式の譲渡は，株券の交付によってなされるとした。

　しかし，株券の発行を強制し，株式の譲渡は株券の交付によるというこの発想は，時代の経過により，次のとおり日本における株式会社の実情には合わないものとなっていった。

　①日本における株式会社の大多数を占める中小の株式会社では，株券の発行が強制されている時代にあっても，実際には少なからぬ数の会社において株券は発行されていなかった。

　②株式を市場に上場している株式会社では，大量の株券の存在は，株式の円滑・迅速な決済の妨げとなっていった。

　そこで近年，発想を転換し，①の状況では株主が株式を譲渡できないなど法的なトラブルの原因となっているという実態に配慮し，株券の発行を強制しないことを原則とし，株券を発行する場合には，その株式に係る株券を発行する旨の定款の定めを置かせることとした（214条）。なお，株券の制度も残しており，株券を発行する会社（株券発行会社。117条7項括弧書）では，株式の譲渡に株券を使用することにしている（128条1項本文）。

　また，②の実態に配慮し，上場会社については株券を発行せず，「社債，株式の振替に関する法律」に基づいて，電子化された口座間の振替により株式の譲渡がなされるようにしたのである。そのため，現在の株式会社では，株式の譲渡方法につき，以下の三つのタイプに分けて整理されることになる。

株券発行会社以外の会社における株式譲渡（振替株式の場合を除く）

　民法の一般原則により，当事者の意思表示（契約）のみによって譲渡することができる。しかし，当該株式の譲渡は，譲受人（その株式を取得した者）の氏名または名称および住所を株主名簿に記載（電磁的方法を用いている場合には「記録」。以下同じ）しなければ，会社その他の第三者に対抗することができない

（130条1項）。この株主名簿の記載・記録は，会社に対して株主であることを主張するための要件であるのみならず，第三者に対して自分が株主であることを主張するための要件ともされている（株式が二重に譲渡された場合などを考えてみてほしい）。

株券発行会社における株式譲渡

上述したとおり，株券発行会社の株式の譲渡は，当事者間の契約に加えて，株券を交付しなければならない。すなわち，株券発行会社の株式の譲渡は，当該株式に係る株券を交付しなければ，その効力を生じない（128条1項本文）。

当該株式の譲渡は，譲受人（その株式を取得した者）の氏名または名称および住所を株主名簿に記載しなければ，会社に対抗することができない（130条1項・2項）。もっとも，第三者に対して自分が株主であることを主張するための要件は，株券の占有である（同条2項参照）。

振替株式の場合

振替制度における株式の譲渡は口座間の振替による（社債株式振替132条・140条）。ここには，株券という現物があるわけではなく，銀行口座のように口座に存在するものに代えられている。下宿している学生に両親から，あるいはアルバイト先から，銀行の口座に送金があれば，当該学生の銀行口座の残高は増え，両親の口座の残高やアルバイト先の口座の残高は，その分減少する。これを証券会社に設けた口座において行うのが振替株式の譲渡のイメージである（→**3**）。_{154頁}

154頁（→**3**）。

2　株主名簿　———————————————————●

株式の譲渡と株主名簿

1でみたとおり，株式の譲渡は，①株主間の意思表示，②株券の交付，③口座間の振替の方法で行われるが，当該譲渡によって自身が株主であることを会社に対して主張する，すなわち，会社に対抗するためには，株主名簿に氏名または名称および住所を記載・記録しなければならない（130条1項）。これを株

主名簿の名義書換えと呼ぶ。株主名簿は，株主の氏名または名称，住所，持株数などの事項を記載・記録するため，株式会社に作成が義務付けられた帳簿である（121条）。

株主名簿と名義書換え

　株式は，会社の関知していないところで移転するため，会社は現在の株主が誰であるかをそのままでは把握することができない。そこで，会社法は株主名簿の制度を設け，株主名簿の名義書換えを会社に対する対抗要件とする，すなわち，名義書換えをしなければ会社に対して自らが株主であることを主張することができないとすることで，株主の方から会社に譲渡の事実を伝えさせるように誘導し，変動する多数の株主との法律関係を処理することとした。株主としても，いったん株主名簿上の株主となれば，権利行使のたびごとに権利者であることを証明しなくても株主と扱われることになり，便利な面もある（振替株式の場合を除く。→**3**）。株主名簿上の株主は，会社に対し，株主名簿記載事項を記録した書面の交付または当該株主名簿記載事項を記録した電磁的記録の提供を請求することができる（122条1項）。株主名簿は本店（信託銀行などを株主名簿管理人とする場合にあっては，その営業所）に備え置かれ，株主・債権者の閲覧・謄写に供される（125条1項・2項）。株券発行会社の場合には，株券がこの書面の代わりとなるため（216条），株主名簿記載事項を記録した書面の交付は請求できない（122条4項）。

3　振替株式制度 ━━━━━━━━━━━━━━━━━━━━━●

振替株式制度の概要

　株式を市場に上場している会社では，大量の株券の存在が株式の円滑・迅速な決済の妨げともなる。そこで，株券の存在を前提とせず，電子化された口座間の振替により株式の譲渡がなされるようにした。これが「社債，株式等の振替に関する法律」（社債株式振替法）に基づく振替制度であり，この制度は，株式の譲渡のみならず，株主の権利関係の管理全般に利用され，この制度を利用する株式を「振替株式」という。平成21年1月5日以降，上場株式はすべて

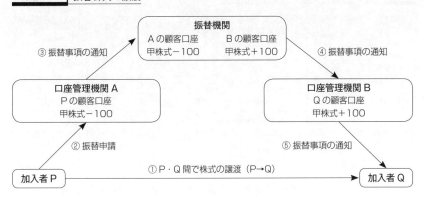

図表 3-1 振替株式の譲渡

振替株式となっている。

振替株式の譲渡

　振替株式の権利の帰属は，振替口座簿の記載によって定まる（社債株式振替128条1項）。加入者Pから加入者Qへの株式の譲渡が行われると，譲渡人である加入者Pが，Pが取引している証券会社である口座管理機関Aに対し，振替の申請を行うことにより，口座管理機関Aから振替機関，振替機関から口座管理機関Bへの通知がなされ，各振替機関等の口座に増減が記載される（社債株式振替132条）。最終的に譲受人である加入者Qが自己の口座の保有欄に増加の記載を受けることにより効力が生じる（社債株式振替140条。→図表3-1参照）。加入者はその口座に記載された振替株式についての権利を適法に有するものと推定される（社債株式振替143条）。

振替株式における権利行使（総株主通知と個別株主通知）

　振替株式においても，会社に対する対抗要件は，原則として株主名簿の名義書換えであるが（130条1項），振替株式の場合には，株式の譲渡の都度，名義書換えがなされるわけではない。

　会社が基準日（124条）を定めたときなど一定の場合には（社債株式振替151条1項各号），振替機関は，会社に対し，振替口座簿に記載されている株主の氏

	効力要件	対抗要件 （対会社）	対抗要件 （対第三者）
①株券発行会社以外の会社 （振替株式を除く）	当事者間の意思表示（契約）	名義書換え	名義書換え
②株券発行会社	株券の交付	名義書換え	株券の占有
③振替株式	自己口座保有欄の増加の記載	名義書換え*	自己口座保有欄の増加の記載

* 総株主通知により、基準日など一定の日に名義書換えがされたものとみなされる（社債株式振替 152 条 1 項）。少数株主
権等（社債株式振替 147 条 4 項）の行使については、個別株主通知による（社債株式振替 154 条。会社法 130 条 1 項は
適用されない）。

名・住所など一定の事項を速やかに通知しなければならない（同項柱書）。これを「総株主通知」と呼び、総株主通知がなされると、当該一定の日に株主名簿の名義書換えがされたものとみなされる（社債株式振替 152 条 1 項）。

これに対して、基準日（→第 **2** 章 ② **4 議決権の数**(2)(c)） を定めて行使される権利以外の権利（少数株主権等 用語。社債株式振替 147 条 4 項括弧書）を、株主が行使しようとする場合には、自己の口座がある口座管理機関を通じて振替機関に申し出ることにより、自己の保有する振替株式に関する情報を会社に通知してもらう方法をとる（社債株式振替 154 条 3 項〜5 項）。つまり、少数株主権等の行使の場合には、株主名簿の名義書換えを会社に対する対抗要件とする会社法 130 条 1 項の規定は適用されない（社債株式振替 154 条 1 項）。これを「個別株主通知」と呼ぶ。少数株主権等については、会社側が基準日を設定していない以上、総株主通知による株主名簿の書換えは行われておらず、会社側が権利を行使させてよいかどうかがわからないため、個別株主通知の方法がとられている。振替株式についての少数株主権等は、通知がされたのち、4 週間以内でなければ行使することができない（社債株式振替 154 条 2 項、社債株式振替令 40 条）。

たとえば、株式買取請求権の行使や会計帳簿閲覧・謄写請求権の行使は、会

notes ───

用語 **少数株主権等** このような表現にもかかわらず、株主の権利を表現する際の「少数株主権」とは
異なることに注意が必要である。ここにいう「少数株主権等」は、基準日を定めて行使される権利（議決
権や剰余金配当請求権）以外の権利を指し、通常の意味で使われる少数株主権に加え、単独株主権も含ま
れる（社債株式振替 147 条 4 項括弧書。なお、最決平成 22・12・7 民集 64 巻 8 号 2003 頁〔百選
15〕参照）。

社法所定の要件を満たした上でなされることに加え，個別株主通知を必要とすることになる。

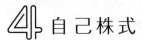 自己株式

1 自己株式の取得

手続規制の意義

A会社が，B会社の株式を取得，保有することは，独占禁止法など他の法令による規制に抵触しない限りは可能である。しかし，A会社がA会社自身の株式を取得することはできるのだろうか（会社による「自己の株式の取得」。一般に「自己株式の取得」といっている）。会社法の制定以前には，会社が自己株式を取得することは，原則として禁止されていた（旧商210条）。これは，自己株式の取得には，弊害があると考えられていることによる。

この弊害にはどのようなものがあるかを考えてみよう。

弊害と考えられるもの

①自己株式を取得するということは，株式で集めた資金を株主に返還するということにならないだろうか。株式会社では，株主有限責任の原則が採用されているのだから，会社財産は会社債権者にとって唯一の弁済の担保となるため，このような会社財産の費消は無制限には許されないということになるだろう。

②会社が自己株式を取得するに際し，会社が買いたい数に比して多くの株主から売りたいという申し出があった場合，ある株主からは買い，ある株主からは買わない，という事態が生じることが考えられる。これは，株主平等の原則に違反する可能性がある。

有用性と弊害への対処

自己株式の取得を認めることは，会社に生じた余剰資金の返却方法としての選択肢を増やすことであり，自己株式の取得を認める必要があることも主張されていた。そこで，会社法では，これら①②の弊害に一定の対処をすることで

自己株式の取得を認めるに至っている。

　具体的には，①に対しては，株主から株式を通じて調達した資金をそのまま返却するような自己株式の取得は許されておらず，株主に対して，剰余金として配当できる財産がある場合に，その額の範囲でのみ自己株式を取得することができることとした（461 条など。→第 5 章 § 3 (3)）。配当できる額の範囲であれば，調達した資金をそのまま返却することにはならないからである。②に対しては，株主平等の原則に違反しない手続によるものであれば，自己株式の取得を認めることとした（156 条～165 条）。

Column 3-3　自己株式の取得についてのその他の弊害

　自己株式の取得については，その他に，会社支配に争いがある状況下で取締役による自己株式の取得が行われると，株主の多数派，少数派の関係に影響を及ぼすことがある。自己株式には議決権が与えられていないので（308 条 2 項），自己株式を取得した分だけ議決権の母数が減少し，総会で多数を占めるのに必要な議決権数は自己株式の取得前より少なくなる。また，少数派が市場で株式を買い増そうとしても，自己株式の取得がなされると市場で買うことのできる株式が枯渇し，買い増しが難しくなることもある。さらには，株式を買い占めた者からの買い占められた株式に基づく権利行使を会社が恐れ，高値で買い戻すという問題もある（いわゆるグリーンメール 用語）。このように，自己株式の取得は，会社支配の公正を害するという弊害もあるといわれる。このうち，いわゆるグリーンメールに対しては，特定の者からの自己株式の取得につき，株主総会の特別決議を要求することで，高値買取りを抑止しようとしている（160 条）。

　また，会社が自己株式の取得，処分を自由に行うことができるとすると，株式の市場価格は少なからず需給関係に影響を受けるため，株価操作に利用されるおそれがある。

　さらに，会社が内部情報に基づいて自己株式を取得，処分できるならば，イ

---

notes ───●

用語 グリーンメール　　株主権の行使を背景に会社に対して株式の高値買戻しを求めることである。当初からこのような目的で株式を買い占める者をグリーンメーラーと呼ぶこともある。このグリーンメールの用語は，かつてのアメリカで，脅迫状（black mail）と，ドル紙幣の裏が緑（green back）であったことを，掛け合わせて造られたものである。

ンサイダー取引を助長するなど，株式取引の公正を害するという弊害もあると
いわれ，これについては，金融商品取引法の規制に委ねられている。

Column 3-4　自己株式に対する会社法上の規制──取得・保有・処分

　会社法は，本文で説明したような弊害に対処するために，自己株式について
三つの段階で規制している。つまり，自己株式の「取得」の段階，「保有」の
段階，そして「処分」の段階である。取得については，上述の手続規制に加え
て，財源規制に服する（→第 **5** 章 **§3**）。また，保有については，保有自己株
式について，議決権を排除しているほか（→第 **2** 章 **24 議決権の数**(2)(a)），計算
上も資産性を否定する扱いがなされている（→図表 5-5）。また，処分につい
ては，会社成立後の株式発行（新株発行）の規制と一本化され，新株発行の手
続と同じ規制に服することになる（199 条以下〔募集株式の発行等〕）。

2　株主との合意による自己株式の取得────────────●

　このように，会社法 156 条～165 条の自己株式の取得についての手続規制は，
株主平等原則との関係で設けられているものであり，具体的には，①すべての
株主に申込機会を与えて行う取得（156 条～159 条），②特定の者からの取得
（160 条～164 条），③市場取引・公開買付けによる取得（165 条）の三つの取得方
法が定められている。

株主との合意による取得

　株主との合意による取得をする場合，あらかじめ株主総会の決議（普通決議）
によって，取得する株式の数，株式を取得するのと引換えに交付する金銭等の
内容およびその総額，株式を取得することができる期間（1 年以内。156 条 1 項
柱書但書）を定める（同項）。これを一般に「授権決議」と呼ぶ（ただし，「分配
特則規定」→第 **5** 章 **§5 例外──分配特則規定**）。そして取得しようとする際には，
取締役会で取得のために必要な事項を決定する（157 条。これを一般に「取得決

議」と呼ぶ）。会社は取得決議で決定した各事項を株主に通知・公告し（158条），譲渡を希望する株主はその数を明らかにして会社に申し込み，申込みの期日において，会社は申込みを承諾したものとみなされるが，申込総数が取得総数を上回る場合には，按分比例による処理が行われる（159条）。

▌ 特定の株主からの取得 ▐

　特定の株主からの取得においては，高値で自己株式の取得がなされるおそれがあるため，その場合には株主間に不平等が生じる。そこで当該特定の株主の議決権を排除する形での株主総会特別決議を要求する（160条1項・309条2項2号括弧書・160条4項）。これに加え，原則として他の株主に対して，自分を売主に追加するよう請求できる権利（これを売主追加請求権と呼ぶ。160条3項）を与える。もっとも，市場価格で取得される場合には高値で買い取ることによる弊害が生じないため，売主追加請求権は与えられない（161条）。これらの方法をとることで，株主間の不平等が生じないように配慮されている。

▌ 市場取引・公開買付けによる取得 ▐

　公開買付け（→第**6**章 ⓵**2 株式移転型**^{226頁}）では，申込総数が取得総数を超えた場合に按分比例による取得がなされるなど，株主間の平等が図られているし，市場取引では価格優先の原則（売りについては最も値段の低い注文が優先し，買いについては最も値段の高い注文が優先する）と時間優先の原則（同じ値段の注文については，先に出された注文を優先する）によって取引が成立するため，株主間の不平等は生じない（165条）。

⑤ 投資単位の調整

SCENE 3-2

　青葉さんは，証券会社のボードを見て帰宅した後，自宅のPCに向かい，投資情報に関するサイトを見てみた。どうやらうちの会社の株式は，最低投資単位が「株価×100」となっていて，30万円ほど用意しないと買えないということがわかった。サイトを見ながら武蔵くんに電話してみた。

青葉「武蔵くんは株をやるの？　うちの会社の株式って結構高いんだよね。あの×100って何？」

武蔵「ああ，表示されているのは1株の値段だけど取引は100株1単元だからね。青葉さんの会社も株式分割すればもう少し買いやすいんだけどね。」

青葉「その1単元とか，株式分割って何？　教えてくれる？」

武蔵「もちろん。今度食事でもしながらどう？」

1　総　説

証券会社のボードにある株式の市場価格は，日々様々な要素で変動していくが，市場価格が高くなりすぎると，個人の投資家はなかなか手が出ない。このような場合に会社は投資単位の調整をすることがある。投資単位調整の方法としては，株式そのものを増減させる方法（株式の分割，株式の無償割当て，株式の併合）と，株式そのものを増減させず，事実上の投資単位を設定する方法（単元株制度）を利用することができる。株式の分割，株式の無償割当て，株式の併合を利用する場合には，端数が生じることにより，株主は1株に満たない株式の部分について株主としての地位を喪失する場合があるが，単元株制度では，そのような弊害は生じない。

2　株式の分割

株式の分割とは，既存の株式を細分化し，株式の数を増やすことをいう。1株を2株とすれば，結果として株式の数は倍になる。これは株式の単位の引下げであり，高くなりすぎた市場価格を調整し，流動性を高める目的で行われることがある。

株式の分割により，当然に同種類の発行済株式総数が増加し，各株主の持株数も増加する。しかし，株主に付与される株式は，その持株数に比例し，払込みを要しないで付与されるのであって，会社財産に変更は生じない。

手続的には，取締役会設置会社にあっては取締役会の決議で実施が可能である。取締役会において，分割割合，基準日，効力発生日の事項を定めて実施する（183条2項）。

3 株式の無償割当て

株式の無償割当てとは，株主に新たな払込みをさせないで，株主が保有する株式の数に応じて，会社の株式の割当てを行うものである（185条）。株式の無償割当てと株式の分割との大きな違いは，株式の無償割当てにおいては，同一の種類の株式を割り当てることもできるが，ある種類の種類株主に対し異なる種類の株式を割り当てることが可能であることである。

手続的には，株式の分割と同様に，取締役会設置会社にあっては，取締役会決議で可能である（186条3項）。その場合，割り当てる株式の数（種類，種類ごとの数），効力発生日などの各事項を取締役会で定めて実施される（同条・187条）。

4 株式の併合

株式の併合とは，数個の株式を合わせてそれよりも少ない数の株式とすることをいう（180条1項）。株式の分割とは逆の，株式の単位の引上げを意味している。

株式併合では，株式の分割に比べて厳格な手続が要求されている。それは，株式の併合が株主の地位の喪失と結びつくからである。すなわち，1株しか保有していない株主は，株式の併合がなされると，その併合の割合を問わず，株主としての地位を喪失する。株式の分割ではこのようなことは起こらない。つまり，株式の併合は，株式の分割に比して，株主の利害に与える影響が大きいのである。

具体的な手続としては，会社は，株式の併合をしようとするときは，その都度，株主総会の決議（特別決議。309条2項4号）によって，①併合の割合，②株式の併合がその効力を生ずる日，を定めなければならない（180条2項）。この株主総会において，取締役は，株式の併合をすることを必要とする理由を説明しなければならない（同条4項）。会社は，効力発生日の2週間前までに，株主に対し，上記の①②の事項を通知しなければならず（181条1項），この通知は公告をもってこれに代えることができる（同条2項）。株主は，効力発生日に，その日の前日に有する株式の数に併合の割合を乗じて得た数の株式の株主とな

る（182条）。

このように株式の分割や無償割当てが取締役会の決議で行うことが可能であるのに比較して，株式の併合には厳格な手続が要求されている。加えて，株式の併合が法令・定款に違反する場合において株主が不利益を受けるおそれがあるときは，株主は会社に対して，当該株式の併合の差止めを請求することができる（182条の3）。

5 端数処理

株式の分割，株式の無償割当て，株式の併合のいずれの場合にも，その比率によっては，1株に満たない端数が生じる場合がある。たとえば，10株を11株に株式分割すれば，10株で割り切れない数の株式を有する株主には1株に満たない端数が生じるし（10株に対して1株の株式の無償割当てをした場合も同じ），2株を1株に株式併合すれば，1株しか有していない株主は，株主資格を喪失し，0.5の端数が生じる。もちろん，端数が生じて株主資格を喪失したとしても，無償で手放さなければならないわけではない。この場合，端数の合計数に相当する株式を競売その他の方法で売却して得られた代金を端数に応じて交付するという金銭処理の方法がとられる（株式の無償割当てについて234条1項3号，株式の分割，株式の併合について235条1項）。

6 単元株制度

会社は，一定数（1単元）の株式について議決権を認めるという扱いを定款で定めることができる。これを単元株制度という。

単元株制度は，会社法上，議決権を制約するものであるが，証券取引所は，単元株制度を採用している会社では，原則として単元株式数を売買単位とすることを定めている。そのため単元株制度は，事実上，投資単位の調整のための制度として機能している。単元株制度は定款の定めに基づく取扱いであるため，大株主がこの制度を利用して少数株主の議決権を失わせるというおそれがある。そのため1単元は，1000株および発行済株式総数の200分の1を超えることはできない（188条2項，会社則34条。また，登記事項である。911条3項8号）。

単元株制度を採用した会社では，1単元の株式につき，1個の議決権が認め

られ（308条1項但書・325条），単元株式数に満たない数の株式（単元未満株式）を有する株主（単元未満株主）は，その有する単元未満株式について，株主総会において議決権を行使することができない（189条1項）。また，株券発行会社は，単元未満株式に係る株券を発行しないことができる旨を定款で定めることができる（同条3項）。

会社法上，単元株制度の採用は任意であり，かつては上場している株式の売買単位もまちまちであったが，証券取引所は売買単位の集約を働きかけ，現在では，上場している株式の売買単位，すなわち，単元株式数は100株に集約されている。

第 **4** 章

資金調達

　株式会社が事業活動をしていくための資金は，様々な方法で調達される。これらの方法のうち，会社法においては，募集株式の発行等，新株予約権の発行，社債の発行が規律されている。この章では，資金調達方法の概要に触れたのち，これらの会社法の規律について解説していく。とりわけ募集株式の発行等は，資金を調達すると同時に，新たな株主を増やす，すなわち会社の組織を拡大する側面をもっており，いくらで発行されるか，またどれだけ発行されるかによって，既存株主の利益に影響を与えるおそれがある。そのため，会社法においては両者のバランスを図るための規律が様々用意されている。

1 株式会社の資金調達方法の概要

> 青葉さんが食堂で昼食をとっていると，経理部の高田さんがやってきた。
>
> 高田「昨日からこの本社ビルの隣にある五山電機のビルが，業績不振のために売却されるってニュースが流れているけど，知ってる？」
>
> 青葉「えっ，そうなの？ 液晶テレビで苦戦しているとは聞いていたけど……。」
>
> 高田「どうもうちの会社が購入に意欲をみせているんだって。オフィスを拡大したいみたいだよ。」
>
> 青葉「入社以来お給料は横ばいなのに，うちの会社のどこにそんなお金があるの？」
>
> 高田「そうだよね。資金の調達をどうするか，今，上層部で話し合っているみたいだよ。」
>
> 青葉「銀行から借りてくるんじゃないの？ そもそもほかにどうやって資金を調達するのかな……。」

　会社が事業活動を行うためには，資金を調達する必要がある。もちろん株式会社の設立の際には，会社は株式を発行しなければならないが（設立時発行株式という。→第7章1③ 246頁），成立後にも会社には様々な資金需要が出てくる。SCENE 4-1 にみられるように，会社が隣のビルを購入してオフィスを拡大したいと考えるときに，その購入資金をどのように手当てするのだろうか。最も簡便なのは，内部資金を使用することである。つまり，それまでの事業活動で生じた利益を蓄え（内部留保），蓄えた資金（内部資金）を使うことである。

　会社の内部資金が十分でない，あるいは会社が内部資金を使用したくない，といった場合には，外部から資金を調達するということになるが（外部資金），このような外部資金の調達にも様々な方法がある。簡便なのは，銀行等の金融機関から，資金を借り入れることである。金融機関は企業や家計，投資家などから預金を受け入れ，これを貸出しの原資にしており，このような資金の調達は広く社会から金融機関を介して会社が外部資金を調達するものである（間接金融）。

　同じように外部資金を調達する手段として，会社が社債を発行し，企業や家計，投資家から，直接に資金を借り入れることも可能である（直接金融）。この場合，金融機関からの借入れと同じように元本に利息を付して返済しなければ

図表 4-1 資金調達方法の整理

内部資金：内部留保，減価償却

外部資金：借入れ（融資）……………………間接金融
　　　　　社債の発行
　　　　　募集株式の発行等　}……………直接金融
　　　　　新株予約権の発行

ならないが，多くの資金供給者から資金を拠出してもらうことができるので，金融機関からの借入れと比べて多額かつ長期の資金調達が可能になる。金融機関からの借入れの場合は，金融機関が預金者から受け入れた預金に利息を支払う分が上乗せされることから，外部から直接に資金を調達する社債の方が，通常は銀行からの借入れよりもコストが低い。

　このように金融機関からの借入れや社債の発行によって資金を調達しても，その資金は，いずれ金融機関や投資家に対して，返済をしなければならない。これに対し，会社成立後に株式を発行して資金を調達した場合には，その資金は，返済する必要がない。新株予約権を発行して資金を調達した場合でもそれは同じである。新株発行や新株予約権発行による資金調達も直接金融という点では社債の発行と同じであるが，返済する必要がない点が社債と異なるのである。

　会社法は，株式会社の資金調達方法として，募集株式の発行等，新株予約権の発行，社債の発行を認めている。会社が一般から資金（外部資金）を調達する制度である点で，社債の発行と募集株式の発行等とは，その経済的機能，法律上の技術的な仕組みにも類似点がある。

募集株式の発行等

1　募集株式の発行等の意義 ●

　株式会社は，資金調達の手段の一つとして，定款に定められた発行可能株式総数（授権株式総数。37条）の範囲内において，会社成立後に株式を発行し，またはその保有する自己株式を処分することができる。会社法は，会社成立後の株式の発行（新株発行）と自己株式の処分を総称して，「募集株式の発行等」と

して規律している。要するに会社法199条以下の手続によるものが募集株式の発行等である。

これに対し，募集株式の発行等以外にも，株式の無償割当て，吸収合併，吸収分割，株式交換など，種々の場合に株式が発行される。しかし，これらの株式の発行は，新たな出資の問題を生じないという点で，資金調達を目的とする募集株式の発行等とは異なる性質をもつ（特殊な新株発行と呼ばれる）。

2　募集株式の発行等による既存株主の利益への影響(二つの側面) ──●

SCENE 4-2

　青葉さんは，高田さんに連れられ，取引先である神田産業の若松さんとランチをすることになった。

高田「若松さん，御社では新規事業のために新株を発行されると耳にしましたが。」

若松「それって，少し前の話ですよね。実は大株主である水道橋工業が内々に反対の意向を伝えてきて，新株発行計画は白紙になったんです。」

高田「あっ，それは失礼しました。」

若松「でも，事業資金の方はメインバンクからの借入れでまかないましたけどね。」

　若松さんと別れたあと，青葉さんはどうも釈然としない。

青葉「ねえ高田さん，資金の調達は神田産業の問題なのに，なぜ大株主の意向を気にしなければならないの？　そもそも神田産業が新株を発行することで，水道橋工業に何の影響があるっていうの？」

　会社が金融機関から借入れをする，あるいは社債を発行する場合，会社の株主の利益には，直接的な影響は生じない。これに対して，会社が募集株式の発行等を行う場合，それは株式を増やす（自己株式の処分であれば，保有していた株式を外に出す）ということであり，既存株主の利益に対して，多かれ少なかれ，影響を与えることがありうる。そして，この既存株主の利益に対する影響には，二つの側面がある。一つの側面は，既存株主の経済的利益への影響，つまり，既存株主が有する株式の経済的価値の希釈化の可能性であり，もう一つの側面は，既存株主の支配的利益への影響，つまり既存株主が有する持分比率の低下の可能性である。

　ここでは，成立後の会社が新たに株式を発行する場合（新株発行）を考えてみたい。たとえば，今，発行済株式100万株の甲会社（種類株式発行会社でなく，

また自己株式も他の持合い株式も保有していない）が，新たに100万株を発行するとしよう。

経済的利益への影響

ここで，甲会社が1株100円で100万株を発行したとすると，この新株発行で，甲会社は1億円の資金を調達することができる。この100万株を，現在の株主の持株比率に応じて割当て，資金を調達するのであれば，甲社の株式の価値がいくらであっても，また，この新株が1株いくらで発行されたとしても，既存株主の利益には基本的に影響はない。仮に新株発行前の甲社の株式が1株1000円の価値があったものとして，1株100円で同じ数だけ発行されると，1株の価値は，理屈の上では550円となってしまう（既にあった株式について，1000円×100万株＝10億円，新たに発行する株式について，100円×100万株＝1億円。これらの合計11億円を200万株で割って，1株あたり550円）。しかし株主は手元にあった株式と同じ数の株式を100円で手にすることができるため，これまでの株式の価値は1000円から550円となるが，100円を払い込むことにより，550円の価値のある株式をもう1株手にすることができる。そのため，手元にあった株式の価値1000円プラス払い込んだ100円が550円の価値の株式2株に変わって手元に残ることになり，帳尻が合うことになる（これが「株主割当て」と呼ばれるものの仕組みである）。

これに対して，会社が新たに発行する株式を，現在の株主の持株比率に応じて割り当てることをせず，特定の者のみに対して割り当てたり，あるいは不特定多数の者に対して株主となる者を募集したりする場合はどうだろうか。この場合には，既存の株主は，持株比率に応じた割当てを受けられない結果，手元にあった1000円の価値のある株式が，550円の価値に目減りしてしまうことになる。つまり，株主割当て以外の方法で，現在の価値を下回る価格で新株が発行されると，割当てを受けられない既存株主は，株式の経済的価値の希釈化という影響を受けることになる。会社法では，このような影響がある新株発行を有利発行と呼んでおり，有利発行を行う場合には株主総会の特別決議による承認を求めることにしている（199条2項・3項，201条1項，309条2項5号）。

支配的利益（持分比率の維持に関する利益）への影響

同じ設定において，今，新株発行前の甲会社に 10 万株を保有する大株主 A がいたとしよう。A の甲会社に対する持分比率は 10% である。甲会社の株主総会において，A は 10% の議決権を行使することができる。ところが，甲会社において，第三者割当ての方法で，新たに 100 万株の新株発行がなされた場合，A は新株の割当てを受けられない結果，その持分比率は，5% に低下する。たとえ，適切な払込金額で新株が発行され，A に経済的価値の希釈化という不利益が生じなかったとしても，株主総会における議決権の割合が低下するという影響は生じるのである。しかし，このような支配的利益に対する影響を一切排除しようとすると，新株発行は株主割当ての方法で行わなければならなくなり，新株発行による資金調達は限られた場合にしか行えないことになる。そこで，会社法では，株主の持分比率の維持に関する利益への影響については直接の保護の対象とはせず，持分比率に影響を与える目的でなされる新株発行について，不公正発行（210条2号。→**5**）^{178頁}として差止めの対象としうることとして，一定の範囲での救済を図ることにしている。

支配株主の異動を伴う募集株式の発行等

このように，会社法は株主の持分比率の維持に関する利益への影響について直接の保護の対象とはしていないが，次のような場合はどうだろうか。発行済株式 100 万株の甲会社が，第三者割当ての方法で，新たに 101 万株の新株発行を行い，これをすべて乙会社に割り当て，乙会社の子会社となる，といった場合である。この場合には，甲会社において，新たな支配株主が誕生することになる。既存の株主に新たに第三者割当てによる新株発行をすることで，当該株主が支配株主となる場合も基本的には同じである。

会社の支配権の決定は経営者ではなく株主が行うべきであって，会社支配権の移転を生じるような大規模な第三者割当てによる新株発行は，経営陣の刷新を可能にするものであり，株主総会による承認を必要とすべきといえる。

そのため，募集株式の引受人が総株主の議決権の過半数を有することとなるような募集株式の発行等を公開会社が行う場合について，情報開示が求められ

（206条の2第1項），総株主の議決権の10分の1以上の議決権を有する株主が反対の通知を会社に行った場合は，株主総会の普通決議による承認がないと行えなくなるものとされている（同条4項本文）。ただし，緊急の場合の資金調達の必要性に配慮し，会社の財産の状況が著しく悪化している場合において，会社の事業の継続のため緊急の必要があるときは，この限りでないものとしている（同項但書）。なお，この場合の株主総会の普通決議は，役員の選任の場合の決議要件（341条参照）と同様とされている（206条の2第5項）。支配株主の異動を伴う募集株式の発行等は，会社の経営を支配する者を決定するという点で，取締役の選任の決議と類似する面があると考えられたからである。

3 募集株式の発行等の決定機関と授権資本制度 ──────●

　本書が対象とする上場会社の場合，すなわち，公開会社かつ取締役会設置会社であれば，有利発行の場合を除き，募集株式の発行等につき決定権限を有するのは取締役会である（201条1項，199条2項，202条1項・3項）。

　しかし，取締役会がどれだけの数の新株でも自由に発行できるのかといえばそうではない。そこには一定の制約が設けられている。新株の発行には，資金調達という業務執行行為としての側面と，株主の地位を新たに創出して組織を拡張するという組織的行為としての側面との二つの側面がある。支配的利益（持分比率の維持に関する利益）に配慮するのであれば，本来は株主総会を決定機関とするのが望ましいが，資金の調達という一面からは，既存株主の経済的利益への影響について配慮した上で，機動的に行われることが望ましい。

　このバランスをとるために採用されているのが，授権資本（授権株式）制度である。つまり，株式会社を設立する際，定款に会社の発行する株式の総数（発行可能株式総数）を定め，その4分の1以上を発行させる（37条各項）。そして，発行可能株式総数から発行済株式総数を差し引いた枠内で，取締役会は必要に応じて機動的に新株を発行し，資金を調達する。たとえば，発行可能株式総数が800株であれば，設立時の発行済株式総数は，200株以上でなければならず，取締役会は600株の範囲で新株を発行することになる。仮にこの600株すべてが発行された場合には，10％を保有していた株主の持株比率は，2.5％まで希釈化されることになる。

そして発行可能株式総数まで株式が発行されるとこの枠がなくなってしまうことになるが，この場合には，定款変更により，発行可能株式総数を増加することができる。もっともこの場合にも，発行済株式総数の4倍を超えては発行可能株式数を増やすことはできないこととし（113条3項本文），既に発行済みの株式数と今後発行可能な株式数との割合が維持されるという仕組みがとられている。上述の例では，800株まで株式が発行されれば，定款変更によって増加することのできる発行可能株式総数は3200株となり，定款変更後，取締役会は2400株の範囲で新株を発行することになる。

　これにより，株主には持分比率の希釈化の最大限が事前に示されることになるとともに，取締役会による機動的な資金調達を可能にしながらも，新株発行権限が過度に濫用されることのないような仕組みが図られている。もっとも，非公開会社の場合には授権枠の設定に4倍の制限はない（37条3項但書・113条3項但書）。これは，非公開会社の場合には新株発行の決定が株主総会の特別決議によるものとされているからである（199条2項・309条2項5号。177頁**→4 非公開会社における募集株式の発行等の手続**）。もっとも，新株の内容，数の上限，払込金額の下限などを株主総会の特別決議で決定するならば，その決議後1年以内に割当てをするものについての発行権限は，取締役会に委ねることができる（200条）。

Column 4-1　第三者割当増資と東証ルール

　会社法以外にも，支配株主の異動を伴う募集株式の発行等の場面を規律するルールが存在する。東京証券取引所では，上場会社の大規模な第三者割当てについては，発行後の議決権割合が25％以上となる第三者割当増資（→4）または第三者割当増資により支配株主が異動する見込みがある場合には，緊急性が極めて高い場合を除き，①経営者から一定程度独立した者による当該割当ての必要性および相当性に関する意見の入手，②当該割当てに係る株主総会決議などによる株主の意思確認，のいずれかの手続を行うことを要求している。①では会社から独立した外部有識者などで構成される第三者委員会などでの当該新株発行についての意見を入手することなどが求められており，②では当該新株発行が会社法上株主総会決議を要する場合にあたらない場合であっても，こ

のルールの下で株主総会の議題として総会決議を得ることが求められている。取引所がこのような手続を求めているのは，議決権の希釈化や経営陣による大株主の選択が本来的には望ましくないとの考えによる。

4 募集株式の発行等の方法と手続

▐ 募集株式の発行等の方法 ▐

会社が募集株式の発行等を行う場合に，一般的には，株主割当て，第三者割当て，公募の方法がある。

(1) 株主割当て

株主割当てとは，株主に「株式の割当てを受ける権利」を与える形でなされるものである（202条1項）。各株主が持株数に比例してその権利をもつため（同条2項），株主割当てによる募集株式の発行等がなされる場合には，金銭等を払い込みさえすれば，その払込金額がいくらであっても株主に経済的な不利益は生ぜず，また，各株主の持分比率は変動しない。すなわち，株主割当てでは，基本的に株主の会社に対する持分比率はそのままであり，従来の割合的地位が守られる。そして，時価以下で株式が発行されても，株主の経済的利益は保護されるといえる。

このように株主割当ては，株主保護の視点からは重要な意義を有するが，株主割当てを強制すると，資金調達先を株主に固定してしまうことになり，特に上場会社にとっては，金融市場の状況に応じた資金調達を図ることができなくなる。そのため，公開会社においては，払込金額が募集株式の引受人にとって特に有利な金額（有利発行）でない限り，募集株式の募集事項の決定を取締役会の権限とし（201条1項），株主割当て以外の方法を認めている。

(2) 第三者割当て

第三者割当てとは，株主に「株式の割当てを受ける権利」を与えない形でなされる募集株式の発行等のうち，特定の者（既存の株主であってもなくてもよい）に対してのみ募集株式の申込みの勧誘および割当てを行う方法である。この方法によると，既存株主の持株比率は変動する（募集株式の引受人以外，持株比率

は低下する）。払込金額が募集株式の引受人にとって特に有利な金額である場合には，既存株主に不利益が生じる。募集株式の引受人との関係強化（資本提携などといわれる）を目的とする場合や，会社の業績が不振なため特定の大株主以外の者による募集株式の引受けが期待できない場合のように，株主割当てや公募の方法によることができない場合に行われるのが通例であるとされる。

(3) 公 募

公募とは，株主に「株式の割当てを受ける権利」を与えない形でなされる募集株式の発行等のうち，不特定・多数の者に対し引受けの勧誘をするものである。上場会社や株式の新規公開をしようとする会社が市場価格のある株式を対象に行うものであり，払込金額は，市場の時価またはそれを若干下回る金額と定められることから，「時価発行」とも呼ばれる。既存株主の持株比率は変動するが，払込金額が時価であれば，既存株主に経済的な不利益は生じない。上場会社において一般投資家に向けて株式を発行したいと考える場合には「買取引受け」（金商2条6項1号）という方式がとられることが多く，この場合，会社法上は，引受証券会社のみが募集株式の申込者・引受人となって払込期日に払込金額全額の払込みを行い（205条），その後当該株式が一般投資家に売却される。法的な形式としては第三者割当増資であるが，これも一般には（法的な意味ではないが）公募といわれている。

募集事項の決定

募集株式を引き受ける者を募集するときは，公開会社では，取締役会決議により，募集事項の決定を行う。決定しなければならない募集事項は，①数，②払込金額（またはその算定方法），③金銭以外の財産（動産・不動産・有価証券など）を出資の目的とするとき（現物出資）は，その旨・財産の内容・価額，④払込みの期日または期間などに関する事項である（199条1項・2項，201条1項）。②の払込金額が，募集株式を引き受ける者に特に有利な金額である場合には，株主割当ての場合を除き（202条5項），取締役会決議での決定はできず，株主総会の特別決議によることになる（199条1項〜3項・201条1項・309条2項5号）。

募集事項の通知・公告

公開会社において取締役会が募集事項を決定したときは，会社は，払込期日または払込期間の初日の2週間前までに，既存の株主に対し，募集株式の募集事項を通知または公告しなければならない（201条3項・4項。通知・公告を要しない場合として同条5項）。通知・公告は，不利益を受けるおそれのある株主に，募集株式の発行等の差止め（210条）の機会を保障するために重要である（→**6**）。 182頁
この株主に対する通知・公告の規定は，非公開会社による新株発行の場合（株主総会決議による）や，株主割当ての場合には適用されない（201条3項・202条5項）。もっとも，株主総会決議による場合には，招集通知により，株主割当ての場合には，株主割当ての通知（202条4項）により，株主は募集株式の発行等を知ることができ，同じように募集株式の発行等の差止めの機会は保障されるからである。

募集株式の申込み・割当て

(1) 申込み

会社は，募集株式の引き受けの申込みをしようとする者に対して，募集株式の申込みに関する事項として，①会社の商号，②募集事項，③金銭の払込みをすべきときは払込取扱場所，④その他法務省令で定める事項（発行可能株式総数，種類株式の内容，単元株式数など〔会社則41条〕）を通知しなければならない（203条1項。通知が不要となる場合として，同条4項・205条）。

募集株式の引受けの申込みをする者は，①申込みをする者の氏名・名称および住所，②引き受けようとする募集株式の数を記載した書面を会社に交付しなければならない（203条2項。会社の承諾を得れば電磁的方法によることができる。同条3項）。

(2) 割当て

会社は，申込者の中から募集株式の割当てを受ける者を定め，かつその者に割り当てる募集株式の数を定めなければならない（204条1項前段）。株式の割当ての方法があらかじめ定められていない場合には，会社は申込者の中から，誰に割り当てるかを自由に決定することができる（これを割当自由の原則と呼ぶ

ことがある）。また，割当てに際して，会社は当該申込者に割り当てる募集株式の数を申込者が書面で申し込んだ数よりも減少することができる（同項後段）。このように割当てに関する決定をした会社は，払込期日または払込期間の初日の前日までに，申込者に対して，当該申込者に対して割り当てた募集株式の数を通知しなければならない（同条3項）。このようにして割り当てられた者を募集株式の引受人といい（206条），募集株式の引受人としての地位を権利株ということがある。権利株の譲渡は，当事者間では有効と解されるものの，会社に対抗することはできない（208条4項）。

出資の履行

募集株式の引受人は，払込期日または払込期間内に払込金額の全額を払込取扱機関に払い込まなければならず（208条1項），現物出資の場合には，同様に払込金額の全額に相当する現物出資財産を給付しなければならない（同条2項）。これらを合わせて，出資の履行という（同条3項括弧書）。募集株式の引受人は，出資の履行をする債務と会社に対して有している債権とを相殺することはできない（同条4項）。また，出資の履行をしないときは，当該出資の履行をすることにより募集株式の株主となる権利を失う（同条5項）。

現物出資の場合，募集事項において現物出資がなされる旨ならびに当該財産の内容および価額が定められるが（199条1項3号），現物出資財産が過大に評価されると会社財産を害するおそれや既存株主の出資や出資者間の不公平が生じるなどの問題があるため，募集事項の決定後遅滞なく，会社は裁判所に検査役 用語 選任の申立てをして，検査役の調査を受けなければならない（207条1項〜8項参照）。もっとも，会社法はこれに対して例外を設けており，これに該当する場合には，検査役の調査は不要となる（同条9項）。

払込期日または払込期間内に出資の履行がなされると，募集株式の引受人は，払込期日を定めた場合には払込期日に，払込期間を定めた場合には出資の履行

notes ───

用語 **検査役** 法定の事項を調査するため，裁判所により臨時に選任される機関である。本文のような現物出資等の調査（33条・207条・284条）のほか，株主総会の招集手続，決議方法の調査（306条），少数株主の請求による業務・財産状況の調査（358条）のためのものがある。専門性が要求されるため，通常は弁護士が選任される。

をした日に，募集株式の株主となる（209条）。

Column 4-2　払込仮装行為

　実質的な払込みがないにもかかわらず，払込みがあったかのような外観が作り出されることがある。たとえば，資金繰りに窮した会社が資本金の額を増加させ，対外的な信用を得て，融資を受けたいと思った場合に，払込みを仮装したいという動機が生まれる。

　その方法としては，株式引受人である代表取締役が個人として払込金融機関以外のところから払込金相当額を借り入れ，払込取扱機関に払い込み，資本金の額の増加を登記した直後に払込取扱機関から引き出し，引き出した資金を会社から当該代表取締役に貸し付けたことにして，直ちにもとの金融機関に返済する「見せ金」という形と，株式引受人である代表取締役と払込金融機関（の担当者）との間で，金融機関は払込金相当額を貸し付け，当該代表取締役がその金銭を当該金融機関に払い込むが，当該代表取締役が当該借入金を返済しない間は，会社の資金として払い込まれたはずの資金を引き出すことをしないとの約束をする「預合い」という形がある。いずれも会社に払い込まれたはずの資金を活用することはできない。このような払込みの仮装が行われた場合，募集株式の引受人は払込金額の全額の支払いをする義務を負い（213条の2第1項1号），仮装行為に関与した取締役（執行役）も支払義務を負う。この場合，募集株式の引受人は当該支払いがなされた後でなければ，出資の履行を仮装した募集株式について，株主の権利を行使することができない（209条2項）。設立時の出資について払込みを仮装した場合にも同様の規定が置かれている（52条の2）。

非公開会社における募集株式の発行等の手続

　非公開会社では，株式の譲渡につき会社の承認が求められることから，株主は，会社に対する支配的利益（持分比率の維持に関する利益）に関心が高いと考えられる。そこで会社法は，非公開会社における募集株式の発行等については，株主総会の特別決議を要求することにしている（199条2項・309条2項5号）。もっとも，株主総会の特別決議で募集株式数の上限と払込金額の下限を定めれ

ば，取締役（取締役会設置会社では取締役会）に募集事項の決定を委任すること
ができる（200条1項・309条2項5号）。また，株主割当ての場合に限って，定
款にあらかじめ定めておけば，募集事項・株主割当てに関する事項について，
取締役（取締役会設置会社では取締役会）に決定を委任することができる（202条
3項1号・2号）。株主割当ての場合には，基本的には，株主の経済的利益，支
配的利益（持分比率の維持に関する利益）は守られるからである。

5　いわゆる有利発行の問題 ─────────────────────●

┃新株の有利発行規制┃

(1)　有利発行規制の基本的な考え方

　ここで，発行済株式100万株の甲社が新たに100万株を発行するとしよう。
株主割当ての方法であれば，甲社の株式の現在の価値がいくらであっても，ま
た，この新株が1株いくらで発行されたとしても既存株主の利益に基本的に影
響はないが，第三者割当てあるいは公募の方法による場合には，どれだけの株
式がいくらで発行されるかは既存株主の経済的利益に関わってくる。^{168頁}**2** でみた
とおり，冒頭の設定において1株100円で発行された場合には，既存の株主は，
割当てを受けられない結果，手元にあった1000円の価値のある株式が，単に
550円の価値に目減りしてしまうことになり，割当てを受けられない既存株主
は，株式の経済的価値の希釈化という影響を受けることになる。このような影
響がある新株発行（新株の有利発行と呼ぶ。自己株式を特に有利な払込金額で処分す
ることも同じである）の場合には，会社に対して株主への説明を要求し株主総会
の特別決議による承認を求めることにしている（199条2項・3項，201条1項，
309条2項5号）。

(2)　有利発行規制違反と救済方法

　引受人に特に有利な払込金額で新株発行（または自己株式処分。以下同じ）が
なされるにもかかわらず，株主総会の特別決議による承認がなされていない場
合は，どうなるのだろうか。この場合，当該新株発行は法令違反となり，不利
益を受けるおそれのある株主は，会社に対し，当該新株発行の差止めを請求す
ることができる（210条1号。^{182頁}→**6**）。

また，募集株式の引受人が，取締役（執行役）と通じて著しく不公正な払込金額で募集株式を引き受けた場合には，当該払込金額と当該募集株式の公正な価額との差額に相当する金額を会社に対して支払う義務を負う（212条1項1号。なお，847条1項参照）。しかし，特に有利な払込金額であると考えられる場合であっても，株主総会で有利発行の決議（199条2項・3項，201条1項，309条2項5号）を経ている場合には，（有利発行を必要とする説明に虚偽がある場合などを除き）著しく不公正な払込金額とはならない。その場合は，原則として，この責任が問題となることはないといえる。株主がこの支払いを求める訴えを株主代表訴訟の手段で提起することも可能となっている（847条1項・3項）。有利発行をめぐる紛争は，このどちらかの形で争われることが多い。

特に有利な払込金額とは

　ある株式がいくらの価値があるのかというのは，株式の評価の問題であり，これには，会社の有する純資産の価値を基礎とするもの，会社の事業による収益価値を基礎とするものなど，様々な評価の方法がある。本書で対象とする上場会社に関しては，株式について市場で取引がなされており，市場価格が重要な指標となる。

　もし，甲社の株式が市場で1000円の価格で取引がなされているのであれば，新株発行において，1000円の払込金額を設定すれば（つまり，時価で発行すれば），基本的に既存株主の経済的利益に影響を与えることはない。しかしながら，新株発行とその払込金額を決定する取締役会決議の日から，実際に新株の発行がなされるまでには一定の時間的なズレがあり（203条3項～5項），当該取締役会決議の直前日の市場価格を払込金額にすることを強制すれば，その間の市場価格の変動リスクを株式の引受人が負担することになる。また，市場価格は事業の成果とは関係のない需給関係の影響を受けることも多い。そうすると，1000円の市場価格があったとしても，それをそのまま払込金額に設定することは，既存株主の保護にはつながっても，新株発行による資金調達の目的そのものを実現できない可能性がある。

　そのようなことから，判例 판例 は，既存株主の利益と会社が有利な資金調達を実現するという利益とのバランスから，払込金額を市場価格からディスカ

ウントすることに理解を示している。

　上記の最高裁判決が示す基準は，ある会社の市場株価がある程度安定している場合には，一定期間の株価をみて，市場価格から若干のディスカウントをすることで払込金額の設定をすれば，有利発行には該当しないということを意味している。

　実務的には，日本証券業協会の自主ルールが重視されており，これによれば，原則として，新株発行に係る取締役会決議の直前日（直近日）の市場価格の 90% 以上の価額であることが求められている。

┃ 払込金額算定の基礎としての市場価格 ┃

　ある会社の市場株価が，短期間に乱高下しているような場合はどうだろうか。特にある会社の株式が買占めの対象になっているような状況や，支配関係に争いがあるような状況では，市場株価も不安定となり，高騰している場合が少なくない。

　実際の裁判例をもとに一つの例をみてみよう。ある事案では，新株発行を決議した取締役会の日の直前日の会社の市場株価は 1010 円であったが，前年の 8 月頃は概ね 200 円台で推移していたところ，9 月頃から上昇していき，翌年 1 月には概ね 500 円台に上昇し，2 月には概ね 600 円台から 700 円台で推移し，3 月には 800 円台を超えて 900 円台ないし 1000 円台に上昇し，4 月には 900 円台から 1000 円台，5 月には 1000 円台で推移していた。そしてその要因として，

notes ───●

判例 最判昭和 50・4・8 民集 29 巻 4 号 350 頁。買取引受け（→4 募集株式の発行等の方法(3)〔174 頁〕）による新株発行がなされた際に，払込金額（当時の用語では「発行価額」）が著しく不公正であるとして，商法 280 条の 11 第 1 項（現在の会社法 212 条 1 項 1 号）に基づく請求がなされた事案であり，最高裁は，著しく不公正な払込金額とは，公正な払込金額との比較において決せられるものであるとした上で，旧株主（既存株主）の経済的利益からは，「本来は，新株主に旧株主と同等の資本的寄与を求めるべきものであ」るが，「新株を消化し資本調達の目的を達成することの見地からは」原則として払込金額を「多少引き下げる必要があ」るとしている。そして「この場合における公正発行価額は，発行価額決定前の当該会社の株式価格，右株価の騰落習性，売買出来高の実績，会社の資産状態，収益状態，配当状況，発行ずみ株式数，新たに発行される株式数，株式市況の動向，これらから予測される新株の消化可能性等の諸事情を総合し，旧株主の利益と会社が有利な資本調達を実現するという利益との調和の中に求められるべきものである」と判示している。なお，非上場会社における有利発行について，最判平成 27・2・19 民集 69 巻 1 号 51 頁〔百選 21〕は，「非上場会社が株主以外の者に新株を発行するに際し，客観的資料に基づく一応合理的な算定方法によって発行価額が決定されていたといえる場合には」特段の事情のない限り，有利発行にはあたらないと判示している。

同社の株式が買占めにあっていたことに加え，業界全体や会社自身の業績に対する評価の向上もあったとみられるものであった（東京地決平成 16・6・1 判時 1873 号 159 頁〔百選 20〕）。

このような場合においても，1010 円の市場株価を基礎として（一定のディスカウントをして）払込金額の決定がなされるべきであるのか，算定の基礎とする市場株価に一定の調整を加えることができるのか，あるいは，この市場株価は本来の会社の実力を反映したものでなく，異常な高騰であるとみて算定の基礎から除外することが認められるのか，これは難しい問題である。そのように高騰した市場価格を基礎としなければならないとすると，株式を引き受けようとする者は現れず会社にとって必要な資金調達ができないことになる。

日本証券業協会の自主ルールが新株発行を決定する取締役会決議の直前日の市場価格の 90% 以上の価額であることを求めていることは前述したとおりである。同ルールは，但書として，直近日までの価額または売買高の状況などを勘案し，当該決議の日から払込金額を決定するために適当な期間（最長 6 か月）を遡った日から当該決議の直前日までの間の平均の価格の 90% 以上の価額とすることができる旨（もっとも，この場合には理由の説明が必要である）を定めている。このルールによっても異常に高騰した市場株価を払込金額算定の基礎から除外できるわけではないが，一定の調整を図ることができる。この自主ルールそのものを正当であると判示した裁判例があるわけではないが，実務はこの自主ルールに依拠している。

さらに，高騰した株価を払込金額算定の基礎から除外することを認めた裁判例も存在する。この問題が議論される契機となった裁判例では，株式が市場で投機の対象となり，株価が著しく高騰した場合にも，市場価格を基礎とし，それを修正して公正な払込金額を算定しなければならないとしつつも，株式が市場において極めて異常な程度にまで投機の対象とされ，その市場価格が企業の客観的価値よりはるかに高騰し，しかも，それが株式市場における一時的現象にとどまるような場合に限っては，市場価格を新株発行における公正な払込金額の算定基礎から排除することができるというべきであるとした（東京地決平成元・7・25 判時 1317 号 28 頁）。

6 募集株式の発行等の瑕疵をめぐる争い ──────────●

募集株式の発行等の瑕疵についての事前・事後措置の概要

　募集株式の発行等が手続に違反してなされようとしている場合，あるいはなされてしまった場合，影響を受ける株主は，どのような手段がとれるだろうか。

　募集株式の発行等につき手続違反などの瑕疵がある場合，瑕疵を争う方法としては事前・事後の措置がある。今まさになされようとしている場合の事前の措置として募集株式の発行等の差止請求があり，なされてしまった場合の事後の措置として新株発行無効の訴え・自己株式処分無効の訴えがある。募集株式の発行等の効力が争われない場合であっても，関係者の責任が問題となる場合がある。

株主による新株発行の差止請求

(1) 新株発行の差止め

　新株発行（自己株式の処分も同じ）が法令または定款に違反し，または著しく不公正な方法により行われる場合，株主が不利益を受けるおそれがあるときは，株主は会社に対して，当該新株発行または自己株式の処分をやめるよう請求することができる（210条）。この請求は訴訟で行うこともできるが，その訴えを本案として発行差止めの仮処分を求めることもできる（民保23条2項）。この差止請求権は，不公正な新株発行または自己株式の処分により不利益を受ける株主個人の利益（→**2**）^の保護を目的としている。168頁

(2) 法令・定款違反

　法令または定款に違反する募集株式の発行等とは，具体的にどのような場合を指すのだろうか。いくつか代表的な例を挙げると，株主総会の決議を経ないで第三者割当て・公募による募集が特に有利な払込金額で行われる場合，発行可能株式総数（授権株式数）を超えて新株を発行する場合，定款に定めのない種類の株式を発行する場合などがある。**5**178頁で扱った有利発行をめぐる問題は，この形で争われることが多い。

(3) 著しく不公正な方法（新株の不公正発行）

(a) 不公正発行とは　　著しく不公正な方法により行われる募集株式の発行

等とは、直接法令または定款の具体的規定に違反してはいないが、不当な目的のために募集株式の発行等がなされる場合をいう。多くは、特に会社の支配争奪をめぐって争いがあるときに、支配に影響を与える新株発行が行われる場合に問題となる。この場合、第三者割当増資により、現経営陣または現経営陣を支持する者に対して新株発行がなされることが多い。第三者割当ての方法による新株発行は、通常、会社の議決権割合算定の際の分母を増加させることになるため、株式引受人以外の既存株主の議決権割合を減少させることにつながる。その際、支配関係に影響を及ぼすばかりか、発行株式数が相当数である場合には、支配の移転が生じる場合もある。

　また、会社支配に争いのある状況では、市場価格が高騰している場合も多い。そのような状況で、友好的な第三者に、支配関係に影響を及ぼすことになる相当数の新株を発行するためには、引き受けてもらえるよう、できるだけ低い払込金額で発行したいという意図が働く。そのような場合には、不公正発行のみならず同時に有利発行が問題となることも少なくないことには留意すべきである。そのため、会社の支配をめぐって争いがある場合になされる新株発行については、有利発行に該当するか否か、つまり有利発行であるにもかかわらず株主総会決議を経ていないという法令違反としての差止事由と、不公正発行としての差止事由が同時に問題となる場合もある。

　(b)　**主要目的ルール**　　新株の発行は、支配争奪時に支配権に影響を与える目的で利用される反面、会社にとって重要な資金調達手段であり、また、機動的な資金調達の必要性という観点から授権株式制度がとられている。そのため、裁判所はこれまで、当該新株発行が著しく不公正であるか否かを判断する際に、資金調達の目的と現経営者の支配維持目的（あるいは特定の株主の持株比率を低下させる目的）のいずれが当該新株発行の主要な目的であるかを検討してきた。これを主要目的ルールという。すなわち、「株式会社においてその支配権につき争いがある場合に、従来の株主の持株比率に重大な影響を及ぼすような数の新株が発行され、それが第三者に割り当てられる場合、その新株発行が特定の株主の持株比率を低下させ現経営者の支配権を維持することを主要な目的としてされたものであるときは、その新株発行は不公正発行にあたるというべきであ」る（東京地決平成元・7・25判時1317号28頁）とするのが、裁判所の基本的

立場である。もっとも，主要目的ルールをかなり緩やかに運用している例もある（東京高決平成 16・8・4 金法 1733 号 92 頁〔百選 96〕）。主要目的ルールを緩やかに運用すること，支配争奪の発生後に資金調達の必要性を探し出すことさえできれば，たとえ支配権の維持が目的であったとしても新株発行が差し止められないことにもなりかねないため，近時では，比較的厳格な運用がなされている（さいたま地決平成 19・6・22 判タ 1253 号 107 頁，東京地決平成 20・6・23 金判 1296 号 10 頁など。なお，東京高決平成 20・5・12 判タ 1282 号 273 頁も参照）。

新株発行無効の訴え

(1) 新株発行無効の訴えの概要

新株発行の無効（自己株式の処分の無効も同様。以下同じ）の主張を民法の一般原則どおり，誰でもいつでもどのようにでも主張できるとした場合，法律関係の安定を損ね，混乱を生じるおそれがある。また新株発行の無効の主張が，いつまでもできるとすれば，当該新株発行を前提として積み上がっていく法律関係を覆すことになり，取引の安全を害するおそれもある。しかし，法的に瑕疵のある新株発行について事後的にその効力を争う手段をまったく認めなければ，当該新株発行によって特に支配的利益を害される株主がその利益を回復する機会を奪われることになる。

そこで会社法は，新株発行の無効は，新株発行無効の訴えのみをもって主張することができることとし，その出訴期間を 6 か月（非公開会社では 1 年）としている（828 条 1 項 2 号・3 号）。提訴権者は，株主，取締役（執行役），監査役等（「株主等」。同条 2 項 1 号括弧書）であり（同項 2 号・3 号），被告は株式を発行した会社，自己株式の処分をした会社となる（834 条 2 号・3 号）。

無効の確定判決には対世効（838 条）を与えて法律関係の画一的確定を図るとともに，遡及効を否定して，将来に向ってその効力を失う（839 条）扱いとしている。これは，積み上げられた法律関係を覆さないためであり，既に行われた当該株式に対する剰余金の配当，当該株式に基づく議決権の行使などは効力を失わないことを意味している。

新株発行の無効の訴えに係る請求を認容する判決が確定したときは，会社は，判決の確定時における当該株式に係る株主に対し，払込みを受けた金額（また

は給付を受けた財産の給付の時における価額）に相当する金銭を支払わなければならない（840条1項・841条1項）。もっとも，この金銭の金額が，判決が確定した時における会社財産の状況に照らして著しく不相当であるときは，裁判所は，会社または株主の申立てにより，当該金額の増減を命ずることができる（840条2項・841条2項）。

(2) 新株発行の無効原因

会社法は何が新株発行の無効原因になるかを規定しておらず，この点については解釈に委ねられている。新株発行無効の訴えが規定されているのは，違法な新株発行により利益を害されるおそれのある既存株主の利益と，新株発行の無効を一般原則に委ねることによって害されるおそれのある取引の安全や法的安定性とのバランスを考慮したものと解されている。そこで一般には，定款所定の発行可能株式総数（37条・113条）を超過する発行，定款に定めのない種類の株式（108条1項・2項）の発行など，重大な法令・定款違反の場合に限って，無効事由が認められると解されている。

新株発行の無効原因について，最高裁がこれまで示してきた判断は，新株発行は新たな株主の地位を創出するという組織法上の行為ではあるが，資金調達の手段としては取引的な行為としての面をもつため，新株発行における取引の安全を重視する観点から，対外的に代表権のある代表取締役がなした新株発行であれば，内部的意思決定を欠いていても無効とはならず，しかし，既存株主保護の観点から，差止めの機会を保障すべく，差止仮処分や公示義務（201条3項・4項。→**4 募集事項の通知・公告** 175頁）に違反することは無効原因となるとするものである。

最高裁はこれまで，新株発行に関する有効な取締役会決議を欠くこと（最判昭和36・3・31民集15巻3号645頁）や，有利発行に関する株主総会特別決議を欠くこと（最判昭和46・7・16判時641号97頁〔百選22〕）もまた新株発行の無効原因とはならないと判断している。さらには，最判平成6・7・14判時1512号178頁〔百選100〕は，新株発行に関する有効な取締役会の決議がなくとも，代表取締役が新株を発行した以上，当該新株発行は有効であり，新株が著しく不公正な方法により発行されたこと，発行された新株が取締役によって引き受けられその者が現に保有していること，新株を発行した会社が小規模で閉鎖的で

あることなどの事情は結論に影響を及ぼさないとし，著しく不公正な方法による新株発行それ自体は，無効事由とはならない旨を判示している。

Column 4-3　非公開会社における新株発行無効事由

　本文で述べたとおり，最高裁は有利発行に関する株主総会特別決議を欠いても新株発行の無効原因とはならないとしている。しかし，非公開会社では，そもそも新株の発行について，株主割当て以外の場合には，株主総会の特別決議が必要とされているため，総会決議を欠くことの意味が，公開会社の場合とは異なる。この問題について最判平成24・4・24民集66巻6号2908頁〔百選26〕は，「非公開会社については，その性質上，会社の支配権に関わる持株比率の維持に係る既存株主の利益の保護を重視し，その意思に反する株式の発行は株式発行無効の訴えにより救済するというのが会社法の趣旨と解されるのであり，非公開会社において，株主総会の特別決議を経ないまま株主割当て以外の方法による募集株式の発行がされた場合，その発行手続には重大な法令違反があり，この瑕疵は上記株式発行の無効原因になると解するのが相当である」としている。

　これに対して最高裁は，新株発行差止仮処分命令に違反してなされた場合には，新株発行の無効事由となるとしているほか（最判平成5・12・16民集47巻10号5423頁〔百選99〕），新株発行に関する事項の公示を欠くことは，新株発行差止請求をしたとしても差止めの事由がないためにこれが許容されないと認められる場合でない限り，新株発行の無効原因となると解するのが相当であるとしている（最判平成9・1・28民集51巻1号71頁〔百選24〕）。

　このように，最高裁がこれまで示してきた判断は，新株発行の資金調達の手段としての性質を重視する側面から，内部的意思決定を欠いていても無効とはならず，しかし，既存株主保護の側面から，差止めの機会を保障すべく，差止仮処分や公示義務に違反することは無効原因となるとするという点で，一貫したものであるといえよう。ここからは，新株発行をめぐる争いについては，可能な限り，事前の保護措置である新株発行の差止めによるべきであるとする最高裁の姿勢も窺われよう。

3 新株予約権

1 新株予約権の意義とその利用 ─────────●

　新株予約権とは，会社に対して行使することにより，株式の交付を受けることができる権利であり（2条21号），権利者（新株予約権者）は，新株予約権を行使することにより会社の株主となる。

　たとえば，A会社が，新株予約権1個につき，平成××年4月1日から，平成○○年3月31日までの間（権利行使期間）に，A社株式を1株あたり12万円（権利行使価額）で1000株まで取得することのできる新株予約権を発行したとする。現在のA会社の株式の市場価格は1株10万円であるとしよう。この場合，新株予約権者は，権利行使期間内にA社株式の市場価格が12万円を超えることがあれば，権利行使をして株式の交付を受け，それを市場で売却すると，売却益を得ることができる。仮にA社株式の市場価格が20万円まで上昇すれば，当該新株予約権者は，権利を行使して権利行使価額に取得する株式数を乗じた額（12万円×1000株＝1億2000万円）をA会社に対して支払い，これを市場において市場価格で売却することにより，最大で8000万円の売却益を得ることができる（20万円×1000株＝2億円）。仮に権利行使期間にA社の市場価格が12万円を超えることがなければ，新株予約権者は権利を行使しても，損をするだけであるから，権利を行使しなければよい。ただし，新株予約権を有償で取得していた場合には，新株予約権を取得するための対価（払込金額）については損をすることになる。

　このように新株予約権は，会社に対する一種の株式取得の権利（いわゆるコール・オプション。あらかじめ定められた将来の一定の時期において，あらかじめ定められた一定の価格で買うことのできる権利。→Column 2-19）^{99頁}である。新株予約権者は，会社による新株割当ての手続を経ることなく，その権利の行使および払込みにより当然に株式の交付がなされて株主となる。

　会社が新株予約権を発行するときは，①当該新株予約権の目的である株式の
数またはその数の算定方法，つまり，その新株予約権を行使することにより，
何株の株式を得ることができるのか，②当該新株予約権の行使に際して出資さ
れる財産の価額またはその算定方法，つまり，その新株予約権を行使する際に
いくら払えばいいのか，③金銭以外の財産を当該新株予約権の行使に際してす
る出資の目的とするときは，その旨ならびに当該財産の内容および価額，つま
り，その新株予約権の行使にあたって現物出資が予定される場合に何がどのよ
うな価額で出資されるのか，④当該新株予約権を行使することができる期間，
つまり，いつからいつまでの間に行使することができるのか，⑤当該新株予約
権の行使により株式を発行する場合における増加する資本金および資本準備金
に関する事項，つまり，新株予約権が行使され，株式が発行された場合に，払
い込まれた額をどこまで資本金の額とするのか（445条参照），などを当該新株
予約権の内容としなければならないとされている（236条1項）。

　新株予約権の内容が定められ，新株予約権が発行されるのは，以下の募集新
株予約権の発行（→**2**）の場合，新株予約権無償割当て（→**3**）の場合などがあ
る。

2 募集新株予約権の発行

発行の態様

　募集株式の発行等の場合と同様に，募集に応じて新株予約権の引受けの申込みをした者に対し割り当てられる新株予約権を，募集新株予約権という。会社が募集新株予約権の発行を行う場合には，新株発行の場合と同様，株主割当て，第三者割当て，公募の方法がある。

募集事項の決定

　会社は，その発行する新株予約権を引き受ける者の募集をしようとするときは，その都度，募集新株予約権について募集事項を定めなければならない（238条1項柱書）。募集事項として法定されているものは，①募集新株予約権の内容および数，②募集新株予約権と引換えに金銭の払込みを要しないこととする場合には，その旨，③②に規定する場合以外の場合には，募集新株予約権の払込金額（募集新株予約権1個と引換えに払い込む金銭の額）またはその算定方法，④募集新株予約権を割り当てる日（割当日），⑤募集新株予約権と引換えにする金銭の払込みの期日を定めるときは，その期日などである。

　募集株式の発行等の場合の募集事項の決定（199条）と比較すると，新株予約権については，自己新株予約権の処分についての規定がない。また募集株式の発行等の場合には，払込価額が必ず存在するのに対して，新株予約権については無償で発行することも可能であるという違いがある。

発行権限・割当て・払込み

　発行権限・割当て・払込みについては，募集株式の発行等と同様に考えることができる（発行権限につき，240条1項，241条3項3号，238条3項・2項，割当てにつき，242条〜244条，払込みについて246条）。

Column 4-5　募集新株予約権の有利発行と新株予約権の評価

　募集新株予約権の有利発行とは，公正な払込金額よりも特に低い価額による

発行をいう。この場合の公正な払込金額とは，どのようなものなのだろうか。そもそも新株予約権の価額とは，どうやって算出されるのだろうか。

　新株予約権にはコール・オプションとしての価値が認められるため，一般に，オプション評価モデルに従って算出された募集新株予約権の発行時点における価額であると説明される（東京地決平成 18・6・30 判タ 1220 号 110 頁〔百選 25〕）。

　オプション評価モデルとは，①行使価額，②行使期間，③現在の株価，④株価変動率などの要素から，オプションの価値を算出するものであり，実務上，いくつかのモデルが考案されている。各要素について，一般的には，行使価額は低いほど，行使期間は長いほど，また株価変動率は大きいほど，現在の株価は高いほど，オプションの価値を引き上げる方向に作用するといえよう（→図表 2-4）。^{97頁}

　もっとも，これらオプション評価モデルによる価値の算出は，いくつかの仮定や前提条件を伴うものであり，また数値の算入にも主観的な判断が入ることがある。そのため，オプション評価モデルによって価額を算出した場合であっても，それが尊重されない場合もある（前掲東京地決平成 18・6・30。なお，東京地決平成 17・3・11 判タ 1173 号 143 頁参照）。

3　新株予約権の無償割当て

　株式会社は，株主に対して新たに払込みをさせないでその会社の新株予約権の割当て（新株予約権無償割当て）をすることができる（277 条）。株主に新たな払込みをさせない点では，株式の無償割当て（185 条）に類似する制度であるといえる。これを用いれば，株主割当ての方法による募集株式の発行等に際し，株主が当該割当てを受ける権利を譲渡することが可能になる。**22 経済的利益への影響**で説明した新株発行における株主割当ての仕組みを思い出してほしい。^{169頁}もっとも，実際には，敵対的企業買収に対する防衛策として使われることが多い。

　新株予約権無償割当てに関する事項の決定は，定款に別段の定めがある場合を除き，取締役会設置会社では取締役会の決議による（278 条 3 項）。取締役会によるこの事項の決定のうち，株主に割り当てる新株予約権の内容および数または算定方法については，自己株式を除き，株主の株式の数に応じて新株予約

権を割り当てることを内容とするものでなければならない（同条1項1号・2項）。新株予約権の無償割当ては株主としての地位に基づいてなされるので，平等な取扱いがなされなければならないという趣旨である。

4 新株予約権の発行の瑕疵をめぐる争い ─────●

▌募集新株予約権の発行差止め▐

　募集新株予約権の発行が法令または定款に違反する場合または当該新株予約権の発行が著しく不公正な方法により行われる場合において，株主が不利益を受けるおそれがあるときは，株主は，会社に対し，募集新株予約権の発行の差止めを請求することができる（247条）。募集株式の発行等の差止めの場合に合わせた規定となっている。

Column 4-6　新株予約権と買収防衛策

　主要目的ルール（→❷6 **株主による新株発行の差止請求**(3)(b)）は，支配争奪時における新株発行が不公正発行に該当するか否かを判断する基準であるが，これは支配争奪時の新株予約権の発行の場合にも適用されるとするのが裁判例（東京高決平成17・3・23判時1899号56頁〔ライブドア・ニッポン放送事件。百選97〕の立場であり，同決定は，結論として当該事案における新株予約権の発行を，取締役会に与えられている権限を濫用したもので，著しく不公正な新株予約権の発行と認めざるを得ないとしている。

　もっとも，同決定は，支配権維持目的の新株予約権発行を正当化する特段の事情にも言及しており，株主全体の利益保護の観点から当該新株予約権発行を正当化する特段の事情があることを会社が疎明，立証した場合には，会社の経営支配権の帰属に影響を及ぼすような新株予約権の発行を差し止めることはできないとも判示しており，一定の例外を認めるに至っている。

　このような主要目的ルールの例外を構成する考え方は，近時の買収防衛策をめぐる裁判例にも現れてきている。敵対的買収者による支配権の取得が会社に回復し難い損害をもたらす事情がある，というほか，「会社の企業価値がき損され，会社の利益ひいては株主の共同の利益が害されることになるような場合」（最決平成19・8・7民集61巻5号2215頁〔ブルドックソース事件。百選98〕）など対抗策としての必要性が認められ，相当性を欠くものでない場合

には（必要性と相当性），支配権維持・確保を目的とする対抗策を認めるとする考え方がとられている。

　このような必要性・相当性についての判断に際して，裁判所は一定程度株主の判断を尊重する姿勢をみせており，ニッポン放送事件とブルドックソース事件の結論を分けた一つの要素の中には，買収防衛を決定した機関が，取締役会限りであったのか，株主総会に付議したのか，という違いにも着目する必要があるだろう。

新株予約権発行無効の訴え

　新株予約権の発行に瑕疵がある場合にも，新株発行の無効の場合と同様の趣旨により，新株予約権発行の無効の訴えが設けられている（828条1項4号）。この無効の訴えについては，手続，判決の効力など，基本的に新株発行無効の訴えの場合と同様である。

 社　　債

1　総　説 ―――――――――――――――――――――――――――●

社債の発行による資金調達

　既にみたとおり（→①166頁），社債による資金調達は，金融機関を介して会社が外部資金を調達する方法（間接金融）とは異なり，一般投資家から，直接に資金を借り入れるものである（直接金融）。この場合，多額かつ長期の資金調達が可能になるほか，外部から直接に資金を調達する社債の方が，通常は金融機関からの借入れよりも低いコストでの資金の調達が可能である。

　会社が一般から直接に資金（外部資金）を調達する制度である点で，社債の発行と募集株式の発行等とは，その経済的機能，法律上の技術的な仕組みにも類似点があるが，株式との対比において，社債では，①確定額の利息の支払を受け，②清算手続において株式に先立って元本と利息の弁済を受け，③株式が会社の存立中には原則として会社からの払戻しを受けられないのに対して，社

債は償還期限が来れば償還を受ける（弁済される）との違いがある。

社債の分類

会社法上の社債の分類は，記名式社債か無記名式社債かという分類と普通社債か新株予約権付社債かという分類である。実際の利用は，無記名式の社債券（有価証券）が発行される無記名式社債である（681条4号括弧書）。また，新株予約権が付されていない社債を普通社債と呼び，これが会社法の定める社債の原則形態である。以下の解説も無記名式，普通社債を中心として行う。

Column 4-7　新株予約権付社債

新株予約権付社債とは，新株予約権を付した社債である（2条22号）。会社法上の新株予約権付社債は，新株予約権と社債とが一体となったものであり，この二つを分離して譲渡することは，原則としてできない（254条2項・3項）。新株予約権付社債は，株価が上昇すれば新株予約権を行使し，取得した株式を売却することにより売却益を得ることができ，株価が上昇しなければ，社債として利息を得ながら社債金額の償還を受ければよいという点で，投資家にとってメリットがあり，新株予約権を付することで，通常の普通社債よりも，社債の利率を低く設定することが可能になるという点で，発行する会社にもメリットがあるというものである。この新株予約権付社債のように，潜在的に株式の発行と結びつく社債のことをエクイティ・リンク債と呼ぶことがある。また，新株予約権付社債の発行手続は，新株予約権の発行手続に従って行われ（238条1項6号・7号），募集社債の発行手続に関する規定（676条〜680条）は適用されない（248条）。

2　社債発行の手続

募集事項の決定

新株発行の場合とほぼ同様である。取締役会で①募集社債の総額，②各募集社債の金額，③募集社債の利率，④募集社債の償還の方法・期限，⑤利息支払の方法・期限などの一定の事項（募集事項）を定めなければならない（676条・

362条4項5号)。

指名委員会等設置会社の場合には，執行役に決定を委任することが可能である（416条4項の反対解釈。監査等委員会設置会社については，399条4項・5項参照）。

┃ 募集社債の申込み・割当て ┃

申込みについても新株発行の場合とほぼ同様である（677条）。申込みに応じて会社は，申込者の中から募集社債の割当てを受ける者を定め，かつ，その者に割り当てる募集社債の金額および金額ごとの数を定めなければならない（678条1項）。これにより，募集社債の申込者は，会社の割り当てた募集社債につき，募集社債の社債権者となる（680条）。

3　社債の管理と社債権者の保護 ─────────────●

社債権者は，取引上の個別的な債権者とは異なり，社債発行条件を信頼して社債権者となる。そのため，社債権者に対しては個別債権者とは異なる保護が必要となる。そこで会社法は，社債管理者の設置を原則として強制し，これに社債権者の利益を保護する任務を課している（702条～714条）。また，多数に及ぶ社債権者が共同の利益を守ることの便宜として，社債権者集会の制度（715条以下）を認めている。

┃ 社債管理者 ┃

会社は，社債の発行に際して，原則として，社債管理者を定めなければならない（702条本文）。すなわち，社債権者の保護のために，原則として，設置が強制されるものである。社債管理者とは，社債権者のために，弁済の受領，債権の保全その他社債の管理を行うものであって，これらを職務とする以上，専門的な能力が必要とされるため，銀行，信託会社，およびこれに準ずる金融機関などに限って，その資格が認められる（703条，会社則170条）。

社債管理者は，会社に対しては委任関係に立っているが，社債権者に対しては，特別の契約関係に立たない。しかし，社債管理者は，社債権者のために社債の管理を行うべく設置が求められているものであり，また，その社債権者は多数であるため，社債管理の事務は，これらの社債権者のために，公平かつ誠

実になされることが要請される。そのため，会社法は，社債管理者は，社債権者のために，公平かつ誠実に社債の管理を行わなければならないとし（704条1項。公平・誠実義務），社債管理者は，社債権者に対し，善良な管理者の注意をもって社債の管理を行わなければならないとしている（同条2項。善管注意義務）。

社債管理者は，社債権者のために社債に係る債権の弁済を受ける権限を有し（705条1項），社債管理者が弁済を受けた場合には，社債権者は，その社債管理者に対し，社債の償還額および利息の支払を請求することができる（同条2項前段）。また，社債管理者は，社債に係る債権の実現を保全するために必要な一切の裁判上または裁判外の行為をする権限も有し（同条1項），そのために必要があるときは，裁判所の許可を得て，社債発行会社の業務および財産の状況を調査することができる（同条4項）。

社債管理者は，公平・誠実義務，善管注意義務違反のほか，法律違反または社債権者集会の決議に違反する行為をしたときは，社債権者に対し，連帯して，違反行為によって生じた損害を賠償する責任を負う（710条1項）。

社債管理者は，社債を発行する会社と取引関係のある銀行（メインバンク）であることも多い。そのため，社債管理者としての立場と取引銀行（債権者）としての立場が衝突する場合（利益相反が生じる場合）がある。会社が厳しい状況に置かれると，銀行の立場としては自分の債権を回収したいが，社債管理者としては，社債権者のための行動が求められるのである。そこで会社法では，このような利益相反に対処するため，一定の場合に社債管理者に損害賠償責任を課している（710条2項）。

このように会社法は社債管理者の設置を原則として強制しているが（702条本文），実際には，例外規定によって設置されていないことが多い。例外とされているのは，各社債の金額が1億円以上である場合，その他社債権者の保護に欠けるおそれがないものとされる場合である（同条但書）。各社債の金額が1億円以上である場合に設置が強制されないのは，そのような社債を購入できるのは機関投資家等，プロの投資家であり，自衛が期待できるからである。また，その他社債権者の保護に欠けるおそれがないものとされているのは，ある種類の社債の社債権者が50名未満の場合であり（会社則169条），このような場合には，相対での交渉も可能であるし，社債権者集会を開催することも困難では

ないと考えられたからである。もっとも，近時，社債管理者を定めないで発行
された社債について，債務の不履行が発生し，社債権者に損失や混乱が生ずる
という事例が見られた。そこで，令和元年会社法改正によって，社債管理補助
者 用語 の制度が設けられるにいたっている（714条の2〜714条の7）。

社債権者集会

　社債権者集会は，株主総会のような機関ではないが，社債の種類ごとに組織
され（715条），社債権者の利害に関する事項につき，その意思を決定する臨時
的な合議体である（717条1項）。

　同一社債の社債権者は，一般の債権者とは異なり，互いに利害共通の関係に
あり，また社債は長期の債権であるから，その償還に至るまでに，利息の支払
いその他権利の保全に関し，問題を生ずるおそれもある。社債発行会社として
も，個々の社債権者と交渉することは困難であるから，社債権者集会の制度を
認めることは，社債発行会社の利益にも適う。

　社債権者集会の招集手続は，ほぼ株主総会の招集手続に準じており（719条
〜722条，会社則172条〜174条），費用は会社が負担し（742条1項），社債権者は，
社債の金額の合計額（償還済みの額は除かれる）に応じて，議決権を有する（723
条1項）。議決権の行使に際しては，株主総会の場合と同様，代理行使（725条），
書面投票（726条），電子投票（727条），不統一行使（728条）が認められる。社
債発行会社・社債管理者・社債管理補助者も社債権者集会の決議につき，重大
な利害関係を有しているため，これらの代表者・代理人の出席・書面による意
見陳述の機会が与えられている（729条1項本文）。これらの者は社債権者集会
における議決権はないが，招集通知はこれらの者に対してもなす必要がある
（720条1項）。

notes ―――――――――――――――――――――――――――――――――――・

用語 **社債管理補助者**　　社債権者のために，社債の管理の補助を行うことを会社から委託された者であ
る（714条の2）。社債管理者よりも裁量の余地の限定された権限のみを有するが（714条の4），社債
管理者と同様の公平誠実義務と善管注意義務を負い，違反行為によって生じた損害を賠償する責任を負う
（714条の7。ただし，710条2項は準用されない）。社債管理補助者の資格については，社債管理者の
資格を有する者（703条各号，会社則170条各号）から，その範囲を拡張している（714条の3，会
社則171条の2各号。弁護士・弁護士法人）。補助であればできる者の範囲は拡がると考えられたから
である。

社債権者集会の決議事項は会社法に規定されている事項，および社債権者の利害に関する事項であり（716条），その決議は原則として，出席した議決権者の議決権の総額の過半数の同意によって成立するが（724条1項），支払いの猶予，免除，訴訟行為，法的倒産手続に関する行為等一定の重要な事項については，議決権者の議決権の総額の5分の1以上で，かつ出席した議決権者の議決権の総額の3分の2以上の同意を要する（同条2項）。

　このように，社債権者集会においては，支払いの猶予，免除などを決議することがあり得る（706条1項）。かかる場面では，支払いの猶予，免除に応じたくないと考える社債権者がいても，社債権者集会における多数決による決議に拘束され，一般の会社債権者よりも不利な立場に立たされる可能性もある。そのため，社債権者集会の決議が効力を生ずるためには，裁判所の認可がなければならない（734条1項）とされているのである。

CHAPTER

第 **5** 章

計　算

　会社は，会社の経営成績や財政状態を利害関係者に定期的に開示し，開示された情報をもとに企業活動の成果として生じた利益の一部を株主に分配する。また，会社が株主に対して分配できる額については，株主と会社債権者との間に利害の対立が生じる。本章では，こうした株主と会社債権者との利害の調整を図る様々なルールについて学んでいく。

1 会社法上の会計の目的

SCENE 5-1

高田「青葉さん！　法務部で頑張っているね。」

青葉「高田さんの経理部も決算期で忙しいんじゃないの？　そういえば，五山電機の粉飾決算が明るみになって，テレビや新聞で騒ぎになっているけど。何やらバブル期の投資の失敗を隠そうとしたとか……。株価は急落するし，株主にしたらたまったものじゃないね。」

高田「日常業務を逐一チェックできない株主にしてみれば，会社が定期的に公表している情報こそが拠りどころだからね。」

青葉「学生の頃，就職を志望する会社の貸借対照表や損益計算書を見てみなさいと会社法の先生が言っていたけど，数字がたくさん並んでいて，当時は何が何だか……。」

高田「私も，会社法の授業では一番苦手な分野だったけど，まさか自分が経理部に配属されるとは（笑）でも最近は，会社の業績や，お金やモノの流れを知る上で重要な書類だなって実感しているの。」

1 総　　説

　会社法上の会計の目的は，第一に，株主と会社債権者に対して情報を提供することである。株主は，一般的には会社の経営に直接携わることがない（所有と経営の分離）ため，会社が開示する情報を通じて議決権行使や投資判断における意思決定を行う。また，株主有限責任制度（→第１章②）の下では，会社
債権者の債権の引当てとなる財産は会社の財産に限られるため，会社債権者は，債権を確実に回収するように管理する上で，その判断材料を会社から定期的に提供してもらう必要がある。もしも各々の会社が何ら統一性もなく情報を開示できるとすれば，株主や会社債権者が複数の会社の財務状況を比較検討することは難しくなってしまうであろう。そこで会社法は，情報開示のあり方について一定のルールを定めている。

　会社法会計の第二の目的は，会社財産の株主に対する分配可能額を算定することである。一般に，株主は，現在の会社の財務状況が正確に反映された会計を求める一方，会社債権者は，債権の唯一の引当てとなる会社財産ができるだけ外部に流出しないように，保守的に会社の財産を見積もり，会社内部にとど

めておきたいと考えるであろう。このように分配可能額の算定に際し，株主と会社債権者との間には利害の対立が生じるため，会社法は，両者の利害の調整を図るルールを用意している。

2　会社法会計のルール——公正な会計慣行

　会社法上の会計を規律するルールは，会社法第2編第5章「計算等」の431条～465条に定められ，その運用の多くは会社法施行規則および会社計算規則に委ねられている。もっとも，これらの法令がすべてではなく，会社の会計は「一般に公正妥当と認められる企業会計の慣行（**公正な会計慣行**）に従うものとする」（431条）と包括的に規定されている【判例】。この「公正な会計慣行」とは，主に金融庁の企業会計審議会が作成した企業会計原則などの会計基準とされる（なお，あるべき会計基準は民間に委ねた方がよいとの背景があり，平成13年以降，企業会計基準委員会が会計基準や運用指針などを策定している）。

Column 5-1　継続性の原則

　企業会計原則では，企業がいったん採用した会計処理の原則や手続を毎期継続して適用しなければならないとされており，これを継続性の原則という。一つの会計事実について複数の会計処理方法が認められている場合に，企業が期ごとに異なる会計処理を行うと，利害関係者が会計上の数値を比較・検討することが困難となる。また，企業が恣意的な決算数値を作り出す可能性も生じる。こうしたことから，会社が正当な理由により会計方針を変更する場合には，変更理由や当該変更が計算書類に与える影響などの内容を明らかにする必要がある。会計方針の変更は，監査報告や会計監査報告における追記情報（会社計算122条1項4号・126条1項5号）として利害関係者に開示される（→**2 1個別注記表** 208頁）。

【判例】会社の会計処理方法が「公正な会計慣行」に違反するとして取締役の責任が争われた事例として，最判平成20・7・18刑集62巻7号2101頁〔百選72〕がある。

Column 5-2　会社法会計以外の会計ルール

株主と会社債権者に対する情報の提供と両者の利害調整を図ることが会社法会計の目的である。それ以外にも目的が異なる会計制度がある。

金融商品取引法は，同法が適用される上場会社等について，会計に関する詳細な情報開示を求めている。金融商品取引法上の会計規制は，会社法上の会計が目的とする分配可能額の算定とは異なり，投資者保護のために投資者に対して投資判断に必要な情報提供を行うことを目的としている。

このほか，主として税負担の公平性を目的とする税法会計がある。

2 計算書類等と決算

会社は，各事業年度の終わりに，当該事業年度の**決算**を行う。決算とは，計算書類等を作成し，法定の手続を経てその内容を確定した上で公開する一連の手続をいう。内容が確定された計算書類等は，株主に対する配当を算定する基礎となる。

図表 5-1　決算手続フロー

1. 計算書類等の作成・保存
↓
2. 計算書類等の監査
↓
3. 取締役会の承認
↓
4. 株主への提供と公開
↓
5. 計算書類の承認（ただし，439条〔承認ではなく報告〕）
↓
6. 計算書類の公告等による開示

1　計算書類等の作成・保存

会社は，事業年度ごとに，計算書類，事業報告とこれらの附属明細書を作成

しなければならず（435条2項），作成した計算書類とその附属明細書は，計算書類の作成時から10年間保存しなければならない（同条4項）。

　計算書類は，①貸借対照表，②損益計算書，③株主資本等変動計算書，④個別注記表の四つを指す。それ以外に，会計に関わる部分を記載内容に含まない⑤事業報告と，これらの⑥附属明細書があるが，⑤と⑥は計算書類には含まれないことに注意してほしい。それでは，各書類には具体的にどのような内容が記載されるのかみていこう。

貸借対照表

　貸借対照表は，決算期における会社の資産・負債・純資産を記載し，その時点の会社の財政状態を明らかにする計算書である。具体的には，貸借対照表の左側を**資産の部**，右側を**負債の部**と**純資産の部**に区分して表示される（会社計算73条。→図表5-2）。
_{204頁}

　貸借対照表の左側の資産の部をみれば，たとえば当該会社が保有している現預金や有価証券，土地や工場の保有状況など，その会社が決算期末において有する資産状況を金額に換算した形で知ることができる。

　また，貸借対照表の右側は，当該会社が保有する資産を取得するための資金の調達方法を示している。すなわち，会社が銀行などからの融資あるいは社債の発行により資金調達をしたのか（負債の部に表示される），株式を発行して資金調達をしたのか（純資産の部に表示される）を知ることができる。このように会社が調達した資金は，何らかの形でその会社の資産として表示されるので，貸借対照表の左側の資産の部の合計額と，右側の負債の部と純資産の部を足し合わせた合計額は一致する（左側と右側の数値が一致するのでバランス・シート〔Balance Sheet（B/S）〕と呼ばれる）。

(1) 資産の部

　資産の部は，流動資産，固定資産（固定資産はさらに有形固定資産と無形固定資産に区分される），繰延資産の大きく三つに区分し記載される（会社計算74条1項）。流動資産は，会社の営業活動において生じる現金や債権・商品などの資産のほか，1年以内に現金化などがなされる（ワン・イヤー・ルール）資産である。固定資産は，建物や土地など，長期間にわたり事業のために供される資産

図表 5-2 貸借対照表

（令和３年３月31日現在）（単位：百万円）

資産の部		負債の部	
流動資産	×××	**流動負債**	×××
現金及び預金		支払手形	
受取手形		買 掛 金	
売 掛 金		短期借入金	
有価証券		社債（１年以内に償還予定）	
製　　品		未払費用	
半製品・仕掛品		前 受 金	
原材料・貯蔵品		預 り 金	
繰延税金資産		そ の 他	
そ の 他		**固定負債**	×××
貸倒引当金	△×××	社　　債	
固定資産	×××	長期借入金	
有形固定資産	×××	退職給付引当金	
建物・構築物		役員退職慰労引当金	
機械・装置		再評価に係る繰延税金負債	
工具・器具・備品		そ の 他	
土　地			
建設仮勘定		**負債合計**	×××
無形固定資産	×××	純資産の部	
工業所有権			
そ の 他		**株主資本**	×××
投資その他の資産	×××	資 本 金	
投資有価証券		資本剰余金	
子会社株式・出資金		資本準備金	
長期貸付金		その他資本剰余金	
繰延税金資産		利益剰余金	
そ の 他		利益準備金	
貸倒引当金	△×××	その他利益剰余金	
繰延資産	×××	任意積立金	
創 立 費		繰越利益剰余金	
		自己株式	△×××
		評価・換算差額等	×××
		その他有価証券評価差額金等	
		株式引受権	×××
		新株予約権	×××
		純資産合計	×××
資産合計	××××	**負債及び純資産合計**	××××

である。たとえば，不動産を業とする会社が販売目的で所有する不動産は流動資産であるが，その会社が所有する本社ビルは同じ不動産でも固定資産である。繰延資産は，当該事業年度の費用として計上せず，資産の部に計上し，次年度以降に費用化するものである。

資産については，原則として会計帳簿^{用語}に取得金額を付す（原価主義。会社計算5条1項）が，時価が取得原価より著しく低下し，回復する見込みのないものについては時価を付さなければならない（同条3項1号）。また，償却すべき資産については，相当の償却（減価償却）をしなければならない（同条2項）。

Column 5-3　減価償却・繰延資産・引当金

　減価償却・繰延資産・引当金は，いずれも会社が生み出す各事業年度の収益に対応すると考えられる費用を合理的な期間に割りふるために行う会計手法である（費用収益対応の原則）。会社に現金の出入りが実際にあった時ではなく，経営成果に関する事実が発生した時点において収益や費用を認識・計上することにより，各事業年度の収益を生み出すために必要とされた費用を正確に把握することができる。

　減価償却とは，ある固定資産の耐用年数にわたり，一定の方法により当該資産を取得した金額を各事業年度に配分して費用計上することをいう。

　たとえば，ある製造会社が購入した機械や設備は，購入した年度だけではなく次年度以降も製品の製造や売上に貢献すると考えられるので，複数年度にわたって減価償却費として費用計上することが合理的である。

　また，繰延資産は，会社が既に支出した費用を貸借対照表上の資産項目にいったん計上する金額で，次年度以降に費用化するものである。有価証券や不動産などのように換価することができない資産であるため，会計上，繰延資産に計上できるものは創立費や開業費などに限られている。

　繰延資産とは対照的に，引当金は将来の費用や損失に備えて貸借対照表上の負債項目に計上する金額である。

---

(2)　負債の部

負債の部は，流動負債，固定負債の大きく二つに区分し記載される（会社計算75条1項）。負債については，原則として会計帳簿に債務額を付さなければならない（会社計算6条1項）。退職給付引当金など，一定の場合については時

---

notes

^{用語}**会計帳簿**　計算書類および附属明細書の作成の基となった仕訳帳，元帳，補助簿のことをいい，会社は帳簿閉鎖時から10年間は会計帳簿を保存しなければならない（→*4*〔212頁〕参照）。

価または適正な価格を付すことができる（同条2項）。

(3) 純資産の部

純資産の部は，資産の部と負債の部との差額として示すことができ，その主たる部分は株主の持分（株主資本）である。この差額部分について，通常は資産額が負債額を上回ることになるが，仮に負債額が資産額を上回った場合，当該会社は「**債務超過**」と呼ばれる状態にある。すなわち，債務超過に陥っている会社においては，その会社が保有しているすべての資産を換価しても負債額すべてを弁済することができない状況にあることがわかるだろう。

純資産の部は，**株主資本**，**評価・換算差額等**，**株式引受権**，**新株予約権**に区分しなければならない（会社計算76条1項）。株主資本の項目は，さらに**資本金**，**資本剰余金**，**利益剰余金**などに区分される（同条2項）。

損益計算書

前年度と今年度の貸借対照表を比較することにより，その会社の資産の増減額はわかるが，どのような理由で資産が増減したかを知ることはできない。

損益計算書は，一会計期間に発生した収益とそれに対応する費用を記載し，当該期間における会社の経営成績を明らかにした計算書である。損益計算書を見ることで，当該事業年度においてどのような利益（あるいは損失）が生じたかを知ることができる。具体的には，収益と費用を各項目に区分して表示することが定められている（会社計算88条1項。→図表5-3）。

図表5-4を見てみよう。会社の経営成績は最終的に損益計算書の当期純利益として示される。この当期純利益の分だけ，期末の貸借対照表における純資産（「その他利益剰余金」）が増加するため，当該会社の資産が増えたことがわかるだろう。このように損益計算書と貸借対照表は，密接に関連している。

損益計算書（令和２年４月１日から令和３年３月 31 日まで）

【営業損益の部】	(単位:百万円)
売 上 高	
売上原価	
売上総利益	×××
販売費及び一般管理費	
営業利益（損失）	×××
【営業外損益の部】	
営業外収益	
受取利息・配当金	
その他	
営業外費用	
支払利息	
その他	
経常利益（損失）	×××
特別利益	
固定資産売却益	
特別損失	
火災損失	
税引前当期純利益（損失）	×××
法人税・住民税及び事業税	
法人税等調整額	
当期純利益（損失）	×××

①売上高，②売上原価，③販売費・一般管理費
　……会社の営業活動から生じる収益・費用を記載する部分
　⇒「営業損益金額」（会社計算 90 条）

④営業外収益，⑤営業外費用
　……営業活動以外から生じる損益であって，特別損益に
　　　は属しない収益・費用を記載する部分
　⇒「経常損益金額」（会社計算 91 条１項）

⑥特別利益，⑦特別損失
　……臨時に発生する損益，および，過年度に発生したが
　　　未記載の収益・費用を記載する部分
　⇒「税引前当期純損益金額」（会社計算 92 条）

　⇒「当期純損益金額」（会社計算 94 条）

図表 5-4 貸借対照表と損益計算書との関係

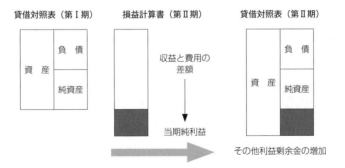

貸借対照表（第Ⅰ期）　　損益計算書（第Ⅱ期）　　貸借対照表（第Ⅱ期）

資産　負債　純資産　　収益と費用の差額　→　当期純利益　　資産　負債　純資産　　その他利益剰余金の増加

Column 5-4　業績好調の企業が赤字!?──会社の成績を覗いてみよう

　昨今の新商品がヒットして業績が好調な会社なのに,「○○電機が今期300億円の赤字」といった新聞記事を目にして不思議に思ったことはないだろうか。ここでは,営業利益と税引前当期純利益の違いを理解しよう。

　営業利益は,会社の本来の営業活動(商品やサービスの販売・提供など)から生じる利益のことである。他方で,バブル期に高騰した価格で取得し,多額の含み損のある不動産を一括して売却した場合や,災害によって損失を被った場合などは,損益計算書において特別損失として計上される。税引前当期純利益は,このような特別損失を計上した後の数値である。したがって,本業が好調な会社でも,特別損失を計上することで当期の業績が赤字(税引前当期純損失)になることがある。逆に,本業が不振で営業利益は大幅な赤字であるが,会社が保有する不動産を売却することにより何とか利益(特別利益)を捻出したことで,当期の業績が黒字(税引前当期純利益)になることもある。はたして○○電機の事業の将来性はどうなのだろうか!?

株主資本等変動計算書

　株主資本等変動計算書は,当該事業年度における純資産の部における各項目の変動についての情報を示す計算書類である(会社計算96条)。

個別注記表

　個別注記表は,貸借対照表など上記の計算書類についての注記等をまとめて記載する計算書類である(会社計算97条〜116条)。また,当該会社が事業を継続できるかどうか疑義が生じているような場合において,改善してもなお継続企業の前提(会社は将来にわたって事業を継続することを前提としていること)に関して重要な不確実性がある場合や,重要な会計方針の変更に係る事項などについても注記される。

事業報告

　事業報告は,事業の内容・経過や成果など,当該事業年度における会社の重

要な情報を文章で説明する報告書である（会社則117条〜126条）。また，会社支配に関する方針として，買収防衛策に関する事項なども記載される（会社則118条3号）。事業報告は会計に関する部分は含まれない（計算書類に該当しない）ので，監査役の監査対象であるが，会計監査人の監査の対象とはならない。

｜附属明細書｜

附属明細書は，計算書類，事業報告それぞれの内容を補足する重要な事項を示すものである（会社則128条，会社計算117条）。

2　計算書類等の監査 ━━━━━━━━━━━━━━━━━━━━━●

1において作成された書類については，監査役の監査を受けなければならず（436条1項），会計監査人設置会社においては，計算書類とその附属明細書について会計監査人の監査も受けなければならない（436条2項1号）。これらの監査の結果，監査役は**監査報告**（監査役会設置会社であれば監査役会監査報告）として，また，会計監査人は**会計監査報告**として報告する（→第**2**章**4**1 **監査役の職**^{106頁}**務と権限**(3)，**3 権限・義務**^{109頁}）。各々が報告すべき内容については，監査の方法や内容，計算関係書類が会社の財産・損益の状況をすべての重要な点において適正に表示しているかどうかについての意見のほか，報告を作成した日などが法定されている（会社則129条〜132条，会社計算122条〜132条）。

3　取締役会の承認 ━━━━━━━━━━━━━━━━━━━━━━●

取締役会設置会社では，監査報告を受けた計算書類等について，取締役会の承認を受けなければならない（436条3項）。

4　株主への提供と公開 ━━━━━━━━━━━━━━━━━━━━●

取締役会設置会社では，定時株主総会の招集の通知に際し，取締役会の承認を経た計算書類と事業報告（必要な場合には，監査報告または会計監査報告）を株主に対して提供しなければならない（437条。→第**2**章**2**2 **招集通知**^{32頁}）。また，計算書類，事業報告およびこれらの附属明細書（必要な場合には，監査報告または会計監査報告）を定時株主総会の日の2週間前の日から，本店には5年間，支

店にはその写しを3年間備え置かなければならない（442条1項・2項）。これらの書類について，株主と会社の債権者，親会社社員（親会社社員については裁判所の許可が必要）は，会社の営業時間内はいつでも閲覧やその書面の謄本または抄本の交付を請求することができる（同条3項・4項）。こうした書類の備置きや閲覧等の制度は，株主総会の招集通知の際に株主に提供される書類の対象とはなっていない附属明細書を確認できる機会を設ける点に意義がある。

5 計算書類の承認

定時株主総会に提出された計算書類については，株主総会の承認を受けなければならない（438条2項）。また，事業報告については，取締役はその内容を報告しなければならない（同条3項）。

このように，確定された計算書類を承認する権限は株主総会にあるが，会計監査人設置会社においては特則が定められている。すなわち，会計監査報告の内容に「無限定適正意見 用語」があり，監査報告の内容として会計監査人の監査方法や結果が相当でないと認める意見がないことなど，一定の要件を満たしているときには，株主総会の承認を要せず，取締役による内容の報告で足りるとされている（439条）。この理由は，会計のプロである会計監査人が監査した上で適正であるとしている以上，計算書類が適法に作成されていると考えられることが挙げられる。

6 計算書類の公告等による開示

定時株主総会の終結後遅滞なく，会社は，貸借対照表（大会社にあっては損益計算書も）を公告ないしウェブによる開示をしなければならない（440条1項・3項）。ウェブによる開示措置をとる場合については，ウェブサイトのアドレスは登記事項である（911条3項26号，会社則220条）。公告方法が官報または日刊

---

notes

用語 **無限定適正意見**　監査対象となった計算関係書類が一般に公正妥当と認められる企業会計慣行に準拠して，その計算関係書類に係る期間の財産・損益の状況をすべての重要な点において適正に表示していると認められる旨の意見をいう。このほかに，「限定付適正意見」や「不適正意見」がある。会計監査人の監査手続が十分に行うことができない事情がある場合には「意見差控え」の会計監査報告がなされる（会社計算126条1項2号・3号）。

新聞紙である会社の場合には，貸借対照表の要旨の公告で足りる（440条2項）。なお，金融商品取引法上の有価証券報告書 用語 を提出する会社については，同法により EDINET（有価証券報告書等の開示書類に関する電子開示システム〔金融庁〕）などを通じた開示制度があるため，上記の公告が免除される（同条4項）。

3 連結計算書類

　これまで単体の会社を前提に計算書類の内容や決算手続について説明してきたが，実際，経済社会においては多くの企業が子会社や関連会社などの企業グループを形成して事業を行っている。たとえば，キリンホールディングス株式会社は，その100%子会社であるキリンビール株式会社やキリンビバレッジ株式会社といった，国内有数の酒類・飲料会社を保有している。

　このような場合，単体の会社の計算書類だけでは当該会社の実態を把握するには必ずしも十分ではない。そこで，会社のグループ全体をいわば一つの会社と捉えて，その財産や損益の状況を示すものが**連結計算書類**であり，企業グループの親会社により作成される。具体的には，連結貸借対照表，連結損益計算書，連結株主資本等変動計算書，連結注記表からなる（444条1項，会社計算61条）。これらの連結計算書類は，グループ経営を行っている会社の実態に則して，企業グループ全体の財務状況を理解する上で有益である。なお，会計監査人設置会社は，連結計算書類を作成することができるが（444条1項），事業年度の末日において大会社で，かつ有価証券報告書提出会社は，連結計算書類を作成しなければならない（同条3項）。

---

notes

用語 **有価証券報告書**　事業年度ごとに，会社の経理の状況その他事業内容に関する重要な事項などその会社の情報を開示する報告書のことで，会社は原則として事業年度経過後3か月以内に内閣総理大臣に提出する（金商24条1項）。上場会社は，有価証券報告書の提出が義務付けられている。

4 会計帳簿

法務部の青葉さんのところに 1 本の電話が掛かってきた。電話の相手は，四菱商事の創業者株主だ。第一線を退いて久しいが，このたび，会計帳簿の閲覧を請求したいという。どうやら四菱商事の新しい取引先との取引について詳しく調査したいとのことだ。

青葉「たしかに，株主には会計帳簿を見ることができる権利があったはず。だけど，四菱商事にとってはとても重要なことが書かれている書類のようだし，株主にどこまで見せてよいものなのかな。」

1 会計帳簿の作成と保存

会計に関する重要な書類としてこれまで計算書類等について説明をしてきたが，こうした計算書類等を作成する上で基礎となる書類として，会計帳簿というものが用意されている。

株式会社は，法務省令で定めるところにより，適時に，正確な会計帳簿を作成することが義務付けられ（432 条 1 項），会計帳簿の閉鎖の時から 10 年間，その会計帳簿およびその事業に関する重要な資料を保存しなければならない（同条 2 項）。

2 会計帳簿等閲覧謄写請求権

(1) 総 説

会社法は，一定の株式を保有する株主に対して，会社の取引の内容などを示す重要な書類に直接アプローチできる権利を認めることで，株主による監視機能を強めている。

これまで一連の決算手続でみてきたように，会社は株主に対して計算書類等を開示することにより情報提供を行うが，総株主の議決権の 100 分の 3 以上，または発行済株式の 100 分の 3 以上（いずれも定款により割合の引下げが可能）の数の株式を有する株主は，会社の営業時間内ならいつでも，会計帳簿またはこ

れに関する資料の閲覧または謄写を請求することができる（**会計帳簿等閲覧謄写請求権**。433条1項前段）。

(2) 意 義

　この閲覧または謄写の対象となる「会計帳簿」とは，計算書類およびその附属明細書作成の基礎となる仕訳帳や元帳，補助簿のことであり，また，「これに関する資料」とは，会計帳簿の作成にあたり直接の資料となった伝票などの書類を指すとされる（横浜地判平成3・4・19判時1397号114頁〔百選A32〕）。しかし，会社の経理の状況を示す一切の帳簿や書類を閲覧謄写の対象とするべきであるとの立場も有力である。

　会計帳簿とこれに関する資料には，支払伝票などの当該会社の営業秘密に関するものが含まれ，会計帳簿等閲覧謄写請求権は，株主が役員等の責任追及等の訴えを提起するために必要な調査をする場合などに重要な役割を担っている。また，たとえば少数株主が株式買取請求を行うなど，自益権を行使する前提として会計帳簿等の閲覧謄写を請求することもできる。

(3) 請求理由の明示

　閲覧または謄写の請求者は，当該請求の理由を明らかにしなければならない（433条1項後段）。株主による正当な閲覧であるかどうかを会社が判断するためである。そこで，請求理由は，具体的に記載されなければならない。もっとも，その記載された請求理由を基礎付ける事実が客観的に存在することについての証明までは必要とされない（最判平成16・7・1民集58巻5号1214頁〔百選73〕）。なぜなら，もし初めから客観的に証明できるのであれば，請求者は，そもそも閲覧謄写請求を行う必要がないからである。

(4) 請求の拒絶事由

　株主による会計帳簿の閲覧謄写請求権の行使により，当該会社の営業秘密などの重要な情報が外部に漏洩するおそれがある。他方で，閲覧謄写請求権を株主に認めた法の趣旨に則り，株主の正当な権利行使が阻害されないように運用しなければならない。そこで，会社は，株主による会計帳簿の閲覧謄写請求が拒絶事由に該当することを証明した場合に限り，請求を拒絶することができる（433条2項各号）。

　たとえば，請求者がその権利の確保または行使に関する調査以外の目的で請

求を行ったときや，請求者が当該会社の業務の遂行を妨げ，株主の共同の利益を害する目的で請求を行ったときには，これらの請求は認められない（同項1号・2号）。

また，請求者が，当該会社の事業と競争関係にある事業を営んでいる場合や従事している場合（433条2項3号）には特に問題となる。なぜなら，請求者による閲覧謄写請求の行使は，当該会社の秘密を探り，自らの事業に利用するなど，当該会社に与える影響が大きいと考えられるからである。このことは，製造業者が仕入れる原材料の原価に関する情報が，市場競争力を保つ上でいかに重要であるかをイメージすればわかりやすいだろう。

この433条2項3号の拒絶事由について，判例は，拒絶事由があるというためには，当該会社の業務と実質的に競争関係にある事業を営むといった客観的な事実が認められれば足り，会計帳簿等の閲覧謄写によって知り得る情報を自己の競業に利用するといった主観的意図があることを要しないとしている（最決平成21・1・15民集63巻1号1頁〔百選74〕）。

5 剰余金の分配

青葉「課長，6月の株主総会では，株主から増配（配当を増額すること）を求める声は出なかったですが，他の会社では実際にあったみたいですね。株主にしてみれば，できるだけ多くの配当がほしいと思うけれど。」

千種課長「たしかに株主の中にはいくらでも配当してほしいと思っている人も多いかもしれないな。でも，会社の将来の成長を考えれば，資金を再投資することも重要でしょ。だから実際にどの程度配当に回すかについては経営者の腕の見せどころともいえるね。それに，もしも株主へ配当できる額を制限するルールがなかったとしたら，不満をもつ人も出てくると思わないか？」

1 総　　説

株式会社は，出資者（株主）から募った資金で事業活動を行い，その利益を出資者に分配することを本質とする仕組みである。ただ，どれほどの額を株主に分配すべきであるかについては，株主と会社債権者との間で利害の対立が生

じうる。なぜなら，自らの株式の引受価額を限度に責任を負っている（株主有限責任）株主に対して，会社債権者の債権の拠りどころは会社の財産だけであるので，会社債権者は，できるだけ多くの財産が会社内部にとどまることが望ましいと考えるからである。そこで会社法は，株主に対して会社の財産から分配することのできる上限枠（分配可能額という。**→3**）を算定することを定め，^{216頁}株主と会社債権者との間の利害を調整している。

2 資本金と準備金 ●

本来，会社の資産の額が負債の額を上回っている限りにおいて会社債権者に対する債権の支払いは可能である。ただ，実際に会社を運営していく過程では，一時的に負債の額が資産の額を上回る場合が生じることもあるかもしれない。そこで会社法は，資本金や準備金といった概念を用いて，会社が維持しなければならない資産額を負債の額よりも多めに積み立てることにより，会社の債権者を保護する制度を有している。こうした資本金や準備金の額は，会社財産の社外への流出に際して，いわば「クッション」の機能を担っており，会社債権者を保護する機能をもっている。そのため，会社の資産から負債を差し引いた額が資本金と準備金の合計額に満たない場合，当該会社は株主に配当することができないというルールになっている。もっとも，資本金や準備金といっても，たとえば「資本金」として貸借対照表に記載された額の現金が会社の中に存在しているものではなく，あくまでそれらは会社計算上の数字にすぎない。

資本金の額は，会社の設立あるいは株式を発行した際に，株主となる者が会社に対して払込みをした額（現物出資をした場合には給付した額）である（445条1項）。この額のうちの2分の1を超えない額は，資本金としないで，**資本準備金**として計上できる（同条2項・3項）。また，会社が剰余金の配当を行う場合，減少する剰余金の額の10分の1を資本準備金または**利益準備金**として計上しなければならない（同条4項，会社計算22条）。これらの準備金の計上は，準備金の合計額が資本金の額の4分の1になるまで積み立てなければならない。この資本金と準備金の額は，貸借対照表を通じて公示される（資本金の額は登記事項である〔911条3項5号〕）。

また，会社は，原則として株主総会の決議により，法定上は株主に分配する

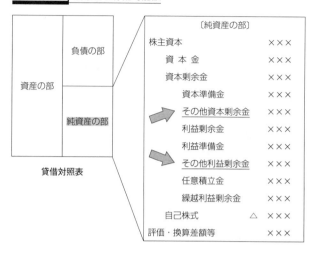

図表 5-5 剰余金と分配可能額

〔純資産の部〕

株主資本	×××
資本金	×××
資本剰余金	×××
資本準備金	×××
その他資本剰余金	×××
利益剰余金	×××
利益準備金	×××
その他利益剰余金	×××
任意積立金	×××
繰越利益剰余金	×××
自己株式	△ ×××
評価・換算差額等	×××

ことのできる額の一部を自発的に**任意積立金**として積み立てることができる（452条）。この任意積立金は，一定の目的，たとえば自己株式の取得のために積み立てられるもののほか，特段の目的を定めずに積み立てられるものがあり，株主への配当や利益準備金として使われずに内部に留保されているものである。

3 剰余金と分配可能額の算出

(1) 総 説

次に，株主への配当を考えるときに重要となる剰余金についてみていこう。図表5-5にあるように，**剰余金**は，株主に対する分配可能額を算定するに際しての基準となる数値であり，「**その他資本剰余金**」と「**その他利益剰余金**」から構成される。

貸借対照表における純資産の部は，株主の持分と考えられるが，その株主資本を構成する各項目から，債権者保護の観点から会社内に積み立てておくべき資本金や準備金などの額を控除すれば，概ね株主に分配することのできる上限額が算出できる。これを**分配可能額**という。

(2) 分配可能額の算定

分配可能額の大まかな算定は，最終事業年度末日の剰余金（「その他資本剰余

金」＋「その他利益剰余金」）の額など（446条）から，法定の控除額を控除し，最終事業年度末日以後に増減した剰余金の額を加減することにより行われる（461条2項）。もっとも，実際の算定方法は複雑である（法定の控除額については，同条2項3号〔自己株式の帳簿価額は控除項目である〕～6号および会社計算158条1号～10号）。

　なお，上記の計算の結果，仮に株主へ分配できる額が算定できたとしても，会社の純資産額が300万円を下回る場合には，剰余金を配当することはできない（458条）。

(3)　株主への利益還元（剰余金の配当・自己株式の取得）

　株式会社は，出資者（株主）から集めた資金を事業に投入し，事業活動から生じた利益を株主に分配することを本質とする制度である（剰余金の配当を受ける権利（105条1項1号）は，株主の有する基本的な権利の一つである〔→第**3**章 **12** 株主の権利〕）。142頁株主も事業活動から生じた利益を得られるからこそ出資をするのであり，このような株主の期待に応えるためには，会社の存続中に株主に対して利益を還元する手段が必要になる。

　そこで，会社法は会社が剰余金の一部を株主に配当することができる旨を定め（453条），事業年度ごとに，一定の手続により（→**5**），219頁分配可能額の範囲内で剰余金を株主に配当することを認めている（461条1項8号）。また，会社法は，会社が当該会社の株式を有償で取得すること（自己株式の取得。→第**3**章 **41**）157頁を認めており，自己株式の取得を通じて，株主は利益の還元を受けることも可能である。株主は，自己株式の取得の対価として，事業活動から生じた利益を反映した額の金銭等を受け取ることができるからである。

　なお，会社債権者保護という観点からみても，配当と自己株式の取得とで規制の必要性に異なるところはない。いずれも会社の外部への資金の流出を意味するからである。そこで，会社法は，統一的な財源規制を設け，剰余金の配当と同様に，自己株式の取得も分配可能額を超えることができない旨を定めている（461条1項1号～7号）。

(4)　内部留保

　(3)では会社の利益を株主に還元する手段について説明したが，実際には，利益は将来の投資に活用したり，あるいは会社の財務基盤を強化するために，少

なくともその一部を会社内部にとどめておくことが必要である。これを内部留保と呼んでいる。上場会社などでは，会社の事業活動に資金が必要となる場面において，募集株式の発行等や社債の発行により資金調達することはむしろ少なく，内部留保によって会社に残されている資金を活用することの方が通常である（→第**4**章 ①）。
^{166頁}

　内部留保の方法としては，たとえば近い将来に事業上の資金の使途がある場合には，そのまま剰余金として残しておけばよい。もし，会社の財務基盤を強化しようとするのであれば，剰余金のうち一定額を資本金の額や準備金の額の増加に使う，すなわち剰余金を資本金や準備金に振り替えることもできるし，一定の使途を定めて任意積立金として振り替えることもできる（450条〜452条。なお，これらを「剰余金の処分」と呼ぶことがある）。同じ内部留保でも，このように別の項目に振り替えられた場合には，原則として会社外への流出が制限されることになる。

　なお，剰余金を資本金に振り替えるか，準備金に振り替えるか，あるいは任意積立金に振り替えるかによって，その後，会社にとどめておくための拘束力は異なってくる。具体的には，資本金の額の減少には，原則として株主総会の特別決議が必要であり（447条1項・309条2項9号柱書），準備金の額の減少には，原則として株主総会の普通決議が必要となる（448条1項）。任意積立金の取り崩しには，積み立ての目的に従ったものであれば，株主総会の決議は要しないものとされている（会社計算153条2項）。

　以下では，剰余金の配当時期（→**4**）について簡単に述べた後，とりわけ重要な，剰余金を配当する際の手続についてみていこう（→**5**）。

4 配当の時期 ──────────────────────────────●

　会社は，分配可能額の範囲内で，一事業年度中に何回でも剰余金の配当を行うことができる。事業年度の末日（決算期）に決算をし，期末配当を行うほか，中間配当（→**5**を参照）を実施することが一般的であるが，四半期ごとに配当を実施することも可能である。

　会社の配当金は，株主名簿に記された住所または株主が会社に通知した預金口座などにおいて交付しなければならず，支払いにかかる費用は会社が負担する。

5　剰余金の配当手続 ─────────────────●

原　則

　剰余金の配当にあたっては，原則として株主総会の普通決議により，①配当財産の種類および帳簿価額の総額，②株主に対する配当財産の割当てに関する事項，③剰余金の配当の効力発生日を定めなければならない（454条1項）。②に関しては，株主（種類株式の場合には種類株主間）の持分に応じて平等でなければならない（同条3項。→第3章 1 ³⁴⁴頁 3 株主平等の原則の内容）。

例外──分配特則規定

　剰余金の配当権限は原則として株主総会にある。しかしながら，どれほどの配当を行うべきか（逆にいえば，会社の利益をできるだけ内部にとどめて将来の投資に注ぎ込むのか）どうかは高度な経営判断といえ，本来，経営のプロである取締役会にその決定を委ねた方が合理的である。そこで，会社法は，会計監査人設置会社かつ監査役会設置会社で取締役（監査等委員会設置会社では監査等委員である取締役以外の取締役）の任期を1年としている会社，あるいは監査等委員会設置会社または指名委員会等設置会社は，剰余金の配当を株主総会ではなく，取締役会で決定できる旨を定款で定めることができる（459条1項・同項4号）。これらの会社にあっては，①最終事業年度に係る計算書類についての会計監査報告の内容に無限定適正意見が含まれており，かつ②監査役会，監査等委員会，または監査委員会の監査報告の内容として会計監査人の監査の方法・結果を相当でないと認める意見がない場合（会社計算155条）に限り，その定款の効力が認められる（459条2項）。

　会社法はこうした剰余金の配当等について取締役会へ権限を移譲することのできる定款の定めがある場合，会社は配当等の事項について株主総会の決議によっては定めない旨を定款で定めることができる（460条）と規定し，株主の権利を制限している。もしもこの460条の規定がない場合，株主は株主提案を行うことが可能となるため，本条の規定は，株主提案（議題の提案権。→第2章 ³⁴頁 2 3）を排除する効果をもつ点で実務的な影響が大きい。

中間配当

　上述の，分配特則規定が適用される会社ではなくても，取締役会設置会社は，1事業年度中に1回に限って，取締役会決議により剰余金の配当を行うことができる旨を定款に定めることができる（中間配当という。454条5項）。中間配当の制度は，分配特則規定の適用を受けない会社でも，年に一度だけ株主総会によらずに取締役会決議で配当できることを認めた点に意義がある。

6　違法な剰余金の配当

SCENE 5-4

> 青葉「ところで課長，世間を騒がせた五山電機の件ですが，新聞によれば，株主に配当できる状況ではないにもかかわらず，架空の利益を捻出して違法に株主へ配当してしまったようですね。」
>
> 千種課長「取締役の責任は重大だし，こうした違法行為を見逃してしまった監査役や監査法人の責任も問われるだろうね。それどころか監査役の中には，事情を知りながら取締役と一緒になって粉飾に加わった者もいるらしいと報道されている。まさに日本企業のガバナンスのあり方が問われているわけだ。」
>
> 青葉「会社の不祥事を隠し続けることが，会社のためになるとでも思っていたのでしょうか。うちの会社は大丈夫かな……。」
>
> 千種課長：「……（苦笑）」

　分配可能額を超えて剰余金の違法な配当が行われた場合，会社は株主（「当該行為により金銭等の交付を受けた者」）に対して，交付を受けた金銭等の帳簿価額に相当する額の支払いを請求することができる（462条1項）。この請求がなされると，たとえば1株あたりの分配可能額が50円であるにもかかわらず，100円の配当を行った場合，株主は会社に対して100円全額の弁済をしなければならない。この場合に対象となる株主の善意・悪意は問われない。

　また，会社の債権者も株主に対して，会社に対して有する債権額の範囲内で直接自身への支払を請求することができる（463条2項）。

　もっとも，会社や債権者が株主に対して支払いを請求できる権利を有していたとしても，多数の株主が存在する上場会社などでは現実的な救済手段としては限界がある。そのため会社法は，業務執行取締役ら（業務執行者）に対して，

交付した金銭等の帳簿価額に相当する金銭を連帯して支払う義務を負わせている（462条1項）。この義務については，業務執行者は，その職務を行うについて注意を怠らなかったことを証明すれば免責される（同条2項）。また，総株主の同意によってもこの義務を免除することができるが，債権者を保護する観点から，分配可能額を超える範囲についての免除は認められない（同条3項）。業務執行者は，462条1項の支払義務を履行した場合，株主に対して求償することができるが，この場合に対象となる株主は悪意の株主に限られる（463条1項）。さらに，業務執行者には刑事罰が科される（963条5項2号）。

　また，自己株式の取得は，株主に資金を返還することで会社の財産が社外へ流出する点において，その経済的実質は剰余金の配当と同じである。したがって，自己株式を取得するいくつかの場面（461条1項1号〜7号など）では，剰余金の配当と同様に分配可能額の範囲で行わなければならない。分配可能額を超えて自己株式の取得が行われた場合，自己株式を譲渡した株主や取得を行った業務執行者は責任を負う（462条・464条）。他方で，株主から単元未満株式の買取請求がなされた場合は，単元未満株主が投下した資本を回収する機会を保障する必要性があることから，会社は分配可能額を超えて自己株式を取得することができる（財源規制を除く自己株式の取得手続については第**3**章④を参照）。^{157頁}

7　期末の欠損てん補責任 ────────────────●

　6では，会社の債権者保護の観点から，分配可能額を超えて剰余金が違法に配当された場合のルールをみてきたが，会社法は，さらに事後的な規制を用意している。すなわち，会社が，分配可能額の規制に従って剰余金の配当等を行っていたとしても，その事業年度末に欠損（分配可能額がマイナスになること）が生じてしまった場合，職務を行った業務執行者は会社に対して連帯して欠損の額（分配額を上限）を支払う義務を負う（期末の**欠損てん補責任**。465条1項）。ただし，業務執行者がその職務を行うについて注意を怠らなかったことを証明した場合は免責される（同項但書）。もっとも，この責任は，定時株主総会において定める場合の剰余金の配当については適用されない（同項10号イ）。同様に，自己株式の取得についても業務執行者の欠損てん補責任が問われる場合がある（同項1号・2号など）。

第**6**章

組織再編

　M&A（Mergers & Acquisitions）という言葉が新聞などでも一般的に用いられるようになった。直訳すると，企業の合併または買収であり，法律用語ではなく，厳密な定義があるわけではない。

　本章では，M&Aの一連の取引（ディール）がどのように進められるのかについて，概要を理解していこう。また，各種の手法のどれを利用するかは，実際の取引の設計において重要な検討対象となる。主として，その取引を利用すれば何ができるのか，また，どのような手続やどのくらいの時間が必要になるのかが問われる。これらについても，概要を理解していくことにしよう。

1 組織再編の設計と流れ

馬場部長「最近も大型の合併が多いね。日本製鉄など。」

青葉「随分と前に，八幡製鐵と富士製鐵が合併して，新日本製鐵という巨大な企業になったのに，さらに住友金属工業と合併したんですね。合併してできた新日鐵住金は，社名を日本製鉄に変更して，その後，日鉄日新製鋼を合併したりと，びっくりです。」

馬場部長「やはり世界の市場で他国の企業と戦っていくためには，規模を大きくしていくことが必要なのだろう。」

青葉「わが社も，グローバルに事業を展開しているから，M&A は身近な課題ですね。」

馬場部長「いつどのような案件が社長から相談されるかもしれないから，事前に法制度の概要や実務を調べておいてくれないか。」

1 M&A スキームの設計

会社を買収する場合には多くのスキーム（計画）があり，事業戦略上の観点からはもとより，法律，税務，会計などの様々な観点から検討を行って，最善のスキームを設計する。これには，会社内の法務，財務・経理，総務などの部門が関係するほか，社外の弁護士，公認会計士，税理士，証券会社などが各々の専門的な見地から関与して，社内外のプロ集団の総力を結集させる。

どのようなスキームを設計するかは，ディールの前後の図を対比して考えるとわかりやすい。ここでは，①買収対象会社の株式を取得するというスキームと，②対象会社を合併によって買収するスキームを比べてみることにしよう。

両者を比べると，大きな違いの一つは，何が移転するかである。

---

notes

用語 **組織再編**　組織再編（行為）は，会社法などの団体の組織に関する法に特有のものである。たとえば，828 条は，組織に関する行為であることを示すものであり，合併などの無効の訴えに関して，「会社の組織に関する行為の無効の訴え」という見出しを用いている。組織再編と，事業譲渡・譲受け，株式取得契約などの契約法によっても可能な方法とを合わせて，「企業再編」ということがある。本書では，便宜上，これらの方法をすべて含めて，「組織再編」と表記する。M&A という用語は，厳密には用いられておらず，上記の様々な取引を広く含む。

図表6-1 株式取得スキーム（①）

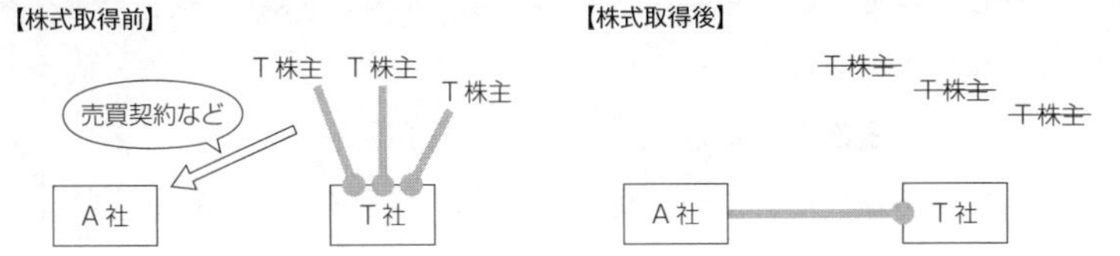

【株式取得前】

T株主 T株主 T株主

売買契約など

A社　　　T社

【株式取得後】

T株主 T株主 T株主

A社　　　T社

図表6-2 合併スキーム（②）

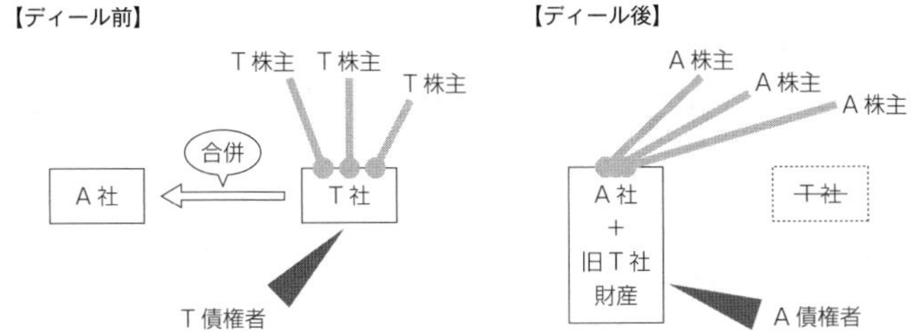

【ディール前】

T株主 T株主 T株主

合併

A社　　　T社

T債権者

【ディール後】

A株主 A株主 A株主

A社
＋
旧T社
財産

T社

A債権者

　株式取得という形のスキームによれば，買収会社（A社）は対象会社（T社）の株式を取得する（→図表6-1）。買収会社と対象会社の株主との間の売買契約による場合には，対象会社の株主との個別的な合意が必要になるから，対象会社の株式のすべてを取得することは実際には難しい。もし買収会社が対象会社の株式の100%を取得して，100%親会社（完全親会社）になることを最終形として考えているのであれば，これを実現する方法が会社法で用意されている（→**2 株式移転型**(4)）。^{227頁}

　他方で，合併というスキームによれば，移転するのは，対象会社の権利（積極財産）と義務（消極財産）のすべてである（→図表6-2）。対象会社には何も財産がなくなるから，権利義務関係を整理する必要はなく，清算手続を経ずに，対象会社は消滅する（消滅会社）。対象会社が消滅すると同時に，対象会社の株主は，対価を得て，対象会社から離脱する。通常は，図表6-2のように，買収会社（存続会社）の株式を受け取って，買収会社の株主となる。

　合併というスキームが選択された場合に，対象会社（消滅会社）の権利義務のすべてが，買収会社に移転することは，買収会社としては，どのような意義

があるのか。利点としては，対象会社がもっていた債権に譲渡禁止の特約が付されていても，合併による承継は禁止の対象とはならない。他方で，対象会社が巨額の隠れた債務を負っているかもしれず，合併によると，この債務をも買収会社は引き受けることとなる危険を覚悟する必要がある。たとえば，対象会社が薬品会社であった場合に，合併後に薬害が発覚すれば，買収会社はすべての責任を引き継ぐことになってしまう。

　もし株式取得スキームが選択されていれば，薬害の損害賠償責任を負うのは対象会社に限られる。買収会社は，対象会社の株主にすぎないから，株主有限責任の原則の下では（104条），対象会社の株式の価値がゼロになることこそあれ，それ以上の責任を負うことはない。この点が危惧されるのであれば，買収会社としては株式取得スキームを選択することが望ましい。

　このような隠れた債務の可能性にとどまらず，様々な観点から，どのスキームが最も適切かを目指してM&Aの設計がなされる。

2　M&Aの手法 ●

　前項（→**1**）では，株式取得スキームと合併スキームという二つの方法について概観した。M&Aの手法は，そこでもみたように，何を移転の対象とするかという観点から，株式を移転させるタイプのものと，権利義務関係を移転させるタイプのものに大別することができる。

▌株式移転型▐

　株式を移転させるタイプのM&Aにも，いくつかの典型的な類型が存在する。買収者が対象会社の株主から株式を取得する際には，基本的には，個々の株主との売買契約が必要になる。

(1)　相対取引

　対象会社に大株主が存在している場合に，買収者がその大株主から株式を大量に取得する際には，株式取得契約が用いられる。買収者と対象会社の大株主との間で，何株をいくらで買うかなどが約定される。特定の株主との契約であるから，相対取引という。

(2) 市場取引

上場会社においては，大株主が存在していない場合も少なくなく，買収者は，対象会社の株主から広く，株式を買い集めなければならない。一つの方法として，上場会社の株式は証券取引所で取引されているから，市場で買い付けること（市場買付け）が考えられる。証券会社に買い注文を出せば，市場から必要な株式数を買い集めてきてくれる。

しかし，この方法によって市場に買い注文が大量に出されると，需給関係が変化して，株価が急騰することにもなりかねない。たとえば，買収者が対象会社の株式の51％を取得して対象会社の支配権を獲得し，対象会社の取締役らを自分の意に沿った者に置き換えることを目標としている場合を考えてみよう。株式を市場で買い集めるうちに，株価の急騰によって買収総額が大きくなってしまい，資金不足から買収を断念せざるを得なくなるかもしれない。仮に30％取得したところで買収を断念して，その30％を売却しようとしても，その段階では，売り注文が殺到して株価は急落し，買収者は大きな損失を被ってしまう。

(3) 公開買付け

このような不安定さを避けたければ，買収者は，公開買付けという方法を用いることができる。公開買付けは，株式市場の外で，買収者が提示した買付価格での株式売却に応募するように広く呼びかけるものである。その際には，株主に対して十分な情報が与えられなければならないから，公開買付けに関する情報開示が求められる（金商27条の2以下ほか）。公開買付けが市場買付けよりも有利であるのは，たとえば買収者（公開買付者）が1株800円で51％を買い付けたいと考えている場合に，買付価格を800円と自分で設定し，もしこの価格で51％の応募がなければ，1株も買い取らないことにしてよいことである。また，応募が51％を超えても，51％だけ買い取ればよいことである（金商27条の13第4項）。

(4) 株式交換

相対取引にせよ，市場取引にせよ，買収会社が対象会社の株式を取得するためには，対象会社における個々の株主の同意を得る必要がある。もっとも，この方法では，とりわけ株主の数が多い会社において，買収会社が対象会社の株

図表 6-3 株式交換

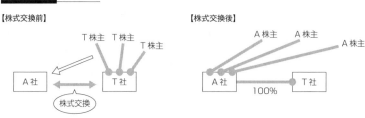

【株式交換前】 【株式交換後】

式のすべてを取得することは難しい。

　他方で，買収会社としては，対象会社の株式のすべてを保有すれば（「完全親会社」という），対象会社の少数株主に対する配慮が不要になるから，買収した子会社の運営も容易になる。

　そこで，会社法は，個々の株主の同意を得ずに，完全親子会社関係を作り上げる仕組みを用意している。たとえば，株式交換という手法を用いることで，買収会社（株式交換完全親会社）が対象会社（株式交換完全子会社）の株式のすべてを取得することが容易になる（→図表 6-3）。二つの当事会社が株式交換契約を締結して，原則として各々の株主総会の特別決議を経れば（783 条 1 項・795条 1 項・309 条 2 項 12 号），対象会社に反対の株主がいたとしても，対象会社の株式はすべて，買収会社に移転する（2 条 31 号）。この株式交換に限らず，多数決で株主のすべてを拘束する形のものを，「組織再編（行為）」と呼んでいる。

　なお，株式移転という株式交換に似た方法を用いれば，既存の複数の会社がそれぞれ完全子会社となる形で，これらの会社の上に持株会社となる完全親会社を作ることができる（同条 32 号）。

Column 6-1　特別支配株主の株式売渡請求，株式交付

　ある会社の株式をすべて取得するための方法として，特別支配株主による株式売渡請求権という制度を利用することもできる（179 条）。特別支配株主（総株主の議決権の 90％ 以上を有する者）は，その会社の株主の全員に株式の全部を売り渡すように請求でき，会社の株式のすべてを取得することが可能である。特別支配株主には，株式売渡請求という一種の形成権が与えられ，こ

れを行使すれば，対象会社の株主との間で売買類似の法律関係が生じることになる。

　なお，令和元年会社法改正において，株式交付制度が導入された。株式交付とは，買収会社が対象会社を「子会社」とするために（議決権の過半数を取得する場合に限られる），対象会社の株式を譲り受け，その株式の譲渡人に対して買収会社の株式を対価として交付することをいう（2条32号の2）。株式の譲受けには，対象会社の個々の株主から同意を得る必要がある。対象会社を100％保有に満たない（完全でない）子会社にするものであるから，部分的な株式交換とも表現される。このように整理できることから，買収会社においては，株式交付の実施に当たり株主総会の特別決議などが要求されることと引き換えに，募集株式の発行等に関する規制は適用されず（現物出資規制，有利発行規制），株式を対価としたM＆Aを促進することが期待されている。

権利義務（資産）移転型

　株式を移転させるのではなく，対象会社が有している権利義務（資産）を移転させることによって，買収会社が対象会社の事業の全部または一部を取得する方法もある。本章の冒頭で紹介した合併スキームのほか，事業譲渡・譲受け，会社分割といった手法である。

(1) 事業譲渡・譲受け

　事業譲渡・譲受けとは，買収会社（譲受会社）が対象会社（譲渡会社）の事業を，対象会社から承継する方法である。

　移転の対象は，対象会社のすべての事業であってもよいし（→図表6-4），一部の事業であってもよい（→図表6-5。467条1項1号ないし3号参照）。この方法によるときは，当事会社の間で，事業譲渡・譲受けに関する契約が締結される。

　もっとも，譲受会社が譲渡会社の権利のうち，たとえば，譲渡禁止特約が付された債権を承継しようとすれば，当事会社間の契約のみでは足りない（民466条2項本文）。債務者が譲渡について個別的に承認してくれなければ，譲受会社は債権を承継することができない。

　また，譲渡会社がその債務を譲受会社に引き継がせて，譲渡会社がもはや債

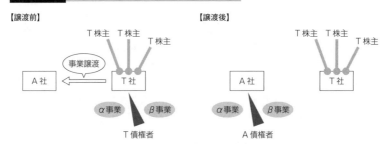

図表6-4 事業譲渡・譲受け（事業の全部の譲渡）

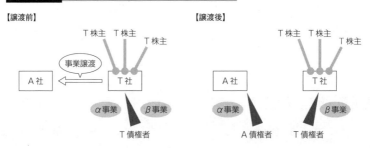

図表6-5 事業譲渡・譲受け（事業の一部の譲渡）

務を負担しないようにするためには（免責的債務引受け），この債務に関する債権者が，個別的に同意しなければならない。債権者が個別に同意しなければ，譲受会社と譲渡会社の両方が債務を負うことになる（重畳^{ちょうじょう}的債務引受け）。

(2) 合 併

　合併には，二つの形態があるが，複数の当事会社の一つが存続して（存続会社），他の会社が消滅する（消滅会社）ことになる吸収合併が多くの場合に用いられている（→図表6-6）。合併によって，消滅会社の権利義務のすべてが存続会社に承継される（2条27号）。合併後に消滅会社には何も残らないから，財産を清算する手続を経ないで，そのまま消滅会社は解散する（事業譲渡・譲受けに関する図表6-4と対比してみよう）。

　事業譲渡・譲受けにおいては，権利義務が個別的に承継される（個別承継）にとどまるのに対して，合併においては，権利義務のすべてが存続会社に包括的に承継される（包括承継）。すなわち，消滅会社の債権者や債務者の個別的な

図表6-6 吸収合併

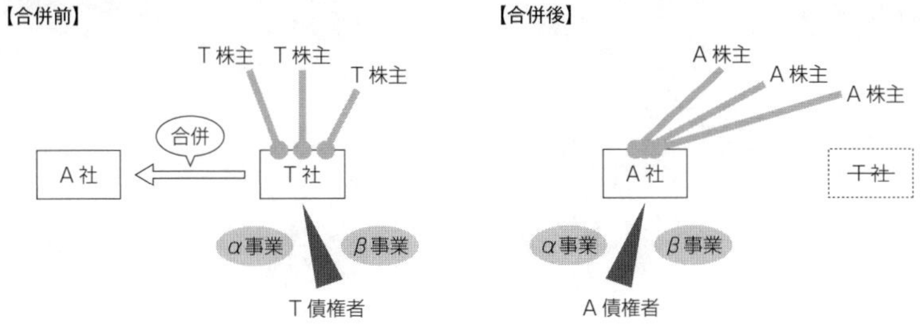

【合併前】

T株主　T株主　T株主

合併

A社　←　T社

α事業　β事業

T債権者

【合併後】

A株主　A株主　A株主

A社　　T社

α事業　β事業

A債権者

同意がなくても，存続会社に権利義務が承継される。

　消滅会社の株主からみても，消滅会社が消滅してしまうので，消滅会社の株式を失う対価として何かを受け取ることになる。通常は，存続会社の株式が対価である。合併を行うには，原則として，各々の当事会社の株主総会の特別決議が必要とされている（783条1項・795条1項・309条2項12号）。合併に反対の株主にとっては，自分が賛成でなくても，他の株主の多数決によって，自分がもっている株式が合併の効力が発生した瞬間に，別のものに変わってしまう。

　なお，合併には，新設合併という方法もある。当事会社のすべてが消滅会社となり，その権利義務の全部を合併と同時に設立する会社（設立会社，新設会社）に承継させるものをいう（2条28号）。組織再編の過程で，新しく会社を設立して，この会社を権利義務などを引き継ぐための受け皿にする。

(3)　会社分割

　会社分割にも二つの方法があるが，事業譲渡・譲受けと比較するとわかりやすいので（→図表6-5参照），吸収分割から理解していくことにしよう（→図表6-7）。吸収分割とは，複数の当事会社のうち，分割会社となる会社が，その事業に関して有する権利義務の全部または一部を，他の会社（承継会社）に承継させることをいう（2条29号）。

　当事会社の間では，分割契約が締結され，契約のなかで，承継の対象となる権利義務が定められる（758条2号など）。吸収分割の対象とされた権利義務に関しては，合併のときと同じように，承継会社に包括的に承継され，債権者や債務者の個別的な同意は必要とされない。

1　組織再編の設計と流れ　●　231

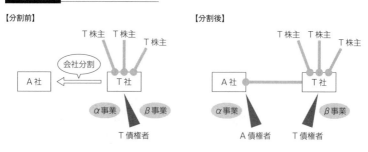

図表6-7 会社分割（吸収分割）

【分割前】　　　　　　　　　　　　　　　　　　　【分割後】

会社分割には，吸収分割のほかにも，新設分割という方法がある。新設分割とは，当事会社が，その事業に関して有する権利義務の全部または一部を，分割と同時に設立する会社（設立会社）に承継させるものをいう（2条30号）。会社がある事業部門を切り離して，完全子会社にしたい場合などに活用されている。

3　M&Aの流れ──交渉からクロージングまで

実際のM&Aでは，その仲介をする業者があり（証券会社，M&A仲介会社など），企業や事業の買い手と売り手を探し出すところからM&Aは始まる。会社の内部での本格的な検討が始まるのは，買い手と売り手が決まった段階からである。

事案によって異なるが，吸収合併であれば，おおよそ以下のように取引が進められる。まず，①当事会社の間で基本合意が締結され，デュー・デリジェンス（Due Diligence）^{用語}などを経て，合併契約が締結される。②合併契約の内容が株主に示されて，株主総会の特別決議による承認がなされる。③その後，消滅会社を存続会社に吸収するために，資産の移転などが行われ，合併契約で定

notes

用語 **デュー・デリジェンス**　　当事会社の法務や財務などの面で，基本合意書などに示された事実に間違いがないかについて，相手方の調査（監査）をすることをいう。買収監査と呼ばれることもある。実務では，「デューデリ」や「DD（ディー・ディー）」と略して称することが多い。法務デューデリでは，たとえば，資産の所有権について疑義はないか，法令を遵守した経営が行われているかなどが監査される。財務デューデリでは，財務諸表が適正であり，簿外債務がないかなどが監査される。

められた日に，合併が効力を発生する。④株主総会で合併に反対の株主がいて，不満を申し立てた場合などには，事後的な対応がなされる。

以下では，上記の流れに沿って，やや詳しくみていこう。

(a) **取締役会の承認**　相応の規模のM&Aを行うには，取締役会の承認が必要となる（362条4項）。

もっとも，経営のトップが，M&Aに乗り出そうと考えても，直ちに取締役会で議論を始めるわけではない。むしろ，取引の相手方，設計，対価などを相当に検討した上で，取締役会に上程され，承認が求められる。

それまでの間は，通常，経営のトップ，財務担当役員，経理や法務の担当者の一部のみが計画を知っているだけで，できるだけ少人数に限定して計画が進められていく。もしもM&Aを計画していることが会社の外部に漏れると，取引が頓挫してしまいかねないからである。

上場会社の取締役会でM&Aの基本合意が決定されれば，基本合意の決定がなされたことについて（合意の具体的な内容を含まない），証券取引所において適時開示がなされる。当事者間で締結される基本合意では，秘密保持，買収などの方法と対象範囲，買収価格，独占交渉権の付与などが定められる。これらの大枠が決められると，秘密保持契約の下で，当事会社はデュー・デリジェンスを行う。

デュー・デリジェンスが終わって，当事会社の間で最終的な合意に至れば，合意書が作成される。

(b) **株主総会決議**　M&Aは，当事会社の株主の利害に大きな影響を与えるため，基本的には，各々の当事会社において株主総会の決議を経なければならない。

たとえば，吸収合併において消滅会社の株主が，存続会社の株式を対価として受け取り，存続会社の株主になる場合には，その株主にとっては，合併の効力発生と同時に，株式の中身が大きく変わることになる。そこで，当事会社の株主には，株主総会の決議において賛否を表明する機会を与えている。さらに，自己の意に反して合併が成立した場合には，反対株主の株式買取請求という形で，会社からの離脱を認めている。

合併などの組織再編行為は，会社の基礎的変更であるから，原則として，株

主総会の承認が必要とされ，特別決議でなければならない（309条2項12号）。また，事業の譲渡に関しては，事業の全部または重要な一部の譲渡について，事業の譲受けに関しては，他の会社の事業の全部の譲受けについては，会社の基礎的変更にあたり，株主総会の特別決議による承認が必要となる（467条1項1号～3号）。

　もっとも，すべての場合において，株主総会の承認が必要とされているわけではなく，次の二つの主要な例外がある。

　第一の例外は，簡易な組織再編である。相対的に規模が大きな会社（合併存続会社，分割承継会社，株式交換完全親会社，事業の譲受会社）が規模の小さな会社（合併消滅会社，分割会社，株式交換完全子会社，事業の譲渡会社）や事業を受入れまたは移転させる場合において，規模が大きな会社の側では，株主総会の決議が必要とされていない（784条2項・796条2項・805条・468条2項）。そのような会社で小規模な組織再編が行われても，株主に対する影響は小さいと判断されるからである。小規模な組織再編と判断されるのは，大まかにいうと，資産の額を基礎として，当事会社の規模の20％を超えない規模の組織再編である。

　第二の例外は，略式の組織再編である。A社がB社の総株主の議決権の90％以上を保有している場合に，A社を特別支配会社という（468条1項）。このような状況であれば，A社は，B社において株主総会決議が必要となっても，確実に特別決議を可決することができるので，あえて株主総会を開催する必要はない（784条1項・796条1項・468条1項）。

　(c)　**効力発生**　　一連の取引が完結することをクロージング（closing）という。効力発生日は，とられた手法によって異なる。

　大別すると，契約という形で実行される手法（事業譲渡・譲受け，吸収合併，吸収分割，株式交換）と新しい会社を設立するという過程を経る手法（新設合併，新設分割，株式移転）とに分けることができる。

　新しい会社を設立する形の手法は，新しい会社が設立されないと取引が終わったことにならない。そこで，効力発生日は，新設会社の設立のとき，すなわち会社の設立登記がなされたときである（754条・764条・774条）。

　新しい会社の設立が必要とされない手法では，契約において効力発生日を決めることができる（749条1項6号・758条7号・759条・768条1項6号，769条）。

(d) **効力発生後**　効力発生後においても，法律関係が確定しないときもあ

240頁
る（→③**2 無効の訴え**）。

　第一に，組織再編に反対の株主から，株式買取請求権が行使された場合に，その株主に支払われるべき公正な価格が確定していない状況がありうる（786条・798条・807条・470条）。

　第二に，組織再編の瑕疵を争う訴えである。合併，会社分割などについては，無効の訴えが会社法で用意されている（828条1項7号〜12号・2項7号〜12号）。なお，事業譲渡・譲受けについては，特別な訴えではなく，それを承認した株主総会決議の取消しなどを求めることになる（830条・831条）。

 組織再編における債権者保護

1　債権者保護の必要性 ●

　組織再編が行われると，当事会社の債権者に不利益を与える可能性がある。

　たとえば，財務状態が良いA社と悪いB社とが当事会社となり，A社を存続会社とする吸収合併を行うとする。B社の債権者に対してB社が負っている債務はすべてA社に引き継がれることになるから，A社の債権者は，合併によりA社の財務状態が悪化して，A社から債務の履行を受けることができなくなるかもしれない。

　また，B社の財務状態が良い場合であっても，合併の対価として現金が用いられ，消滅会社のB社の株主に対して，A社株式ではなく現金が交付されると，現金がA社から流出するから，債権者に不利益が生じるかもしれない。

　もっとも，このような懸念があるからといって，債権者に不利益を生じさせる可能性がある合併を一律に禁止すべきかといえば，そうでもない。というのも，当事会社が合併することで，たとえば，競争力を大きくしたり，破綻した会社を救済することができるからである。そこで，会社法は，会社債権者が合併そのものを阻止することを基本的には認めずに，その代わりに，合併手続の過程で，債権者を保護するための手続を当事会社にとらせている。

　なお，事業譲渡・譲受けがなされる場合には，会社債権者は個別的な同意が

ない限り，同じ会社の債権者で居続けるから，特別な債権者保護手続は会社法では設けられていない。

2　債権者保護のための手続 ————————————————●

┃債権者異議手続┃

　会社債権者を保護するための手続として，会社法上，債権者異議手続がある。

　当事会社の債権者のうち，組織再編によって，不利益を受ける可能性がある債権者が，債権者異議手続の対象となる（789条1項各号・799条1項各号・810条1項各号）。合併であれば，当事会社のすべての債権者が異議手続の対象となる。以下では，吸収合併の場合を念頭に置いて，みていくことにしよう。

　会社は，会社債権者が異議を述べることができる場合には，1か月以上の期間を定めて，その旨を官報で公告し，会社が知っている債権者には各別の催告（個々の債権者への通知）をしなければならない（789条2項・799条2項）。もっとも，官報公告に加えて，時事に関する事項を掲載する日刊新聞紙または電子公告を行う場合には，各別の催告を省略することができる（789条3項・799条3項・939条1項）。

　会社債権者が異議を述べたときは，会社は，弁済，担保の提供などを行い，会社債権者を満足させなければならない（789条5項本文・799条5項本文）。ただし，会社に十分な資力があるなど，合併をしても債権者を害するおそれがないときは，弁済などをする必要はない（789条5項但書・799条5項但書）。

┃情報開示┃

　会社債権者が，異議を述べるか否かを判断するにあたって，合併の内容などに関する情報を得ることが必要である。

　そこで，会社は，合併に関する書面（または電磁的記録）を，債権者異議手続に間に合うように，事前に本店に備え置かなければならない（782条1項・794条1項）。会社債権者は，会社に対して，この書面の閲覧や謄写を請求することができる（782条3項・794条3項）。

　備え置かれる書面に記載されるべき事項は法令で定められている（782条1

項・794条1項，会社則182条・191条）。具体的には，合併契約の内容のほか，対価の相当性に関する事項，会社の債務の履行の見込みに関する事項などが開示される。

　以上の事前開示に加えて，合併の効力発生日後，会社は遅滞なく，所定の書面を作成して，事後の開示を行わなければならない（801条1項・3項）。会社債権者は，この書面の閲覧や謄写を請求することができる（同条4項）。事後に開示されるべき事項は，合併が効力を生じた日，反対株主の株式買取請求に関する手続の経過などである（同条1項，会社則200条）。事後開示は，次に述べる無効の訴えを債権者が提起するか否かを判断するために用いられる。

無効の訴え

　会社債権者としては，自己の利益を守るため，異議手続を利用して，事前に債権の満足が得られるようにすることが望ましい。

　とはいえ，会社が，債権者異議手続の公告や事前開示を怠れば，異議を述べる機会を逸するかもしれず，効力発生日以降，事後的に救済を求めるしかない。

　このような場合に，債権者は，合併の無効を主張して，訴えを提起することができる（828条1項7号）。訴えを提起することができる債権者は，合併を承認しなかった債権者に限られる（同条2項7号）。債権者異議手続の公告などが適法になされているのに，異議を述べなかった債権者は，合併を承認したものとみなされるから（789条4項・799条4項），無効の訴えを提起することができない。

　合併無効の訴えは，株主総会の決議取消しの訴えと同様に形成訴訟であり，法律関係の画一的処理が重視されている（→第2章26株主総会決議取消しの訴え ^{57頁} ⑺）。そのため，効力発生日から6か月以内に限って，訴えをもってのみ，合併の無効を主張することができる（828条1項柱書・7号）。無効の訴えを認容する確定判決は，第三者に対しても効力を有し（対世効。838条），合併は将来に向かって効力を失う（将来効。839条）。当事会社は，合併前の状態に戻していくことになる（843条）。

③ 組織再編における株主保護

1 株主保護の必要性 ●

　組織再編が行われると，当事会社の株主にも，不利益を与える可能性がある。

　たとえば，財務状態が良いＡ社と悪いＢ社とが当事会社となり，Ａ社を存続会社とする吸収合併を行うとする。Ａ社の株主は，最悪の場合，Ａ社が倒産して，持株の価値がゼロになってしまう可能性がある。Ａ社が倒産しなくても，Ｂ社の株主に対価としてのＡ社株式が多く与えられると，合併後のＡ社での持株比率が低下するし，また，持株の価値も下がる可能性がある。

　Ｂ社の財務状態が良い場合であっても，Ｂ社の株主への対価が多すぎると（合併比率が不公正であると），Ａ社の株主は不利益を被ることになる。Ａ社の株主としては，従前の株式の価値を維持しつつ，Ａ社がＢ社と合併することによって生じる相乗効果（シナジー）の分配をどれだけ受けることができるかが大切になる。

　株主の保護が必要になるのは，とりわけ親子会社間の組織再編である。たとえば，先のＡ社がＢ社の子会社であると，Ａ社の取締役はＢ社の意向に逆らうことが難しい。Ａ社にとっては必要がない合併が行われ，あるいは，Ａ社にとって不利な条件で合併が行われるおそれがある。

　独立した会社間での組織再編では，当事会社が真剣に交渉をすることが見込まれるが，株主に不利益が生じないとは限らない。たとえば，Ａ社の取締役が，自分の地位を維持してもらう，報酬を増額してもらうといった個人的な利益と引換えに，Ａ社にとっては不利益な条件を受け入れる可能性もある。

　このように，株主が不利益を被る可能性があるが，全員の同意がなければ組織再編が行えないものとすれば，効率的な組織再編が妨げられる。そこで，会社法は，組織再編そのものは，原則として株主の多数決で決定させつつも，反対の意見をもつ株主の利益を保護するための手続を用意している。

　以下では，吸収合併を念頭に置きつつ，株主を保護するための手続をみていくことにしよう。

2 株主保護のための手続 ————————————————●

┃差止め┃

　株主が合併に不満をもつ場合に，一定の要件を満たせば，株主が合併を差し止めることができる（784条の2・796条の2）。

　その要件は，①合併が法令または定款に違反する場合であり，②株主が不利益を受けるおそれがあるときである。株主による取締役の違法行為差止請求と比較すると（→第2章₇4），会社に回復することができない損害が生じることが要件とされておらず（360条。監査役設置会社などの場合），差止めを請求する株主が不利益を受けるおそれがあれば足りるとされており，株主が利用しやすい要件になっている。

　略式の合併（略式合併）が行われる場合には，①合併が定款または法令に違反しない場合でも，③合併の条件が当事会社の財産の状況その他の事情に照らして著しく不当であるときに，株主は差止めを請求することができる。

　差止めの訴えを提起しても，裁判が確定するまでには時間がかかり，それまでに合併の効力が発生してしまうと，差止めを請求した意味がなくなってしまう。そこで，株主は，会社法上の差止請求権を被保全権利（本案）として，差止めの仮処分を申し立てることになる（民保23条2項）。

┃反対株主の株式買取請求┃

　合併を行うには，当事会社の株主総会決議による承認が原則として必要となる。株主総会では資本多数決によって会社としての意思決定がなされるから，多数決に敗れた反対株主の保護が必要となる。反対株主に会社からの退出の機会を与え，その際に公正な価格で株式を買い取る仕組みが反対株主の株式買取請求権である。

　反対株主は，会社に対して自己の有する株式を，公正な価格で買い取ることを請求することができる（785条1項・797条1項）。反対株主とは，ⓐ株主総会決議が必要とされる場合には，株主総会に先立って合併に反対する旨を会社に対して通知し，かつ，株主総会において反対の議決権行使をした株主，ⓑ株主総会で議決権を行使することができない株主，ⓒ株主総会決議が必要とされな

い場合には，すべての株主である（785条2項・797条2項）。

　買取価格について，株主と会社との間で協議が調った場合には，組織再編などの効力発生日から60日以内に会社は支払いをしなければならない（786条1項・798条1項）。効力発生日から30日以内に協議が調わなければ，株主または会社は，裁判所に対して，公正な価格の決定の申立てをすることができる（786条2項・798条2項）。価格決定の申立てについては，多くの裁判例がある（東京地決平成21・3・31判時2040号135頁，最決平成24・2・29民集66巻3号1784頁〔百選85〕，最決平成28・7・1民集70巻6号1445頁〔百選86〕ほか）。

▎無効の訴え▎

　株主は，合併の無効を主張して，訴えを提起することができる（828条1項7号・2項7号。→22 **無効の訴え**）。

^{237頁}

　何が無効原因かについては，会社法は何ら定めておらず，解釈に委ねられている。株主総会決議に瑕疵があること，株式買取請求の手続が履行されないことなどが，無効原因となると考えられている。

　株主総会決議に取消事由があるにすぎない場合には，株主は，まず決議後3か月以内に決議取消しの訴えを提起する必要があり（831条1項），合併の効力が発生すれば，合併無効の訴えに訴えの変更（民訴143条）をすることができると考えられている。親子会社間の合併において，特別利害関係株主が決議に参加したことによる決議取消原因（831条1項3号）を主張する場合などである。

　なお，合併比率が不公正であることのみでは，無効原因にはあたらないと考えられている（東京地判平成元・8・24判時1331号136頁）。株主は，対価のみが不満なのであれば，株式買取請求権を行使すれば足りるからである。

▎情報開示▎

　株主の権利行使に際して，債権者の保護に関して述べたのと同様に，会社には，合併の内容や経過などに関する情報の事前開示と事後開示が要求されており，株主は，開示書面の閲覧または謄写の請求をすることができる（782条3項・794条3項・801条3項。→22 **情報開示**）。

^{236頁}

第 **7** 章

設立・解散

　この章では，株式会社の設立と解散について，その概要をみていくことにする。株式会社の設立手続は，団体としての実体の形成と法人格の取得がある。

1 設　立

千種課長に呼ばれた青葉さん。

千種課長「今度，北欧雑貨の輸入・販売を，取引先の四ツ谷文具と一緒に行うため，四ツ谷文具と会社を一つ作ることになった。出資割合や役員の派遣など詳細は後日決まるとのことだが，準備を進めておいてほしい。」

青葉「わかりました。すぐに準備させていただきます。」

千種課長「そうだ，あと，取引先の荒木酒造と共同の出資で設立した曙橋商事ってあっただろ？」

青葉「はい。あそこで扱っているワインはどれもおいしくて価格が手ごろなので，仕事と関係なく私もよく買っています。」

千種課長「あの会社だけど，不採算が続いているため事業から撤退し，解散させることになるので，いずれそちらも手伝ってもらうよ。」

青葉「えっ……。ハイ，了解しました。残念ですが……。」

（席に戻って）「会社って，そんなに簡単に作ったり畳んだりできるものなの……？」，「そもそも取引先と会社を作るって……どうするの……？」と，また会社法の教科書を読み返す青葉さんであった。

1　総　説

設立の意義

　株式会社の設立には，実体の形成と法人格の取得という二つの側面がある。実体の形成は，根本規則を定め（→**2**），社員を確定し，出資を履行させ（→**3**），機関を備える（→**4**）という団体としての形を作っていく過程である。また，法人格の取得のためには，上記の実体の形成に加えて，会社の本店の所在地において設立の登記をすることが必要である（→**5**）。

244頁　246頁　246頁　248頁

図表 7-1　設立のもつ二つの側面

実体の形成	定款の作成，構成員の確定・出資の確保，機関の具備
設立登記	法人格の取得

準則主義

　青葉さんの「会社って，そんなに簡単に作ったり畳んだりできるものなの……」という疑問のように，読者の中には，会社を設立するには，いろいろな役所を回って，いろいろな許可をとって，しかもそこには設立を認めるかどうかの厳しい審査があって，といったことを想像する人がいるかもしれない。

　しかし，会社法ではその規定に従って手続を進めさえすれば，当然に法人格を取得できるとする，準則主義 [用語] が採用されている。もちろん，公益性のある事業など，特定の事業を行うことに免許が必要なことはあるが，株式会社の設立自体には，国や官庁による内容的な審査が行われるわけではない。このように準則主義は，ある法人の成立のため必要と解される一定の要件を法律上定め，その要件を充足する手続が履行されたときは当然に会社の設立を認めて，国が法人格を付与するものであり，そのような手続が履行されたか否かは設立登記の際に審査されることになる。

設立の種類

　株式会社の設立は，発起設立と募集設立（→Column 7-1 ^{247頁}）という二つの種類がある。発起設立は，発起人（会社設立の企画者）が会社を設立する際に発行する株式（設立時発行株式）の全部を引き受ける方法（25条1項1号）であり，募集設立は，発起人が設立時発行株式を引き受けるほか，設立時発行株式を引き受ける者の募集をする方法（同項2号）である。実際に用いられることが多いのは，手続が簡単な発起設立であり，本書でも発起設立を中心に説明する。

発起人

　発起人は会社設立の企画者なので，株式会社を設立するには，発起人が定款を作成し，全員が定款に署名（または記名押印）しなければならない（26条1項）。

---

notes

[用語] 準則主義　法の定める手続に従って設立すれば，当然に法人格を取得するということである。これに対して，主務官庁の免許を得ることによって法人格を取得する「免許主義」，法人格を付与するために国家による法律や君主の命令を必要とする場合を「特許主義」という。

発起人は設立時発行株式を1株以上引き受けなければならない（25条2項）ので，基本的には，会社成立後は株主となる。

2 定款の作成 ─────────────────────────●

▎定款の意義と公証人の認証 ▎

　定款とは，会社における根本規則であり，その会社の組織や運営に関する内容が記載される。また，株主間の約束としての性格も併せもっている。

　株式会社の設立には，発起人が定款を作成する必要がある（26条1項）。定款の作成とは，定款の内容を確定し，その内容を書面に記載（または電磁的記録に記録）することである。

　作成された定款は，内容を明確にして後日の紛争を防止する趣旨から，公証人の認証を受けなければ，効力を生じないこととされている（30条1項）。このように公証人の認証を受ける対象となる定款を，一般に「原始定款」と呼んでいる。

▎定款の記載事項 ▎

　定款に記載される事項は，絶対的記載事項，相対的記載事項，任意的記載事項に区別される。

(1) 絶対的記載事項

　定款の絶対的記載事項とは，記載がなければ定款そのものが無効となる事項である。目的（事業目的），商号（6条参照），本店の所在地，発起人の氏名など，その会社のアイデンティティーに関わる事項が絶対的記載事項とされている（27条）。また，27条以外に規定されている定款の絶対的記載事項として，発行可能株式総数の定めがある。27条の内容が公証人による認証に先立って記載されなければならないのに対し，発行可能株式総数の定めは，会社成立の時までに定める，あるいは変更することが可能である。この発行可能株式総数は，「授権株式数」ともいわれる（→第4章2 3）。171頁

(2) 相対的記載事項

　相対的記載事項とは，記載を欠いても定款は無効とならないが，記載がなけ

ればその事項の効力が生じない記載事項である。変態設立事項（→後述）は，設立時における相対的記載事項である。そのほかにたとえば，内容の異なる株式（107条2項），種類株式（108条2項），会社の公告方法（939条）の定めなどがある。

(3) 任意的記載事項

任意的記載事項とは，記載を欠いても定款は無効とならず，またその事項の効力にも影響はないが，事柄を明確にする目的で定款に定める事項である。

例としては，事業年度，定時株主総会招集の時期，株主総会の議長，役員の員数などの定めが置かれることがある。

┃変態設立事項──危険な約束┃

28条の規定は定款の相対的記載事項で，設立時にその効力が問題となるものである（いわゆる変態設立事項）。つまり，現物出資，財産引受け，発起人の報酬その他の特別利益，設立費用については，定款に記載（記録）がなければ，その効力を生じないとされている。付け加えると，変態設立とは，通常ではない設立（特殊な設立）という意味であり，たとえば，通常では金銭でなされる出資を現物（原材料・不動産・有価証券など）で行うなどする場合を指している。

たとえば，発起人A，Bの2人のみで株式会社を設立するとして，発起人Aが原材料や不動産を1億円の評価として現物出資した場合，もし目的物が過大評価されているとすれば（本当の価値は1000万円と仮定），金銭で1億円を出資した発起人Bからの経済的価値の移転が生じてしまう。つまり，会社に出資されたのは，本当は1億1000万円であるのに，発起人A，Bがそれぞれ50%の株式を取得することで，Aは1000万円の出資で5500万円の価値の株式を取得し，Bは1億円の出資で5500万円の株式を取得することになる。

そのため，発起設立の場合，定款に変態設立事項を定めたときは，発起人は原則として，公証人の認証の後遅滞なく，当該事項を調査させるため，裁判所に対し，検査役の選任の申立てをしなければならない（33条1項～9項）。

また検査役の調査が免除される場合（33条10項）でも，設立時取締役等が選任された後は，これらの設立経過の調査の対象になる（46条1項）。

さらに，現物出資，財産引受けがなされた場合，発起人や設立時取締役等の関与者は，財産価格てん補責任（52条・103条1項）を負う場合がある。

3　出資（社員の確定と出資の確保）

株式は，株式会社の構成員（出資者）としての地位を均一の大きさ（割合的単位）に細分化したものであり，出資に応じた持分を表している。株式会社の構成員（社員）としての地位は出資と結びついており，設立時には社員の確定と，社員の地位と結びつく出資の確保が必要となる。

設立時発行株式に関する事項の決定

発起人は，株式の発行に関する事項のうち①発起人が割当てを受ける設立時発行株式の数，②設立時発行株式と引換えに払い込む金銭の額，③成立後の株式会社の資本金および資本準備金の額に関する事項を定めなければならない（32条1項）。

株式の引受けその他の手続

株式の発行に関する事項の決定がなされるときは，これに基づいて株式の引受けその他の手続が行われなければならない。

発起設立では，設立時発行株式はすべて発起人が引き受ける（25条1項1号）。

出資の履行

発起人は，設立時発行株式の引受け後遅滞なく，引き受けた設立時発行株式につき，出資に係る金銭の全額を払い込み，または出資に係る金銭以外の財産の全部を給付しなければならない（34条1項本文）。

4　設立時役員等の選任（機関の具備と設立経過の調査）

設立時役員等の選任

発起人は，出資の履行が完了した後，遅滞なく，設立時取締役を選任しなければならない（38条1項・47条1項）。また，機関設計に合わせて，設立時会計

参与，監査役，会計監査人なども選任しなければならない（38条3項）。

　これらの設立時役員等 用語 は，発起人の議決権の過半数で選任される（40条1項）。

設立経過の調査

　設立時取締役は（監査役設置会社の場合には設立時監査役も），選任後遅滞なく株式会社の設立の手続が法令または定款に違反していないことなどについて調査しなければならず（46条1項），設立時取締役は調査事項について法令もしくは定款に違反または不当な事項があると認めるときは，発起人にその旨を通知しなければならない（同条2項）。これは設立時取締役に課せられた任務である。

Column 7-1　募集設立の手続

　募集設立の場合には，設立時発行株式に関する事項の決定（→**3**^{246頁}）のほか，さらに，募集設立による旨を定め（57条1項），設立時募集株式の払込金額，設立時募集株式と引換えにする金銭の払込みの期日または期間など（募集事項）を定めなければならない（58条1項）。その後，募集に対する申込み（59条）に対し，割当て（60条）の手続がとられ，設立時募集株式の引受人は，払込期日または払込期間内（58条1項3号）に，発起人が定めた銀行等の払込みの取扱いの場所（払込取扱機関）において，割当てられた株式について設立時募集株式の払込金額の全額の払込みを行わなければならない（63条1項）。

　設立時募集株式の引受人は，払込期日または払込期間内に払込みをしないときは失権する（63条3項）。

　募集設立では発起人以外にも成立後の株主となる者が存在するため，設立時役員等の選任についても，これらの発起人以外の出資者の意思を確認する必要がある。そのために行われるのが「創立総会」（65条以下）である。

　なお，募集設立の方法をとった際，発起人以外の者で，募集の広告その他当該募集に関する書面（または電磁的記録）に自己の氏名または名称および株式

用語 **設立時役員等**　会社法は，株式会社の設立に際して役員等となる者を「設立時○○」と表現する。設立時取締役であれば，設立に際して取締役となる者である（38条1項・3項参照）。

会社の設立を賛助する旨を記載（記録）することを承諾した者は，発起人とみなされ，発起人に関する責任の規定が適用される（103条4項。擬似発起人の責任）。

5 設 立 登 記

　株式会社は，本店の所在地において設立の登記をすることによって成立する（49条。登記事項については911条3項）。

　法定の登記事項（911条3項）は，定款の記載事項と必ずしも一致しているわけではない。両者は目的が違うからである。つまり，定款は会社の根本規則ではあるが，必ずしも対外的に公示する必要があるわけではない。これに対して，登記事項は取引に入ってくる者を含めて，広く周知する必要がある項目が挙げられているのである。たとえば，911条3項5号は，資本金の額を登記事項としているが，これは定款の絶対的記載事項（27条）ではない。授権資本制度を機能させるためには，資本金の額を定款の絶対的記載事項とはできない。後で募集株式の発行等をする度に定款変更が必要になると，授権資本制度の目的である機動的な資金調達の妨げになるからである（466条・309条2項11号）。しかし，資本金の額は取引上重要な事項ではあるため，登記事項とされている。

6 設立に問題があった場合

┃ 設立関与者の責任 ┃

(1) 会社が成立した場合における発起人・取締役・監査役の責任

　発起人，設立時取締役または設立時監査役は，株式会社の設立について任務を怠ったときは，会社に対し，これによって生じた損害を賠償する責任を負う（53条1項）。成立後の会社における役員等の任務懈怠責任（423条1項）に対応するものである。この責任も株主代表訴訟の対象となる（847条1項）。

(2) 第三者に対する責任

　発起人，設立時取締役または設立時監査役が職務を行うについて悪意または

重大な過失があったときは，当該発起人，設立時取締役または設立時監査役は，これによって第三者に生じた損害を賠償する責任を負う（53条2項）。成立後の会社における役員等の対第三者責任（429条1項）に対応するものである。

(3) 会社が成立しない場合の発起人の責任

株式会社が成立しなかったときは，発起人は，連帯して，株式会社の設立に関してした行為について責任を負い，株式会社の設立に関して支出した費用を負担する（56条）。

設立の無効

(1) 会社設立の無効

会社の設立も法律行為であるので，瑕疵があるときは無効，取消しの問題が生じる。特に，株式会社の設立手続には複雑なものもあり，手続に瑕疵が生じやすい。また，会社と法律関係に立つ第三者が多数に及ぶこともある。このように設立の無効の問題を民法の一般原則（いつでも，誰でも無効を主張できる）に従うとすると，著しく取引の安全が害されることになる。そのため，会社法は会社の設立無効の主張の方法を制限し（828条1項柱書），無効判決により無効とされた行為は将来に向かって効力を失うとすることで，無効とされる会社・株主および第三者の間に生じた権利義務は，無効判決により影響を受けないこととしている（839条）。

(2) 無効原因

会社法は，株式会社の設立の無効原因について明文の規定を置いておらず，無効原因は解釈に委ねられている。

一般的には，会社の設立が公序良俗もしくは強行法規に違反すること，または株式会社の本質に反する場合，設立手続に重大な瑕疵がある場合などが無効原因となるといわれる。

具体的には，定款の絶対的記載事項（27条）の記載を欠いているか，または記載が違法であること，定款に公証人の認証（30条1項）がないことなどが無効事由となると解されている。

(3) 設立無効の訴え

会社の無効は，会社の成立の日から2年以内に訴えによってのみ主張するこ

とができる（828条1項1号）。この訴えは，設立する株式会社の株主等（株主，取締役または清算人〔監査役設置会社にあっては株主，取締役，監査役または清算人，指名委員会等設置会社にあっては，株主，取締役，執行役または清算人〕）のみが提起することができる（同条2項1号）。被告は設立する会社であり（834条1号），被告となる会社の本店の所在地を管轄する地方裁判所の管轄に専属する（835条）。

　設立無効の訴えに係る請求を認容する確定判決は，第三者に対しても効力を有し（838条），当事者以外の第三者もこれを争うことはできない。この場合には，会社・株主および第三者との間に生じた権利義務は，無効判決によって影響を受けない（839条）。そのため，会社は，第三者との間の法律関係の処理のため，清算をしなければならない（清算の開始原因となる。475条2号）。

 解散・清算

1 総　説

　株式会社は法定の事由によって解散する。会社が解散すると，会社財産を債権者・株主に分配する手続が必要となる。これを清算と呼んでいる。会社は，合併や破産の場合を除き，解散によって直ちに消滅するのではなく，清算の目的の範囲内で存続するものとみなされ，清算の手続が終了（清算の結了）してから消滅することになる（476条）。

2 解　散

　株式会社の解散事由は，①定款で定めた存続期間の満了，②定款で定めた解散の事由の発生，③株主総会の決議，④合併（合併により当該株式会社が消滅する場合に限る），⑤破産手続開始の決定，⑥会社に対する解散を命じる判決の確定（471条各号）である。解散を命じる判決には，裁判所による解散命令（824条）と少数株主の請求により判決として言い渡される解散判決（833条）があり，前者は，公益確保のため会社の解散を裁判所が命じる制度である。後者はⓐ会社が業務の執行において著しく困難な状況に至り，当該会社に回復することが

できない損害が生じ，または生ずるおそれがあるとき，⑤会社の財産の管理または処分が著しく失当で，当該会社の存立を危うくするときに，少数株主（原則として議決権または発行済株式の10分の1を有する株主）が，訴えによって請求することができる（833条1項）。たとえば，株主が二派に分かれて対立・膠着することで会社の運営ができない状態（いわゆるデッドロックの状態）になっている場合などである。

3　清　　算

　会社が解散をした場合，合併と破産手続開始の決定の場合以外は清算をしなければならない（475条1号）。解散により，会社は清算を目的とする株式会社（清算株式会社）として存続することになる（476条）。

　清算株式会社には，1人または2人以上の清算人を置かねばならず（477条1項），通常は解散時の取締役が清算人となる（478条1項参照）。清算人の職務は，①現務の結了，すなわち解散前の会社の業務について後始末をすること，②債権の取立ておよび債務の弁済，③残余財産の分配であり，解散の時点で取引関係を完結させて現務を結了し，債権の取立てや金銭以外の財産の換価と債務の弁済を行い，残余財産があれば，株主に分配するのが職務となる（481条）。

　もっとも，清算株式会社の財産が債務を完済するのに足りないこと，すなわち債務超過であることが明らかになったときは，清算人は，直ちに破産手続開始の申立てをしなければならず（484条1項），また，清算株式会社に債務超過の疑いがあるときは，清算人は，特別清算開始の申立てをしなければならない（511条2項。特別清算は，債務超過の疑いがある場合の清算で倒産処理手続の一つである）。

　清算人は就任後遅滞なく清算株式会社の財産の現況を調査し，財産目録および（清算）貸借対照表を作成し（497条1項），株主総会の承認を受けなければならない（同条2項）。

　清算株式会社は，債権者に対し，2か月以上の一定の期間内にその債権を申し出るべき旨を，申出をしないときは清算から除斥される旨を付記して官報に公告し，かつ，会社が知っている債権者には，各別（個別）の催告をしなければならず（499条1項・2項），この一定期間が経過しないと債務の弁済（481条2

号）ができないのが原則である（500条1項）。株主に残余財産を分配できるのは，債権者への弁済が済んでからである（502条）。

　また清算事務の終了後，決算報告を作成し，株主総会で承認を受け（507条1項・3項），清算の結了の登記をしなければならない（929条1号）。

事　項　索　引

判 例 索 引

高等裁判所 ●

地方裁判所

有斐閣ストゥディア

会社法〔第 2 版〕
Corporate Law, 2nd ed.

2015 年 4 月 10 日　初　版第 1 刷発行
2021 年 3 月 30 日　第 2 版第 1 刷発行
2022 年 9 月 20 日　第 2 版第 5 刷発行

著　者	中	東	正	文
	白	井	正	和
	北	川		徹
	福	島	洋	尚
発 行 者	江	草	貞	治
発 行 所	株式会社	有	斐	閣

郵便番号 101-0051
東京都千代田区神田神保町 2-17
http://www.yuhikaku.co.jp/

印刷・大日本法令印刷株式会社／製本・牧製本印刷株式会社
© 2021, Masafumi Nakahigashi, Masakazu Shirai, Toru Kitagawa,
Hironao Fukushima. Printed in Japan
落丁・乱丁本はお取替えいたします。
★定価はカバーに表示してあります。
ISBN 978-4-641-15084-3